심리치료사를 위한
신경과학 가이드북

THE POCKET GUIDE to NEUROSCIENCE for CLINICIANS

심리치료사를 위한 신경과학 가이드북

루이스 코졸리노 지음 | 이승호, 김희정 옮김

圖書出版 하나醫學社

대인관계 신경생물학 Norton 출판사 시리즈

Louis Cozolino, 대인관계 신경생물학 시리즈 발간 편집장

Allan N. Schore, 대인관계 신경생물학 시리즈 발간 편집장(2007~2014)

Daniel J. Siegel, 대인관계 신경생물학 초대 편집장

현재 정신건강 분야는 엄청난 성장과 함께 흥미진진하고 개념적으로 재구성되고 있는 시기에 있다. 다양한 과학적 연구 결과는 마음(mind)과 정신건강에 대한 학제 간 관점으로 수렴되고 있다. 대인관계 신경생물학(Interpersonal Neurobiology)에서는 인간 발달에 따른 마음과 뇌 구조와 기능이 경험, 특히 정서적 경험으로 형성된다는 것을 알려주고 있다.

대인관계 신경생물학에 대한 Norton 출판사 시리즈는 인간 마음의 복잡한 신경생물학에 대한 이해를 증진할 수 있는 최첨단의 학제적 관점을 제공한다. 신경생물학, 유전학, 기억, 애착, 복잡계, 인류학, 진화심리학 등 전통적으로 독립적인 연구 분야를 폭넓게 다루고 있는 이 시리즈는 정신건강 전문가에게 임상가가 좀처럼 쉽게 접근할 수 없는 과학적 연구 결과를 검토하고 종합할 기회를 제공한다. 이 시리즈는 많은 분야의 연구를 하나의 공통 언어와 개념적 틀로 번역할 때 발생하는 지식의 통합(unity) 혹은 통섭(consilience)을 통해 인간 경험에 대한 이해를 높인다. 이 시리즈는 현대 과학의 연구 성과와 심리치료의 치료 기법을 통합한다.

계속 탐구하고, 글을 쓰고, 가르칠 수 있도록 영감을 주는

헌신적인 나의 학생, 열정적인 입문자에서 평생 학습자에 이르는

모든 분에게 감사드립니다.

이 책은 여러분을 위한 선물입니다!

목차

부록

| 일러두기 |

· 임상 훈련과 프로토콜의 표준은 시간이 지남에 따라 변화하는 것이고, 어떤 기술이나 권고도 모든 환경에서 효과가 있거나 안전하다고 보장되지 않는다.

· 이 책은 정신건강과 심리치료 분야의 전문적인 수련을 위해 일반적인 정보를 제공하는 목적으로 저술되었으며, 적합한 수련과 동료 평가 그리고/또는 임상 감독을 대신할 수 없다. 출판사나 저자는 특정한 권고사항에 대한 어떠한 확실성이나 효과, 적절성도 보장하지 않는다.

머리말

배움은 마음을 지치지 않게 하고, 두려워하지 않도록 하며,
후회하지 않도록 하는 유일한 것이다.
- 레오나르도 다빈치(Leonardo da Vinci)

1970년대 치료사 수련을 시작했을 즈음 우연히 생물심리학 수업에서 뇌에 대한 글을 읽게 되었다. 당시 뇌와 마음은 완전히 분리된 실체로 여겨졌고, 다양한 학과에서 연구가 되었지만, 그 둘이 서로 연결되어 있다는 생각은 전혀 하지 못했다. 나는 여러 형태의 뇌 손상이 정신질환에서 보이는 것과 유사한 어려움을 유발한다는 사실에 깊은 인상을 받은 후 당시 매우 제한적이었던 신경과학 문헌을 닥치는 대로 읽기 시작했다. 그 이후로 어떤 이유에서인지 나는 뇌와 행동의 관계에 대해 꾸준히 연구했다. 내가 연구를 시작했을 당시에 심리치료와 신경과학은 전혀

다른 학문 분야로 여겨졌으나, 지금은 많은 것이 변화되었다.

인간 경험에 영향을 주는 뇌의 역할을 이해하는 데는 본질적인 어려움이 존재한다. 영어라는 언어는 우리로 하여금 뇌, 마음, 몸, 관계, 문화 등을 서로 별개의 분리되는 개념으로 생각하게 만들었고, 이에 따라 많은 분리된 학문 분야가 생겨났다. 이는 각 분야가 다른 분야와 관계없이 이해될 수 있고 독립적으로 연구될 수 있도록 했다. 앞으로 배우게 되겠지만, 인간의 뇌를 이해하기 위해서는 모든 분야의 통합이 필요하다. 인간과 같은 생물심리사회적 유기체에 대한 한 분야를 논의하기 위해서는 다른 분야도 필수적으로 언급해야 한다.

이 책의 목적은 신경과학, 뇌 발달, 후성유전학, 그리고 뇌 발달에서의 애착의 역할을 이해함으로써 임상적 사고의 폭을 넓히고 심화시키는 데 있다. 어떤 책도 모든 것들을 다 설명할 수는 없겠지만, 나는 많은 과학적 연구 결과를 어떻게 적용할 것인지에 대한 여러 예를 심리치료사에게 제공하고자 한다. 이는 현재 진행 중이며 배움의 과정에 있는데, 몇십 년이 지난 지금도 여전히 도전적이고 흥미진진한 일이다.

내 작업의 기본 가정은 각 내담자가 지닌 문제, 인지적 혹은 정서적 양식, 방어 등이 유전과 기질 그리고 이전 경험과의 상호작용을 통해 형성되었다고 보는 것이다. 또한 내가 내담자를 개념화하는 방식은 발달 이론, 체계 이론, 애착 이론에 기초하며, 일정 부분 불교 철학이 섞여 있기도 하다. 때에 따라서 인지행동치료[CBT], 게슈탈트, 안구운동 민감소실 및 재처리 과정[EMDR], 마음챙김, 놀이 치료의 기법을 정신역동 개념화와 로저리언 접근의 맥락에서 사용한다. 이러한 절충적인 방식에 기초해서, 다양한 이론과 기법을 일관성 있고 통일된 관점으로 구성하기 위해 뇌와 마음에 관한 나의 지식을 개념적 접착제로 활용한다.

많은 것들이 심리치료의 긍정적인 변화에 기여한다. 그것의 핵심은 심리치료가 괴로움을 줄이기 위한 노력으로 가슴과 가슴, 마음과 마음의 연결에 있다는 것이다. 이는 치유적 관계와 내담자의 생각하고 느끼는 새로운 방식을 결합하는 것이다. 인간이 겪는 대부분의 괴로움은 필요할 때 도움을 주는 사람availability이나 공감, 연민이 충분하지 않아 발생한 결과이다. 치유는 심리적, 정서적, 행동적 성장을 지원하는 지식과 기법에 이러한 인간적인 특성을 제공할 때 일어난다.

Salvador Minuchin은 다음의 유명한 말을 남겼다. “인간은 달팽이다. 우리는 기억이라는 껍질을 가지고 다니고, 기억의 껍질 그 자체가 우리가 된다(Minuchin & Nichols, 1993).” 심리치료사인 우리가 다루는 문제의 대부분은 이러한 기억의 껍질에서 비롯된 것이다. 만약 자동차 키를 어디에 두었는지를 기억하는 것처럼 기억에 대한 일반적인 관념 이상의 것을 생각할 수 있다면, 기억의 껍질이 자신의 애착 역사에 대한 무의식적 기억을 담고 있으며, 몸이 어릴 때 감정을 어떻게 경험하고 표현하는지, 부모의 어린 시절로부터 무엇을 물려받았는지 배우게 될 것이다. 조부모 혹은 증조부모, 그 이상 영장류 조상으로 거슬러 올라간다면, 그들의 경험으로부터 형성된 유전 프로그램에 따라 전해진 기억을 지니기도 한다.

달팽이와 같은 우리의 자질을 평가하기 위해서는 기억, 의식, 그리고 모든 인간 경험이 어떻게 인간이라는 종의 오래된 역사 속에서 생겨났는지에 대한 이해가 필요하다. 그러한 이해를 위해서는 진화론과 신경해부학 지식이 필요하고, 우리가 누구인지, 어떻게 성장하는지, 왜 고통을 받는지에 대한 뇌 시스템의 작용 원리를 알아야 한다. 이런 지식은 내담자에게 매우 유용할 수 있다. 왜냐하면 그러한 지식을 통해, 내담자는 자신이 왜 특정한 방식으로 삶을 경험하게 되는지, 스스로를 미쳤다고 여기면서 자신을 통제할 수 없다고 느끼게 되는 증상의 이유를 이해할 수 있게 된다.

과학의 발전이 기념비적인 패러다임의 전환을 가져왔다는 사실을 보편적으로 수용할지라도, 실제로 대부분 과학은 점진적인 단계를 거치면서 발달해왔다. 이러한 작은 단계는 세심한 관찰과 함께 좀 더 새롭고 보다 포괄적인 이론의 결합으로 만들어진 측정 도구나 새로운 발견으로 대부분 힘을 얻는다. 나의 생물학 교수였던 Carlson 교수가 "과학자는 어떤 그림 조각 퍼즐을 풀고 있는 것이 아니다. 그들은 연구하는 대부분의 시간동안 혁신이 어디로 이어질지 모른다. 또한 패러다임이 존재한다 하더라도 그것은 끊임없이 변화한다"라고 말했듯이, 치료사가 내담자와 만나고 있고, 무슨 일이 일어나고 있는지에 대해 고민하고, 새로운 정보를 습득하고, 그것을 이미 알고 있는 것과 결합하는 작업을 하고 있다면, 치료사가 이 분야의 점진적 발전에 일조하고 있는 것이다. 나는 이 책을 과학과 심리치료의 탐험을 위한 초대장으로 제안한다. 더 나아가 내 생각에 의문을 품고, 새로운 결론을 도출하여 치료사로서 당신만의 이론을 세우기를 권한다.

역자 서문

과학의 발전은 눈부시다. 특히 신경과학의 발전 속도는 경이로울 정도다. 인간을 이해하고자 하는 끝없는 욕구는 신경과학자의 열정에서 발견할 수 있다. 그리고 눈을 크게 뜨고 보니, 우리 상담사나 심리치료사가 눈치채기도 전에 신경과학은 우리 앞에 성큼 다가와 있었다. 현대의 심리학 개론은 신경과학의 내용이 주를 이루고 있다. 응용 심리학의 한 분야인 상담심리학이나 임상심리학 역시 이러한 조류를 따라가게 될 것임은 자명하다. 역자의 과문한 생각일지 모르지만, 수년 안에 상담 및 심리치료 분야는 신경과학의 관점에서 그 치료 기제가 설명될 것으로 보인다. 지금도 일정 부분은 그렇게 되고 있다. 이제부터라도 상담사와 심리치료사는 신경과학이라는 낯선 이와 친분을 쌓을 필요가 있다고 생각한다. 왜냐하면 앞으로 우리는 각자의 주요 상담 이론에 더하여 신경과학이라는 새로운 안경을 착용해야 할지도 모르기 때문이다. 루이스 코졸리노 박사의 이 책은 상담사나 심리치료사에게 신경과학이라는 새로운 안경을 착용하는 데 많은 도움을 줄 것이다. 이 책의 내용이 상담과 심리치료사를 업으로 하는 역자에게 큰 도움이 되었듯이, 심리치료 기제를 신경과학을 기반으로 이해하고, 더 나아가 신경과학을 활용하고자 하는 상담 및 심리치료 관련 종사자에게도 많은 도움이 되었으면 한다.

이 책을 번역하는 데는 많은 분의 도움이 있었다. 먼저 바쁜 와중에도 번역을 함께 한 공역자 김희정 선생님에게 감사드리며, 최종 번역본을 함께 읽으면서 이해가 안 되는 부분과 오탈자를 지적하고 심지어 더 적절한 번역문까지 소개해 준 권어진 선생님에게 깊은 감사의 인사를 드린다. 일신상의 이유로 번역 작업이 늦어졌지만, 아낌없는 마음으로 기다려주고 좋은 책으로 출판될 수 있도록 도와준 하나의학사 임직원분들께도 감사의 인사를 드린다.

2024년 3월
대표 역자 **이승호**

1부

뇌, 마음,
그리고 자기

1

사회적 뇌의 탄생

친절은 들을 수 없는 자를 듣게 하고 볼 수 없는 자를 보게 하는 언어이다.

- 마크 트웨인(Mark Twain)

뇌는 오랫동안 인간에게 있어 매혹적인 대상이었으며 오늘날은 더욱더 그러하다. 대다수의 역사 기록에 따르면 심장에 자기감sense of self이 존재한다고 생각했고 뇌는 단지 간이나 신장과 같은 장기 중의 하나로 간주되었다. 골상학과 신경학의 등장과 함께, 뇌가 어떤 식으로든 성격과 행동을 구성한다는 생각이 점차 부각되었다. 종교적이고 신화적인 믿음이 과학적 연구와 분리되기 시작하면서, 뇌가 경험을 조직한다는 개념이 확고히 자리를 잡기 시작했다. 지난 몇십 년 만에 뇌는 사회적 기관이라는 좀 더 새로운 개념이 등장하였고, 이와 함께 사회 신경과학social neuroscience이라는 분야도 등장했다.

뇌가 어떻게 작동하는지에 대한 이해가 높아질수록 뇌의 상당 부분이 자신을 타인과 연결하는 데 할애된다는 사실이 더 많이 알려지게 되었다. 이러한 발견은 정서신경과학affective neuroscience과 정신신경면역학psychoneuroimmunology 같은 분야를 만들어 냈다. 학제 간 연구로부터 개인적이고 내적 경험에만 초점을 맞춘 심리치료 모델은 단지 치유에 대한 일부 정보만을 보여준다는 사실을 배우게 되었다. 더 나아가, 사고, 느낌, 행동, 소매틱 경험, 관계, 또는 문화에만 초점을 맞추는 것만으로는 내담자를 이해하고 심리치료를 변화의 매개로 활용할 수 있는 치료사의 능력이 제한된다. 최근 연구가 말하는 일관된 메시지는 마음이라는 것은 늘 체화되고embodied, 문화에 적응되고encultured, 관계적 맥락 속에 내재된다embedded는 것이다. 치료사가 상호 의존성을 놓치게 되면 내담자를 대상화하여 피상적으로 이해하게 된다. Wilhelm Reich가 말했듯이, “우리는 심리적 표면psychic surface을 재앙적으로 이해하는 수준일 뿐이다.” 그렇기에 나는 사회적 뇌가 무엇인지, 그리고 사회적 뇌가 어떻게 만들어지고, 조절되고, 변화되는지에 대한 담론에서부터 시작하고자 한다. 이 모두는 심리치료사, 부모, 교사에게 중심이 되는 주제이고, 또한 ‘신경유능성neurofluent’을 가져야 하는 가장 중요한 이유이기도 하다.

사회적 뇌

너 자신을 벗어나 팀으로
- 알라바마 대학 라커룸의 글

'사회적 뇌'라는 개념은 두 가지 주요 개념에 주목하게 한다. 첫 번째는, 인간과 같은 사회적 동물의 뇌는 정보를 받고, 처리하고, 타인에게 전달하는 데 부분적으로 또는 전적으로 할애되는 다양한 신경계를 포함하고 있다는 사실이다. 예를 들어, 방추 얼굴 영역fusiform face area이라고 불리는 신경계는 똑바로 된 얼굴만을 인식하기 때문에, 위아래가 거꾸로 된 얼굴은 인식할 수 없다. 이것이 거꾸로 된 얼굴을 인식하기가 훨씬 더 어려운 이유이다. 전전두피질prefrontal cortex의 핵심 중심부가 손상되면 공감, 동정, 연민의 상실을 초래할 수 있다. 이 회로는 애착 도식의 조직화와 감정을 조절하는 능력에도 관여한다.

또한 인간의 경우 몸, 감정, 마음의 상태를 서로에게 무의식적으로 의사소통하도록 진화했다. 생리학 연구에 따르면 인간의 내부 장기는 표정과 자동으로 연결되어 타인에게 내부 신체생리적 상태에 대한 판독정보를 실시간으로 제공한다는 사실이 입증되었다. 또한 인간은 몸 안에서 타인의 행동, 표정 및 감정을 내적 표상으로 불러일으킬 수 있도록 설계된 '거울 뉴런mirror neuron'이라는 것을 가지고 있다. 이것은 타인이 느끼고 있는 것, 특히 고통, 두려움, 혐오, 사랑, 기쁨과 같은 강한 감정을 자신의 버전으로 느낄 수 있게 해준다. 이는 특히 어린 자녀를 둔 부모에게 중요한데, 부모는 자녀의 편안함과 고통의 원초적인 일차적 표현을 읽을 수 있어야 한다. 이러한 연구 결과를 비롯하여 다른 많은 연구 결과는 사회적 뇌를 이해하는 토대가 된다.

'유전자는 숙명이다'라는 개념은 경험이 발달에 그다지 영향을 미치지 않으며, 부모로부터 물려받은 유전자가 몸, 뇌, 마음을 형성한다고 가정한다. 이와 반대 개념인 '타블라 라사tabula rasa', 즉 백지상태에서 모든 것이 경험으로 인해 조건화된 결과라고 주장한다. 그러나 이제는 뇌의 기본 구조를 이끄는 유전적 입력 정보를 가지고 태어날 뿐만 아니라 많은 뇌 시스템 특히, 사회적 관계 맺기에서 필연적으로 수반되는 출생 후 경험에 크게 좌우된다는 사실을 알고 있다. 이러한 시스템, 특히 애착 및 정서 조절과 관련된 시스템은 심리치료 분야에서 특히 중요한데 이는 경험 의존적 방식으로 발달한다고 알려져 있다.

사회적 연결에 할애하는 대부분의 신경계는 유전과 삶의 경험 사이의 상호작용에 의해 형성된다. 뇌의 복잡한 배선은 성장해오면서 특정한 관계에 적응하도록 형성되어 있다. 사회적 동물인 인간은 이러한 '적응 전략adaptation strategy'을 통해 개인과 부족 모두의 생존을 극대화할 가능성이 높아진다. 물론 이것에 문제가 전혀 없는 것은 아니다. 많은 아이의 뇌는 사람들과 상황에 맞춰 형성되기에 가족을 벗어나서 생존하기에는 좋은 모델이 아니며 장기적인 적응에 적합하지 않다. 이는 임상가에게 도움을 요청하는 많은 내담자에 대해 명확하게 설명하고 있다. 임상가의 과제는 내담자의 무의식적인 적응 패턴을 의식화하게 하고, 그런 다음 현재 상황과 장기 목표에 더 적합한 방식으로 수정하는 것이다.

인간의 유아는 극도의 의존 속에서 태어나며, 이들에게 연결은 생존과 직결된다. 그래서 다음과 같은 기본 규칙을 가지고 세상에 태어난다. 우리가 해야 할 첫 번째는 부모에게 애착을 형성하고 돌봄을 받기 위해 부모의 결속bonding 본능을 불러일으키는 것이다. 부모의 눈을 응시하고, 그들의 손가락을 움켜잡고, 미소를 지으며 옹알이하고, 방치되면 울고, 부모를 원하고 필요로 한다는 것을 분명히 표현한다. 적어도 인생의 첫 10년 동안, 양육자와 직계 가족은 아이의 전부이다. 이러한 상호작용을 통해 아이는 원하는 것을 얻는 방법, 두려움을 조절하는 방법을 배우게 되며 자신이 사랑받을 만한 사람인지, 앞으로 타인에게서 무엇을 기대할 수 있는지를 알게 된다.

아이와 함께하는 까꿍 놀이를 생각해 보자. 부모는 양손으로 얼굴을 가렸다가 다시 드러내면서 눈을 크게 뜨고 과장된 미소를 지으며 큰 소리로 "까꿍!"이라고 한다. 아기는 눈과 입을 크게 벌려서 미소를 짓고, 심지어 큰 소리로 웃기도 한다. 바로 그 순간 우리 뇌에서는 무슨 일이 일어났을까? 첫째, 놀라움과 큰 미소는 아기와 부모의 뇌 모두에서 신진대사를 자극하여 포도당과 산소를 더 많이 공급해주고 학습을 지원한다. 서로의 즐거움으로 인해 옥시토신, 도파민, 세로토닌이 방출되어 기분이 좋아지고 다시 하고 싶다는 생각이 든다. 아기는 "다시! 다시!"를 외친다. 아기의 뇌에서 후성유전학적 과정은 희열감을 지원하고 장기적인 웰빙의 기초를 만들어 내는 신경해부학적 성장을 촉발한다. 아이와 상호작용을 하면서 일어나는 부모의 뇌 변화는 깊은 애착, 신체적 건강, 정서적 웰빙을 지원한다. 부모나 조부모가 아이를 돌보는 것은 나이에 상관없이 모두에게 좋은 약이 된다.

이에 대한 좋은 예가 있다. 이런 즐거운 경험으로 인해 아기의 편도체에 엔도르핀 수용체가 구축되는 것에서 발생하는 후성유전학적 변형이다. 이러한 수용체를 더 많이 구축할수록 신경계에서는 더 많은 엔도르핀이 편도체를 하향조절downregulated을 하게 해서 스트레스, 불안, 두려움에 대한 취약성을 감소시킨다. 이는 자아 강도ego strength, 끈기grit 또는 회복탄력성resilience과 같은 특성과 관련된 많은 생리적 변수 중 하나이다.

이러한 상황과는 완전히 대조적으로 양질의 양육자, 세심한 관심을 기울여주는 타인, 긍정적인 자극이 부족한 아이들이 많다. 이러한 아이들의 뇌에서는 반대의 생화학적, 신경해부학적 과정이 발생하여 스트레스에 더 취약해진다. 이는 어린 시절의 부정적인 사회적 경험, 예를 들면 부모의 정신병리, 가정폭력에 대한 노출이 더 많았던 아이들이 이후의 삶에서 심리적, 신체적, 적응적 어려움을 겪을 가능성이 훨씬 더 큰 이유이다. 사회적 경험은 좋든 나쁘든 뇌의 신경생물학적 구조를 바꾸고, 시간이 지남에 따라 고정되는 경향이 있다. 초기 트라우마는 이후의 삶에서도 계속 이어져, 고통 받는 아이가 고통 받는 어른으로 자라곤 한다.

사회항상성

우리는 나 자신의 행복이 다른 사람들의 미소와 안녕에 달려 있기에,
그 무엇보다도 다른 사람들을 위해 존재한다는 사실을
일상생활 속에서 알고 있다.
- 알베르트 아인슈타인(Albert Einstein)

뇌는 서로 연결하고, 조절하며, 정서적 공명을 강화하고, 조정된 집단행동을 지원하는 방식으로 서로 조율한다. 또한 뇌는 집단 사고, 군중 심리, 집단 히스테리와 같은 부정적인 현상을 허용한다. 몸 내부의 항상성 균형에만 초점을 맞추는 다른 장기와는 달리, 뇌는 주변 사람과 함께 끊임없이 조절하기 위한 춤을 추고 있다. 또한 뇌는 이미지, 감정, 그리고 순간순간의 경험을 인도하는 끊임없는 내적 대화로 가득 차 있다. 여러

집단에 포함된 개인으로서 우리는 자신의 욕구와 주변 사람의 욕구 사이의 균형을 맞추면서 기능하도록 연결되어 있다. 자신이 경험하는 내면의 목소리 중 상당 부분은 선사시대 부족의 집단 규칙이 내면화된 것이다. 머릿속에 있는 판사와 배심원은 사회적 기준과 수치심을 통해 우리를 일렬로 줄 세우고 그 줄을 따라가야 한다고 끊임없이 상기시킨다.

뇌가 사회적 장기라는 사실은 체계적 가족 치료가 주는 많은 통찰에도 반영되어 있다. Murray Bowen이 수십 년 전에 제안했던, 가족이 복잡한 생물학적 유기체라는 개념은 우리가 서로의 각성, 기분, 면역 기능을 조절한다는 발견으로 입증되었다. 이 '사회항상성sociostasis'의 과정은 가족 행동이 불안 조절에 맞춰서 조직화하는 메커니즘이다. 내담자의 역할, 개방적 의사소통의 실패, 역기능적 동맹의 형성, 이 모두는 사회항상성 과정에 의해서 만들어지며, 가족에 대한 강력한 의식적 불안과 무의식적 불안 모두를 조절하려는 시도이다. 성인이 되어 고향 집에 갔을 때 사고, 행동, 감정의 오래된 패턴으로 퇴행하는 일반적인 경험은 이러한 자연스러운 경향을 정확하게 반영한다. 이는 또한 좋은 관계든 나쁜 관계든 가족 관계가 건강에 많은 이점과 위험을 가져오는 이유이기도 하다.

관계는 심리적, 신체적 안녕 모두에 강력한 영향을 미친다. 이제 우리는 조현증 환자가 퇴원 후 집에 돌아왔을 때 적대적이고 비판적인 일가친척으로 인한 재발률이 훨씬 더 높은 이유를 더 잘 이해하게 되었다. 지지해주는 타인의 존재, 의사나 간호사의 친절은 치료 시간, 약물 사용 및 입원 일수를 감소시켜주는 것은 당연한 일이다. 산모의 산후 우울증이 아기의 뇌 구조에 영향을 미쳐 신체 조절, 체중 증가, 정서적 웰빙 문제에 더 취약해지는 후성유전학적 메커니즘을 이제 알게 되었다.

따뜻함, 일치성, 긍정적 관심이라는 로저리언의 기본 원칙을 활용함으로써, 치료사는 신경가소성neuroplasticity과 긍정적인 변화를 지원하기 위해 내담자의 사회적 뇌 신경망의 연결을 활용한다. 긍정적인 치료관계는 사회항상성을 통해 각성을 조절하고, 결속감의 생화학적 작용을 활성화하고, 신경가소성의 과정을 강화하고, 신경망 통합을 지원할 수 있다. 치료사는 내담자를 관심과 돌봄을 받을 만한 가치 있는 존재로 대함으로써, 모방을 통한 학습을 허용하고, 가소성을 지원하며, 새로운 방식을 시도할 용기를 북돋우는 거울 뉴런 시스템을 활성화할 수 있다. 내담자에 대한 로저스의 정서적인 태도는 지지적인 안정 애착의 양육태도와 유사하다. 연결감을 양육하는 것은 진화를 통해 학습, 자기성찰, 실험, 탐색 등에 개방적인 뇌와 마음의 상태를 만들기 위해서 형성된 것이다. 치료를 내담자와 함께하는 인간적인 여정이 아닌, 내담자에게 수행하는 기술적 개입으로 여기는 많은 치료사는 긍정적인 치료적 변화를 끌어내는 사회항상성의 힘을 놓치기 쉽다.

사회적 시냅스

우리는 복잡한 사회를 건설하려는 신비한 본능을 곤충과 공유하고 있다.
- 에드워드 윌슨(Edward O. Wilson)

혼자서만 존재하는 개별 뉴런은 없다. 다른 뉴런들과 연결되어 기능적인 관계를 발달시키지 못하는 뉴런들은 죽게 된다. 살아남은 뉴런들은 우리가 호흡에서 의식에 이르기까지 모든 것을 의존하는 기능적인 신경망들을 만들기 위해 함께 일한다. 이미 알고 있듯이 개별 뉴런들은 '시냅스synapse'라고 하는 작은 틈으로 서로 분리되어 있다. '틈gap'이라는 단어는 비어 있음을 의미하지만, 실제로 이러한 틈은 고도로 정교한 의사소통을 수행하는 광범위한 집합체의 화학물질로 채워져 있다. 일반적으로 신경전달이라고 불리는 이 끊임없는 화학적 대화는 각 뉴런이 생존하고 성장하며 서로 기능적 관계를 구축할 수 있도록 한다. 광대한 진화의 시간 동안, 시냅스 전달은 점점 더 복잡해지는 뇌의 욕구를 충족시키기 위해 점점 더 복잡해졌다.

시냅스 전달은 개별 뉴런들을 완전히 통합된 신경 시스템으로 만드는 총 세 단계 메신저 시스템의 첫 번째 단계에 해당한다. 두 번째 단계는 세포가 받는 자극 유형에 따른 세포 내부 환경의 변화로 이루어진다. 화학적 자극의 특정한 조합은 그 강도와 지속 시간뿐만 아니라 뉴런의 내부 화학적 환경을 조절한다. 세 번째 단계에서는 화학적 환경으로 인해 세포핵에 포함된 DNA가 발현될 수 있도록 촉발한다. '전사유전학transcription genetics' 혹은 '후성유전학epigenetics'이라고도 불리는 세 번째 메신저 시스템은 경험을 뇌의 '웨트웨어wetware'[1]로 변환시키는 메커니즘이다. 벌이 모여서 벌집을 만들고 인간이 모여서 부족을 만드는 것처럼 뉴런도 모여서 신경계를 만든다. 뉴런이 이 과정을 먼저 시작하나 상호연결을 향한 추동은 진화하는 복잡성의 모든 단계에 걸쳐 보존된다.

사회적 시냅스는 우리 사이의 공간이고, 우리가 서로 소통하고 연결하는 매개체이다. 손을 흔들면서 웃음으로 인사를 할 때, 우리의 행동은 사회적 시냅스를 통해 타인의 감각기관, 즉 세포 표면으로 전달된다. 상대방의 감각기관에 있는 수용체는 이러한 전기적, 물리적 메시지

1) 웨트웨어(wetware)란 하드웨어와 소프트웨어를 연결해서 작동시키는 매개체로서의 인간의 뇌를 상징하는 신조어이다(역자 주).

를 그들의 뇌 안에서 전기화학적 자극으로 변환한다. 이러한 신호는 내부의 생화학적 변화를 자극하고, 새로운 행동을 유발해서 사회적 시냅스를 통해 다시 메시지를 보내는 것을 자극한다. 우리의 생존은 태어나는 순간부터 촉각, 후각, 시각, 청각을 통해 주변 사람들과의 연결에 달려 있다. 우리가 필요할 때 도움을 받을 수 있고 양육적인 타인과 연결할 수 있다면, 결속과 애착을 형성하여 생존할 수 있게 된다.

우리가 속한 관계는 뇌의 두 번째와 세 번째 메신저 시스템에 직접적으로 영향을 미친다. 기본 가정은 애정 어린 교감과 안정 애착이 건강하고 회복탄력성이 있는 뇌를 형성하는 반면, 방임과 불안정 애착의 결과는 스트레스, 조절곤란dysregulation, 질병에 취약한 뇌를 초래할 수 있다. 타인이 우리를 어떻게 대하는지가 시냅스 전달에 영향을 주고 이는 결국 뉴런의 내부 환경과 뇌를 형성하는 후성유전학적 과정에 영향을 미친다. 이러한 메커니즘은 우리가 어떤 사람이 되는지에 강력한 영향을 미치는 초기 애착의 중요성을 설명해 준다. 신경 성장이 왕성한 생애 초기의 경험은 '신경 인프라neural infrastructures'로 전환되어, 이후의 삶에서 겪을 수 있는 정신적, 신체적 질병에 대한 회복탄력성을 높여주거나 더 취약하게 만들 수 있다.

사회적 시냅스는 말을 통한 의식적인 의사소통에서부터 표정, 터치, 동공 확장, 냄새, 찰나의 미세 표정을 통한 무의식적 메시지에 이르기까지 매우 광범위한 대역폭을 가지고 있다. 예를 들어 확장된 동공은 상대방을 신뢰할 수 있는 사람으로 보고 접근해도 안전하다고 신호를 보내고 있고, 붉어지는 얼굴은 사회적 실수를 저질렀음을 인식하고 부끄러움을 느끼고 있음을 상대에게 알린다. 이 두 가지 반응 모두 의식적으로 제어할 수 없으며 자동적이고 무의식적인 형태의 사회적 의사소통으로 진화한 것이다. 과학자들은 우리가 서로 연결되고, 서로를 모방하고, 행동을 조율하며, 서로의 뇌를 형성하는 새로운 방식들을 계속해서 밝혀내고 있다.

애착의 생화학

인간 본성의 가장 깊은 원리는 인정받고자 하는 갈망이다.
- 윌리엄 제임스(William James)

자연선택의 진화 과정은 결속과 애착에 대한 추동을 형성해왔다. 옥시토신, 바소프레신, 엔도르핀과 같은 신경화학 물질은 처음에는 보상과 신체적 고통을 형성하기 위해 생겨났으나 이후 사랑하는 사람들과 함께 있을 때 기분이 더 좋아지고 떨어져 있을 때 불안하게 되는 데 영향을 주게 되었다. 사회적 동기 시스템social motivation system의 중추 뇌 구조에는 편도체, 전측 대상피질, 안와내측 전전두피질이 포함된다. 이러한 신경 회로와 신경화학 물질은 양육 본능, 애착, 짝짓기에서부터 공감, 연민, 이타적인 행동에 이르기까지 모든 것에 관여한다.

포유류의 옥시토신과 바소프레신은 파충류의 성행동과 산란을 관장하는 분자로부터 진화했는데, 이는 번식이 모든 애착의 깊은 역사라는 사실을 반영한다. '유대감 펩타이드the peptides that bind'라고 불리는 옥시토신과 바소프레신은 다양한 종에서 결속, 사회적 행동, 불안을 조절하는 역할을 한다. 이들은 주로 시상하부에서 생성되어 뇌하수체로 내려가고 변연계와 피질로 전달된다. 옥시토신 또한 편도체와 심장에서 생성되어 방출되는 것으로 밝혀졌으며, 이는 옥시토신이 불안과 애착 모두에서 중심 역할을 한다는 사실을 반영한다. 애착의 핵심은 다른 사람과의 근접성proximity을 통해 불안을 조절한다는 점이다. 옥시토신에는 모성 행동을 유도하고 엄마의 과민성과 공격성을 억제하면서 아이의 주의를 엄마에게 향하게 하는 효과가 있다. 예를 들어, 아기가 엄마의 젖을 빨면, 유두는 시상하부를 자극하여 옥시토신을 혈류로 방출하고, 엄마의 젖가슴 근육을 수축시켜서 유두로 모유를 밀어낼 뿐만 아니라 엄마의 웰빙감을 유발한다.

옥시토신은 암컷에게서 방출되며 그것에 해당하는 수컷의 바소프레신은 여러 포유류 종에서 짝짓기, 애착, 일부일처제의 유지를 촉진한다. 테스토스테론과 상반되는 옥시토신은 돌보는 관계에서 수컷의 공격성과 성적 행동을 감소시킨다. 새끼를 향한 모성 행동의 양과 질은 어미가 자신의 유아기 동안에 받은 모성 행동의 양과 모성 행동, 불안을 조절하는 사회적 뇌 영역의 옥시토신 수용체 수와 서로 연관성이 있다. 옥시토신 수용체의 성장은 유아기 동안 어미의 돌봄에 의해 촉발되는 후성유전학적 처리과정을 통해 활성화된다.

다른 사람의 터치와 압력 그리고 온기는 옥시토신을 증가시키고 혈압을 낮추는데, 이는 친밀한 관계와 마사지가 신체적, 정서적 웰빙을 향상시키는 이유를 설명해 준다. 또한 옥시토신과 바소프레신은 학습과 관련된 신경가소성에 필요한 단백질 합성을 지원하는데, 이는 교사와의 긍정적인 정서적 교감이 더 나은 교육적 결과를 낳는 이유를 설명한다. 또한 옥시토신이 도파민 수용체를 차단하여 우리가 사랑하는 사람들에게 습관화 되는 것을 막아주는 역할을 한다는 사실을 아는 것도 중요하다. 이는 구입한 물건을 집에 가져온 후에는 더 이상 매력을 느끼지 못하는 것과는 대조적이다. 따라서 진화는 다양한 보상 시스템을 활용하여 서로 가까이 머물면서 서로를 돌보는 데 집중할 수 있도록 해왔다.

초기의 애착 회로는 타인과 인간에 대해 어떻게 생각하고 느낄지에 대한 인프라 역할을 하게 된다. 옥시토신의 수치가 높을수록, 타인의 얼굴, 움직임, 사회적 신호에 더 많은 주의를 기울이게 된다. 옥시토신 수치가 증가하면 신뢰와 공감을 촉진하고, 타인의 관점을 더 잘 고려하게 되며, 갈등 상황에서 의사소통이 향상되는 것으로 나타났다. 이는 일반적으로 약간의 옥시토신으로도 관대함과 자선을 베푸는 기부가 증가하고 자폐증이 있는 사람도 친사회적 행동이 증진되는 이유일 것이다.

심리치료의 맥락에서, 이러한 시스템은 따뜻하고 지지적인 치료적 관계를 통해 모두 활용될 수 있다. 우리 모두에게 좋은 소식은 조부모가 손자 손녀에 대한 강렬한 사랑을 자주 경험하는 것에서 알 수 있듯이 애착 회로는 평생 가소성이 있어서 변화될 수 있고 그 변화를 유지할 수 있다는 사실이다. 이러한 신경 허브와 이를 작동하게 하는 생화학적 작용은 심리치료에서 내담자의 변화를 가져오는 핵심 지렛대이다. 치료사의 기법, 임상 지식, 임상 경험 모두 중요하지만, 내담자가 이로부터 혜택을 받을 수 있는 마음과 뇌의 상태를 만들어 주는 것은 다름 아닌 관계이다.

사회항상성 활용

두 인격의 만남은 두 화학물질의 접촉과 같아서
어떤 반응이 있으면, 둘 다 변형된다.
- 칼 융(Carl Jung)

'위약 효과placebo effect'라는 용어는 일반적으로 실제 약물을 복용하지 않고도 설탕 알약을 복용한 후 기분이 좋아지는 것을 자신의 증상이 나아졌다고 느끼는 현상을 말한다. 위약 효과는 매우 보편화 되어 훌륭한 연구에서는 반드시 위약 효과 실험을 포함해야 확실한 연구로 간주한다. 위약을 복용했을 때 증상이 호전되었다고 느끼는 사람을 일반적으로 나약하고 쉽게 영향을 받는 사람이며 어쩌면 처음부터 실제로 아프지 않았을 수도 있다고 본다. 하지만, 질병을 치료하기 위한 생물학적 개입이 등장하기 전에는 믿음, 동기부여, 신의 감응이 치유의 핵심 요소로 여겨졌었다. 기술이 발달하기 전 수천 년 동안, 수많은 치유 사례를 통해 주술사, 신앙 치유사, 시골의 노인 의사들은 신체에 영향을 미치는 마음의 힘을 인식하고 활용했다.

'플라시보placebo'라는 단어는 라틴어로 '기쁘게 해드리겠습니다'라는 뜻으로 이러한 비활성 치료에 대한 반응은 환자가 의사의 기대에 부응하고자하는 욕구에서 비롯된다는 개념을 반영한다. 기쁘게 해주려는 이러한 욕구는 의사의 지위, 태도, 명성에 의해 증폭될 수 있다. 이러한 요인들은 자신을 돕기 위해 노력하는 사람에 대한 긍정적인 반응과 결합하여 생화학, 신경해부학, 의식적 경험에 영향을 미치는 사회항상성의 메커니즘이다. 이러한 사회항상성 과정을 설명하는 더 좋은 용어로, 사회적 신념이 개인에게 미치는 영향의 힘에 적용될 수 있는 '의미 반응meaning response'이라는 용어가 제안되었다. 예를 들어, 불길하다고 여겨지는 연도에 태어난 중국계 미국인은 유의미하게 수명이 더 짧은 것으로 밝혀졌으며, 이는 그들이 전통적인 문화적 신념을 얼마나 강하게 가졌는지에 비례한다. 또 다른 중요한 예로, 약물은 보통 출시 직후에 가장 강력한 효과를 가져오며, 시간이 지나 부정적인 보고서, 부작용, 약물에 대한 의구심이 공개됨에 따라 점차 효력이 떨어지게 된다.

교육 분야의 병렬 연구에서는 교사에게 학생들의 가짜 IQ 결과를 제공하고 다음 학년도에 교실에서 어떤 학생이 크게 발전할지 알려주었을 때, 무작위로 선택되었던 학생들은 대조군에 비해 IQ 총점과 추론 능력이 더 크게 향상되었다. 또한 이 학생들은 대조군의 학생들보다 지적으로 더 호기심이 많고, 더 적응력이 뛰어나며, 더 행복하고, 인정approval이 덜 필요하다는 교사들의 평가를 받았다. 이처럼 의미 반응의 힘과 사회적 시냅스를 통해 이를 전달하는 메커니즘은 부인할 수 없는 실재이다.

우리가 가지고 있는 의미는 생화학적으로 뇌에 어떤 영향을 줄까? 하나의 예로, 의미는 신경화학 및 면역 활동의 하향식(피질에서 피질하로) 조절에 영향을 준다. 일반적으로 의미 효과는 도파민과 세로토닌 수치를 증가시키고, 더 많은 단백질을 합성하고, 코르티솔 수치를 감소시킴으로써 인지와 면역 기능의 향상에 영향을 준다. 이러한 변화들은 그것이 교실과 직장에서 치유든 성과를 거두는 것이든 미래에 대한 긍정적인 감정과 낙관론을 증가시킨다. 구체적인 많은 효과들은 사람들이 치료되기를 원하는 증상들과 관련된다. 예를 들어, 통증 치료에서 긍정적 의미 효과는 베타엔도르핀[내부에서 생성된 오피오이드(opioid)]을 통해 중재되며, 이는 '러너스 하이runner's high'를 유발하고 신체의 부상이 있을 때 통증에 대한 완충을 제공하는 화학물질이다. 관련된 뇌 영역은 오피오이드 수용체가 풍부한 전측 대상피질, 뇌섬엽, 시상 등이다.

파킨슨병으로 고통을 겪는 사람은 의미 효과로부터 이로움을 얻을 수 있는데, 이들에게는 증상과 관련된 뇌 영역인 시상하핵subthalamic nuclei과 흑질선조체nigrostriatal 도파민 시스템에서 변화가 나타난다. 우울증이 있는 사람에게는 세로토닌 신경망의 활성화가 증가하고 편도체 활동이 감소하며 전반적으로 피질하에서 피질의 활성화로 전환된다. 따라서 일반 효과뿐만 아니라 특정 효과에서도, 마음이 성공적인 사회적 상호작용에 포함된 의미를 표적 약물의 약리학적 효과를 모방하는 특정 신경화학 물질로 변환할 수 있음을 시사한다. 기적적인 의료 기술의 개입이 광범위하게 존재하지만, 치유자가 엄격한 의료 기술자가 된다면 아기를 목욕물과 함께 내던져 버리는 우를 범할지도 모른다. 기술과 함께 수백만 년에 걸친 인류의 진화 과정을 통한 사회항상성 과정과 위약 효과를 활용하는 것이 가장 강력한 조합이라는 사실에는 의심의 여지가 없다.

치료와 재양육

사랑은 신뢰가 없는 곳에서 존재할 수 없다.
- 에디스 해밀턴(Edith Hamilton)

심리치료가 충분히 좋은 양육을 병행하는 방법에는 여러 가지가 있다. 치료적 관계를 통해, 치료사는 내담자의 어린 시절 동안 형성되었던 애착, 정서 조절, 자서전적 기억의 회로를 수정하고자 한다. 또한 내담자가 자신의 불안을 조절하고, 내담자가 지닌 가능성을 고려하여 도전할 수 있는 기회를 제공하며, 자기 생각, 감정, 경험 등을 명확하게 표현할 수 있도록 돕기 위해 충분히 좋은 양육과 동일한 세심하고 양육적인 사회항상성 과정을 활용한다. 심리치료의 이러한 모든 측면은 조건 없는 양육, 안정 애착, 회복탄력성 구축의 핵심이 된다.

전이 관계를 활용하여, 과거 부모와의 갈등을 현재 순간으로 가져와 의식적으로 탐색하여 수정할 수 있도록 한다. 전이와 애착은 치료 관계 동안 항상 활성화된다. 두 가지 모두 현재 관계의 맥락에서 촉발되며, 초기 관계를 기반으로 하는 '암묵적 기억 시스템implicit memory system'이다. 애착 도식과 전이 반응은 모두 다양한 형태로 나타난다. 따라서 내담자에게서 관찰되는 것은 특정 상황에서의 특정 반응이며 다른 상황에서는 동일한 반응을 하지 않을 수 있다는 점을 항상 염두에 두어야 한다. 애착이나 전이에 대한 해석에 확신을 갖기 전까지는 많은 정보를 수집해야 할 필요가 있다.

치료를 시작하는 방식으로 다음의 두 가지를 결합하는 방식도 생각해 볼 수 있다. (1) 내담자가 보이는 저항을 수용하면서 치료적 관계를 구축하는 시도와 함께 (2) 내담자가 드러내는 표면적인 이야기 아래의 더 깊은 이야기를 발견하는 것이다. 초보 치료사의 가장 큰 도전은 표면적인 이야기의 내용에 얽매이지 않는 것이다. 초기에는 내담자가 상담을 주도하도록 허용하고, 그들이 말하는 모든 것을 진실로 받아들이는 것으로 관계를 구축하려는 실수를 범하기 쉽다. 우리에게 두 가지 차원의 이야기가 존재하는 것은 사회적 자기들selves의 진화, 뇌의 복잡성, 그리고 양쪽 뇌 반구가 다른 방식으로 경험을 인식하고 처리하는 능력을 가지고 있기 때문이다.

신경과학의 관점에서 볼 때, 저항이란 암묵적인 정서적, 소매틱적, 감각운동적 기억의 복잡한 신경망을 반영하는 것이다. 뇌-마음은 오래전에 일어난 일을 기초로 현재 생존에 필요한 것이 무엇인지에 대한 최선의 예측을 한다. 우리의 원시적인 뇌는 현재에 어떤 방식으로 생존할지에 대한 최고의 예측인자가 과거의 경험이라는 강력한 가정 하에 작동된다. 스트레스를 많이 받거나 두려움을 많이 느낄수록, 세상과 상호작용하는 익숙한 패턴으로 회귀할 가능성이 커진다. 새로운 기술을 발달시키던 아이가 불안과 트라우마에 직면했을 때, 그 기술이 사라져버리는 현상은 매우 자주 목격된다.

따라서 실제의 치료를 시작하기 위해 저항이 없어지기를 기다릴 필요는 없다. 내담자의 저항을 이해하고 저항을 작업하는 것이 치료의 핵심 요소이다. 신경과학의 관점에서 볼 때 폐쇄적인 논리, 정서적 취약성, 반복적인 행동을 유발하는 암묵적 기억 패턴은 모두 내담자의 고통을 지속시킨다. 성공적인 치료의 핵심은 내담자의 저항을 스트레스가 많은 환경에서 살아남을 수 있도록 도와준 성취로 수용하는 것이다. 저항을 수용함으로써 저항의 필요성이 없어진 내담자는 덜 불안해하고 덜 방어적이며 변화에 더 개방적일 수 있다. 이것은 양육과 심리치료 모두에서 사회항상성을 가장 잘 활용하는 방식이다.

멋진 보육시설의 고립된 아이

나는 엄마가 웃을 때가 좋아.
나는 특히 엄마를 웃게 만들 때가 좋아.
- **아드리아나 트리지아니**(Adriana Trigiani)

한 달 전, 나는 회의들 사이에 시간이 남아 식사할 곳을 찾기로 했다. 낯선 거리를 걷다가 앞에 있는 부티크 슈퍼마켓을 발견하고 한 번 둘러보기로 했다. 몇 분 후, 나는 샌드위치를 들고 창가 쪽을 향하고 있는 등받이가 없는 작은 의자가 있는 테이블로 향했다. 자리에 앉고 보니 매장 바로 앞에 훨씬 편안해 보이는 테이블과 의자가 보였다. 자리를 옮기기 위해 물건을 챙기던 중, 다시 천천히 의자에 주저앉게 만드는 무언가를 발견했다. 내 바로 맞은편 야외 테이블에는 유모차를 타고 있는 한 살 정도로 보이는 아이의 맞은편에 앉아 있는 엄마가 있었다. 나를 멈추게 한 것은 아이의 엄마가 핸드폰을 들었을 때 아이가 짓는 표정이었다.

나는 엄마의 무표정에 대한 유아의 반응을 담은 영상을 본 기억이 떠올랐고, 엄마의 얼굴이 핸드폰 뒷면으로 바뀌었을 때 아이가 어떤 반응을 보일지 궁금했다. 짙은 색의 유리창은 내가 들키지 않고 그들을 관찰할 수 있도록 해줬다. 엄마는 자기 얼굴을 핸드폰의 매끄러운 금속 표면으로 대체하는 방식으로 아이 앞에서 핸드폰을 들고 자신의 역할을 완벽하게 대신하게 했다. 처음에 아기는 핸드폰에 관심이 있는 것처럼 보였고 왼쪽과 오른쪽, 위아래로 핸드폰 화면을 쓸어올리는 엄마의 손 움직임을 주의 깊게 추적했다. 나는 핸드폰의 스톱워치를 켜서 내 앞에 놓고 두 사람의 상호작용 타이밍을 기록했다. 15초가 되자, 아기는 리드미컬하게 발길질했고, 이따금 소리를 지르며 항의하기 시작했다. 엄마의 관심을 끌려고 하는 것이 분명해 보였다. 엄마는 화면을 쓸어올리고 셀카를 몇 장 찍고 사진에 글을 추가한 뒤 SNS에 올리고 있었다.

이러한 상황은 50초가 지날 때까지 계속되었고, 아기는 위축되는 것처럼 보였다. 아기는 갑자기 무기력해지고 주위를 둘러보더니 머리를 왼쪽으로 기운 없이 축 늘어뜨렸다. 잠시 후, 아기는 위를 보고 다시 주위를 둘러보기 시작했다. 74초가 되었을 때, 아기는 새가 날아다니고, 사람이 지나가고, 머리 위로 형형색색의 양산이 바람에 움직이는 것을 알아차리기 시작했다. 그것들이 차례로 아기의 주의를 끌었지만 곧 관심을 잃었다. 아기의 얼굴은 화가 났거나 배가 아픈 듯 일그러지면서 아기는 다리를 흔들기 시작했고 이따금 소리를 지르며, 가끔 핸드폰의 뒷면을 보기도 했다. 103초가 지나자, 아기는 활동이 줄어들었고 기운이 없어 보였다. 이 시점에서, 내가 얼마나 기운이 빠지기 시작했는지 알아차리게 되었다. 또한 그 아기에게 손을 뻗어 안아주고 싶은 신체적인 충동을 느꼈다. 나도 내 아들에게 이와 같은 행동을 얼마나 많이 했을지 생각했다.

157초가 지나자 엄마는 자신의 핸드폰을 내려놓고 커피를 한 모금 마셨다. 엄마가 아기를 내려다볼 때, 나는 몸에서 안도감을 느낄 수 있었고 '하나님, 감사합니다'라는 말이 마음속을 스치고 지나갔다. 이것이 내 연구 프로젝트였다면, 나는 이 상황을 너무 비인간적인 실험으로 여기고 중단했을 것이다. 176초가 지났을 때, 엄마는 아기의 관심을 끌려고 노력했지만, 아기는 더 이상 관심이 없었다. 엄마의 말이나 몸짓에 반응을 보이지 않았고, 왼쪽으로 축 늘어진 아기의 머리와 멍한 눈빛만 있을 뿐이었다. 이런 모습은 의도적인 회피일까, 절망적인 상태일까? 아니면 정서적 소진일까? 엄마는 이 모습을 대수롭지 않게 여기는 듯했고, 다시 아기의 관심을 끌려는 행동을 멈추는 것 같았다. 엄마는 커피를 한 모금 더 마시고 자신의 핸드폰으로 돌아왔다. 아기는 이제 겉으로 보기에 엄마의 행동에 무관심해 보였다. 몇 초 후 엄마는 자리에서 일어나 유모차를 밀고 가면서 자신의 핸드폰을 바라보았다.

샌드위치를 다 먹고 다음 회의를 향하는데, 비공식적인 자연 관찰 연구이자 한 명을 연구 대상으로 한 연구가 내 마음속에 계속 맴돌았다. 초기의 관찰 애착 연구에 따르면 무시하거나 간헐적으로 가용적인available 부모의 자녀는 불안정 애착 패턴을 발달시키는 경향이 있고, 자녀에게 가용적이며 자녀의 연결engagement 요청에 즉각적으로 반응을 잘해주는 엄마는 자녀에게 안정 애착과 적응적인 정서 조절과 뛰어난 주의집중 능력을 발달시킨다. 오늘날 사회적 시냅스에는 멀리 떨어져 있는 사람들을 위해 우리 앞에 있는 사람들을 건너뛰도록 만드는 새로운 경쟁자들이 끊임없이 생기고 있다. 전자 기기들이 아이들의 뇌 발달에 어떤 영향을 미칠지 궁금하다. 처음으로 나는 전자 기기의 지속적인 가용성과 기술 산업의 의도적인 중독성이 미래 세대의 정서적 안정에 어떤 해로운 영향을 미칠지 궁금해지기 시작했다.

2

발달하는 뇌

아이를 돕기 위해 어떤 일이든 하는 사람은 나에게 영웅이다.

- 프레드 로저스(Fred Rogers)

발달하는 뇌에 대한 이해는 뇌의 정의에 대한 탐구에서부터 시작된다. 뇌는, 신경과학자 Antonio Damasio가 '시스템을 관장하는 정부government of systems'라고 적절하게 묘사한 대로, 에너지와 정보를 전달하는 수십억 개의 방식으로 연결된 수백만 개의 뉴런으로 구성되어 있다. 정부의 관료 체제에 많은 부서와 기관이 있듯이 뇌도 수많은 뉴런이 보고 걷는 것에서부터 생각하고 느끼는 것에 이르기까지 모든 적응적인 기능에 전념하는 신경 시스템으로 구성되어 있다. 뇌를 상호작용하는 신경 시스템의 복잡한 집합체로 생각한다면, '신경유능성neurofluency'에 대한 광범위한 맥락을 이해할 수 있게 된다. 이러한 신경 시스템의 적절한 발달과 통합은 최적의 기능과 정신건강으로 이어진다.

신경유능성 원리 1 | 뇌는 시스템들을 관장하는 정부(goverment)이다.

뇌가 '신경 시스템들의 정부government of neural systems'로 구성되어 있다는 사실은 자폐 스펙트럼에 있는 사람의 기능과 결함 패턴으로 명확하게 설명할 수 있다. 유전적인 신경 발달 이상은 다른 신경망의 성장과 통합을 저해하여 과다 발달 패턴과 과소 발달 패턴을 초래하기에 시각과 숫자 기억에 비범한 강점이 있는 반면 언어와 사회적 의사소통에 결함이 있는 경우가 흔한 이유이다. 이와는 대조적으로, 윌리엄스 증후군Williams syndrome이 있으면 타인에게 깊이 공감하고 조율하지만, 기본적인 자기돌봄과 자립적인 생활은 하지 못한다. 자폐증과 윌리엄스 증후군은 정서적 조율과 산술 연산과 같은 능력이 독립적인 유전자의 장애, 임신기간의 장애 그리고 발달과정의 장애에 영향을 받는 분리된 별도의 신경망으로 구성되어 있음을 명확하게 보여준다.

각각의 신경 시스템은 현재 또는 과거 진화과정에서의 생존 가치를 반영하는 깊은 역사를 지니고 있다. 뇌는 인간종의 진화 역사와 함께 이전에 존재했던 다른 동물, 식물, 단세포 유기체의 역사를 담고 있다. 우리 몸도 마찬가지이다. 우리가 들을 수 있게 해주는 내이inner ear 뼈는 한때 파충류 조상의 턱의 일부였다. 척추의 맨 아래에 있는 뼈는 원숭이 선조가 나무의 높은 곳에서 안전하게 살 수 있도록 도와준 꼬리의 잔재이다. 과거의 진화과정을 통합하는 또 다른 방법은 생애 주기 동안에 뇌가 변화하는 방식이다. 한 사람의 신경 시스템은 발달하고, 성숙하고, 늙어가면서 고유한 발달 과정을 갖게 되는데 삶의 각 단계에 무리와 부족의 구성원들로부터 받아온 변화에 대한 요구가 반영된다. 뇌는 우리를 개인으로서 그리고 사회 단위의 구성원으로서 생존할 수 있게 한다.

신경유능성 원리 2 ㅣ 각각의 신경 시스템은 자체적인 적응과 진화의 역사를 지니고 있다.

나이가 들어감에 따라 각 신경 시스템은 고유한 발달 과정을 갖는다. 어떤 신경 시스템은 같은 상태를 유지하고 어떤 신경 시스템은 개선되는 반면, 어떤 신경 시스템은 쇠퇴한다. 예를 들어, 얼굴을 기억하는 신경 시스템은 평생 비교적 강력하게 유지되는 반면, 단어를 기억하는 신경 시스템은 25세경에 최고조에 달하고 그 이후에는 서서히 쇠퇴한다. 나이가 들어감에 따라, 이미 보유하고 있는 전문 기술은 향상되지만 새로운 정보를 배우는 것은 더 어려워진다. 정서적 각성과 반응성은 감소되지만 애착 시스템은 평생 강력하게 유지된다. 이는 조부모가 손주를 자신의 자녀만큼 사랑할 수 있으며, 한때 자신을 괴롭혔던 일에도 화를 덜 낼 수 있게 되는 이유이다. 본질적으로, 신경 시스템 전반에 걸친 노화 패턴은 한 사람의 생애 주기 동안 부족의 과거로부터 오랜 시간 동안 거쳐온 필요들에 따라 형성되었다.

신경유능성 원리 3 ㅣ 뇌는 개인적 기관(organ)인 동시에 사회적 기관이다.

설명하기 어려운 발달의 일반적이지 않은 특성에 대한 이해는 사회적 진화 역사의 맥락에서 시작해야 한다. 내가 설명을 위해 자주 사용하는

예는 어린아이가 같은 이야기를 몇 번이고 계속 듣고 싶어 하거나 같은 영화를 반복해서 보고 싶어 하는 이해할 수 없는 욕구이다. 3살이었던 내 아들은 나에게 매일 밤 같은 이야기를 읽어 달라고 졸랐었다. 아이는 이미 그것을 외우고 있었지만, 똑같은 이야기를 똑같은 방식으로 읽어 주기를 고집했다. 내가 실수를 하거나 더 흥미롭게 만들기 위해 단어를 바꾸면, 나를 바로잡고 다시 돌아가서 제대로 하라고 고집을 부리곤 했다. 공감할 수 있을 법한 다른 예는 연장자들이 같은 이야기를 몇 번이고 반복하는 경향을 들 수 있는데, 보통은 "내가 …에 대해서 말한 적이 있던가?"라는 말로 시작한다.

20세기 인지 연구자들이 '주제와 무관한 장황한 말off-task verbosity' 이라고 불렀던 이야기를 반복하는 경향은 같은 이야기를 반복해서 듣고 싶어 하는 내 아들의 갈망과 우연히 같았던 것이 아니다. 스토리텔링과 듣기의 자물쇠와 열쇠 메커니즘은 문자 사용 이전의 진화사에서 오랜 세월 동안 역사와 문화의 전달자 역할을 했다. 이야기는 전승되어야 했고, 뇌는 조부모와 손주가 세대를 넘어 연결될 수 있도록 프로그래밍 되었다. 다시 한번 언급하는데, 구석기 시대의 맥락에서 뇌를 생각해 보면 현재의 특이한 행동을 이해하는 데 도움이 된다.

신경다양성

재능은 차이를 인식하고 천재는 차이를 통합한다.

- 윌리엄 버틀러 예이츠(William Butler Yeats)

진화의 핵심 전략 중 하나는 유성 생식sexual reproduction을 통해 다양성을 극대화하는 것으로, 친족이 아닌 두 개인의 유전적 다양성은 건강한 자손이 태어날 확률을 최대화하기에 근친상간은 금기시된다. 유전과 경험의 상호작용을 통해, 우리 각자는 능력, 장애, 성격, 행동 등에 반영되는 신경망과 활동패턴의 고유한 조합을 갖게 된다. 어떤 사람은 더 활성화되는 편도체를 가지고 태어나 불안해하며 경계를 하는 반면, 어떤 사람은 탐험을 더 하고 위험을 감수하는 것을 좋아하며 다음 커브 길에 무엇이 있는지 알아내는 것을 즐기는 경향이 있다. 또 어떤 사람은 두정엽에 뉴런과 교세포의 수가 더 많아 시각적 공간 능력이 더 뛰어날 수 있다. 변이는 거의 끝이 없어서 각자의 뇌는 본성nature에 대한 고유한 실험이 된다.

신경유능성 원리 4 | 각자의 뇌는 생물다양성(biodiversity)의 표현이며 자연발생적인 고유한 실험이다.

개인들 사이에서 볼 수 있는 자연발생적 다양성은 인간종이 진화하는 동안 수많은 세대에 걸쳐 부족의 생존을 지원해 온 역사적 차이를 반영하는 것일 수 있다. 사회적 동물인 인간은 개인으로서 그리고 부족의 구성원으로서 생존하도록 진화해왔다. 이는 부족이 생존하지 못하면 부족을 구성하는 개인도 생존할 수 없기 때문이다. 자신을 돌보고 다른 사람을 돌보라는 두 가지 동시적 진화 요구가 도덕, 윤리, 법 등의 생물학적 기원일 가능성이 높다. 개인과 집단의 생존 사이에 있는 역동적인 긴장이 부족, 국가, 민족, 종교 내부에서 그리고 그 사이에서 갈등을 유발한다. 다윈 진화론의 생존을 위한 투쟁은 가장 작은 뉴런에서 가장 거대한 국가에 이르기까지 모든 수준에서 목격될 수 있다.

신경역동

뇌가 고도로 연결된 수십억 개의 뉴런으로 구성되는 것과 마찬가지로,
신경망의 기본 작동 단위는 뉴런과 유사한 노드(node)이다.
다른 노드로부터 입력 정보를 받아 다른 노드로 출력을 보낸다.
- 페이 페이 리(Fei Fei Li)

우리가 정상적으로 기능하는 뇌라고 생각하는 것은 많은 시스템이 서로 발달하고, 통합하고, 소통한 결과이다. 이 세 가지 처리과정 중 하나라도 중단되면, 심리적인 증상이 관찰될 수 있다. 타인의 내적 감정 상태를 처리하는 시스템이 발달하지 않으면, 마치 소시오패스처럼 타인을 대상으로만 경험하고 자기 행동에 대한 타인의 반응을 예측하지 못하는 취약성을 갖게 된다. 몸의 메시지가 뇌섬엽에서 대상피질로 전달되지 않으면, 감정표현불능증alexithymia처럼 신체 상태는 물론 감정까지도 의식적으로 인식하는 것이 불가능하게 된다. 높은 각성 상태에서는 피질 실행 시스템이 억제되어 생각하기, 느끼기, 감지하기, 행동하기의 신경망 간에 지속적인 해리가 발생할 수 있다. 이 신경 해리는 외상 후 스트레스 장애[PTSD] 즉, 조절되지 않는 각성, 악몽, 플래시백, 타인과의 단절에 취약해지는 결과를 초래한다.

신경유능성 원리 5 | 소통과 통합은 최적의 뇌 건강을 위한 핵심 요소이다.

뇌를 이해하는 데 있어 핵심 요소는 신경 시스템의 통합에 대한 중요성을 인식하는 것이다. 뇌의 특정 영역이 특정 기능을 담당한다고 생각하기 쉽지만, 적절한 뇌 기능은 여러 영역과 신경망 기능의 소통, 조정, 통

합에 의존한다. 신경망은 서로 다른 뇌 영역 사이의 흥분과 억제 패턴을 통해 그들의 활동을 조절하고 수정한다. 신경유능성에 대한 이해에서 활동의 허브와 그 허브가 작동하는 신경망 모두를 이해하는 것이 중요하다.

심리치료의 중심이 되는 신경역동의 좋은 예는 편도체와 눈 바로 위의 전전두피질 영역인 안와내측 전전두피질orbital-medial prefrontal cortex[OMPFC] 사이의 관계이다. 원시적인 실행 기관이자 공포 회로의 중심인 편도체는 출생 시에 완전히 성숙되어 있으나 이를 조절하는 OMPFC의 시스템은 발달하지 않은 채로 태어난다. 양육자와의 초기 관계는 편도체와 OMPFC 사이의 회로를 형성하는데, 이는 다른 사람들이 우리의 불안을 얼마나 잘 조절할 수 있는지에 대한 기억을 저장한다. 이 신경망에 저장된 암묵적 기억은 안정 애착 패턴과 불안정 애착 패턴으로 나타난다. 애착의 신경과학에는 이보다 더 많은 회로가 있지만, 이 특정 시스템 내의 신경역동은 다른 사람들과 관계를 맺는 방식에 강력하고 영속적인 영향을 미친다.

발달하는 뇌

지식의 유일한 원천은 경험이다.
- 알베르트 아인슈타인(Albert Einstein)

노화에 대한 문화적 편향으로 인해 뇌 발달에 관한 연구는 주로 아동과 청소년에 초점을 맞추게 되었다. 이 독단적인 무지로 인해, 뇌가 몇 년 동안 활발하게 초기 발달을 한 후 젊은 성인기에는 안정기에 이르고 그

후에는 장기간 쇠퇴하는 것으로 생각했다. 이와는 상반되는 모든 증거가 존재함에도 불구하고 대중문화와 과학계의 노화에 대한 편견은 뇌 발달이 출생에서부터 죽을 때까지 계속되는 역동적이고 복잡한 과정이라는 생물학적 사실을 놓치게 했다. 또한 뇌는 헤아릴 수도 없을 만큼의 긴 시간에 걸쳐 우리 주변 사람들의 욕구에 부응하도록 형성되었다.

신경유능성 원리 6 | 뇌는 평생 동안 계속 발달하고 적응한다.

뇌는 개인과 부족의 끊임없이 변화하는 생존 요구를 충족시키기 위해 평생에 걸쳐 계속해서 재구성되는 사회적 적응 기관이다. 이러한 발달 변화의 흐름은 상당히 일관된 방식으로 뇌 발달을 이끄는 유전적 부호로 짜여 있다. 장gut과 마찬가지로 뇌는 본질적으로 구석기 시대의 뇌를 유지하고 있으며, 현재의 기술 사회보다 수렵과 채집 조상들의 삶의 과정과 더 일치한다. 이것이 의미하는 바는 뇌가 발달하는 방식의 상당 부분이 진화적 그리고 사회적 역사에 비추어 볼 때만 의미가 있다는 것이다. 다른 방식으로 표현하자면, 뇌 발달은 수천 년 전 부족 생활의 전통적인 요구와 관련이 있다.

애착 회로는 매우 능동적으로 시작되고, 개인과 부족 모두에게 생존 가치가 있기에 견고하게 유지된다. 다른 한편, 해마와 전두엽 영역의 기억 회로는 어린 시절에 천천히 발달하여 생애 초기에 대한 자서전적 기억에 의식적으로 접근하는 것을 불가능하게 만든다. 청소년기와 청년기에는 애착 회로가 민감해진다. 이는 전통적으로 아동기에서 벗어나 결혼하고 자녀를 낳고 성인기의 역할과 책임을 맡아야 하는 시기이기 때문이다. 이러한 변화는 직계 가족 이외의 새로운 애착을 형성하는 것을 필요로 한다. 반면, 새로운 학습에 관여하는 해마-피질 시스템은 성인기에 일찍부터 쇠퇴를 시작한다. 이는 대부분의 진화사에서, 25세 이후에는 새롭게 배울 것이 많지 않고 성인기는 기껏해야 몇십 년에 불과하다는 사실이 그 이유일 가능성이 크다. 부족의 조상은 새로운 이름과 얼굴, 컴퓨터의 비밀번호, 자동차 열쇠 등을 어디에 두었는지 기억해야 하는 부담이 없었다.

신경유능성 원리 7 | 모든 신경 시스템은 고유한 발달 시간표를 갖고 있다.

대부분 발달하는 뇌를 생각할 때 가장 먼저 떠올리는 생각은 뇌가 더 커진다는 것이다. 더 큰 뇌와 함께 더 정교한 사고, 행동, 기술도 함께 발달한다. 해를 거듭할수록 아이들에게서 목격되는 분명한 변화가 바로 이 두 가지이다. 적어도 생애 초기에는 더 큰 뇌와 더 정교한 능력은 서로 밀접한 관련이 있다. 하지만 뇌가 발달하는 방식도 시간이 지남에 따라 변한다. 발달 초기에는 뇌의 크기와 연산력이 함께 증가하지만, 중년에는 뇌의 크기가 작아지는 반면 정교함과 문제 해결 능력은 확장된다. 이러한 개선은 신경 시스템의 연결성이 증가하고 그들이 복잡한 문제 해결에 관여하기 때문이다.

뇌 발달은 일상 상식과 상반되는 전략으로 가득 차 있다. 그중 하나는 임신 기간 동안 뉴런을 방대하게 과잉 생산하여 출생 후 생존을 위해 경쟁하게 한다는 사실이다. 뉴런은 지속되는 자극을 통해 유지되고 확장된 기능적 시스템의 일부가 되기 위해 다른 뉴런과 연결하기 위한 경쟁을 한다. 살아남은 뉴런의 크기와 연결성이 확장되는 동안, 외면당한 뉴런은 자극의 부족으로 '세포자연사apoptosis'라고 불리는 과정에 의해 죽게 된다. 전체 뉴런 수가 감소되어 살아남은 뉴런의 새로운 수상돌기가 성장하기 때문에 어린 시절에 뇌는 더 커진다. 생후 첫 몇 년 동안 뇌의 양적인 발달은 연결성과 복잡성의 패턴으로 체계적으로 대체된다. 우리와 마찬가지로 뉴런도 다른 뉴런과 연결되어 에너지와 정보를 교환하기 때문에 생존할 수 있다.

뇌 발달의 또 다른 측면은 신경 축삭돌기axon의 '수초화myelination'이다. 이 과정에서 뇌 전체에 걸쳐있는 슈반Schwann 세포는 스포츠 바에서 인기 있는 간식인 담요 속 돼지라는 이름의 소시지 롤 빵Pig in a blanket처럼 지방 물질로 축삭돌기를 덮고 있다. 이 백색 지방층은 뉴런이 발화하고 이웃 뉴런을 자극하는 과정에서 흐르는 전류를 차단하는 전기 절연체 역할을 한다. 뇌의 여러 영역을 연결하는 다발은 주로 수초화된 축삭돌기로 이루어져 있으며 수초myelin의 색 때문에 '백질white matter'이라고 불린다. 시스템 차원에서 본다면 뇌 발달은 특정 과업을 수행하기 위해 정보를 공유하고 함께 협력해야 하는 영역들 간의 연결 정도에 따라 측정될 수 있다. 감각과 운동 신경망이 연결되어 물체를 잡거나 환경을 탐색하는 것과 같은 작업을 수행할 수 있으며, 기억과 평가를 담당하는 신경망이 통합되어 익숙한 것과 익숙하지 않은 것을 구별할 수 있다.

신경유능성 원리 8 | 피질은 경험 의존적 방식으로 형성된다.

뇌는 선형적인 방식으로 발달하지 않기 때문에, 생애 초기에는 양육자의 뇌를 발판으로 삼는다. 예를 들어, 태어날 때 완전히 성숙해진 편도체의 두려움 회로와 발달하는 데 몇 년이 걸리는 두려움을 조절하는 피

질 시스템을 비교해 보자. 유아기 및 아동기 동안, 아직 발달하지 않은 조절 기능은 양육자에게 의존한다. 양육자가 자녀의 두려움과 불안을 처리하도록 돕는 행동은 자녀의 편도체와 전전두피질 사이의 회로를 발달시킨다. 이 회로가 어떻게 조직되느냐가 타인과 관계를 맺는 방식과 감정을 조절하는 능력에 반영된다. 뇌가 발달함에 따라, 경험이 신경 회로의 구조를 형성하기에, 뇌는 우리가 경험해온 학습 역사의 살아있는 표현이 된다.

또한 발달 과정 중 특정 시기에 특정 능력이 발현되도록 촉진하는 '결정적 민감기critical and sensitive periods'라고 불리는 유전적으로 알맞은 때의, 신경 성장의 폭발적인 시기가 있다. 생후 8개월경의 낯가림과 18개월경의 폭발적인 언어 발달이 좋은 예이다. 가정, 학교, 지역 사회에서 아동기의 도전 과업은 대부분 그들이 다뤄야 하는 연령대의 적응 기술에 맞춰져 있다. 연구에 따르면 이러한 성장 촉진 시기를 충분히 활용하기 위해서는 특정 도전 과업과 자극에 대한 노출과 상호작용해야 한다. 초기 애착의 중요한 시기에 방치되거나 학대 받은 아동들은 중요한 발달 기회가 있을 때 부정적인 경험을 보완하는 데 큰 어려움을 겪는 경우가 많다.

10대의 뇌 발달에서는 추상적 사고, 정서 조절, 애착, 보상과 관련된 신경망이 재조직되는 것이 특징이다. 이 민감한 시기는 전통적으로 청소년기에 또래 집단과 짝짓기에 맞춰 애착을 재조직하고 책임감 있는 성인이 되어야 한다는 사회적 기대로 인해 추동된다. 하지만 현대 서구 사회는 이러한 도전의 시기를 연기해왔기 때문에, 많은 청소년들은 적응해야 하는 이 지속적인 의존성에 맞지 않는 경우가 많다. 그들은 유전적 요구를 이행하기 위해 폭력적인 비디오 게임, 도전적인 스포츠 활동, 문란한 성행위에 빠져들 수 있다. 이러한 사실을 사회에서 충분히 인식할 수 있다면, 발달 중인 뇌에 맞춰 교육 시기를 수정하고 활동과 모험을 더 보완할 수 있을 것이다.

성인기로 접어들면서, 백질 소통 다발이 계속 성숙함에 따라 신경 영역 간의 연결성이 증가한다. 피질-편도체 연결의 성숙으로 감정을 조절하는 능력도 향상된다. 이러한 변화와 다른 많은 변화들과 함께 성인에게 부가된 요구사항은 가족과 부족의 거듭되는 중요한 역할을 수행하고 그들에게 의존하는 사람들의 이익을 위해 판단력을 발휘하는 것이다. 이러한 과정은 자녀와 손주를 양육하고 부족의 이야기, 가치, 문화를 전승하며 가족과 부족의 영적이고 복잡한 사회 문제를 처리하는 연장자의 역할과 책임을 수행하도록 전환하게 되는데 이는 노년기까지 지속된다.

새로운 정보를 기억하는 능력은 25세경에 최고조에 달하고 그 이후 서서히 감퇴하기 시작한다. 애착과 같은 능력은 오랜 친구들이 세상을 떠나감에 따라 자녀, 손주, 새로운 친구들을 돌볼 필요가 있기에 평생 강하게 유지된다. 인생의 마지막 1/3 동안의 주요 발달 과정은 복잡한 문제 해결, 특히 대인관계 갈등 해결과 자원의 적절한 배분에 뇌의 더 많은 영역이 참여한다. 이는 수백만 년의 영장류와 인간 진화를 통해 부족의 유지와 생존에 필요한 높은 수준의 추상적인 기술이었다.

상담실의 뇌

치유는 시간의 문제이기도 하지만 때로는 기회의 문제이기도 하다.
- 히포크라테스(Hippocrates)

사회적 적응 기관인 뇌의 첫 번째 임무는 태어날 때 속한 관계망에 합류하는 것이다. 갓 태어난 신생아의 뇌는 관점과 경험이 부족하기에 환경의 요구를 당연한 것으로 받아들이고 생존에 필요한 것이 무엇인지 알아내는 데 집중한다. 몇 년 또는 수십 년 후, 내담자의 맞은편에 앉았을 때 치료사는 내담자의 발달 역사 전체와 마주한다. 이러한 깊은 복잡성을 이해하게 되면 인간의 딜레마에 단순하고 미리 포장되어있는 듯 이미 정해진 해결책을 제공하는 오류를 피할 수 있다. 획일적인 접근 방식은 인간처럼 다양하고 복잡한 종에게 적용해서 성공할 확률은 결코 높지 않다.

내 내담자인 Rochelle을 예로 들어 보겠다. 그녀는 4명의 자녀를 둔 50세의 기혼 아프리카계 미국인 어머니이다. 그녀는 불안, 우울, 마리화나 의존도 증가에 대한 우려를 호소하며 치료받으러 왔다. 이러한 고충과 함께 긴장이 고조되어 남편과 싸우게 되었고, 이는 호소 문제와 관련이 있었다. 작년에는 남편의 은퇴와 막내가 집을 떠나는 삶의 변화가 있었다. 이러한 변화는 두 사람에게 있어서 정체성과 의미를 상실하는 결과를 초래했다. 그들의 관계 역사를 더 많이 배울수록 부부 갈등의 씨앗이 결혼 전 연애 시절부터 있었다는 사실을 알게 되었다. 가족, 직업, 자녀 양육에 대한 성취와 도전은 두 사람 모두에게 이러한 문제들과 어린 시절의 미해결 트라우마를 회피할 수 있게 해줬다. 언젠가 한 지혜로운 노부인이 나에게 "당신이 저항하면 그것은 지속된다!"라고 말한 적이 있다.

트라우마는 스트레스가 많고 위협적인 경험에 대한 우리의 반응을 설명하기 위해 사용하는 단어이다. 아이가 풍부한 자원과 세심하게 돌봐주는 양육자가 있는 안전한 환경에서 자란다면, 아이의 뇌는 자신이 처한 세상을 탐색하고 성공할 수 있도록 (경험 의존적 방식으로) 형성된다. 이와는 다르게 아이가 위험하고 박탈감을 느끼며 고립된 생활에 처하게 된다면, 뇌는 이러한 조건에 적응하기 위해 최대한의 노력을 하게 된다. 이 두 아이가 하는 적응은 겉으로 관찰 가능한 행동뿐만 아니라 그들의 신경해부학, 심리학, 생물학, 후성유전학, 마음, 영적인 측면까지도 포함될 것이다. 본질적으로, 초기 경험은 뇌의 웨트웨어wetware를 형성하고 마음을 조직하는 알고리즘을 프로그래밍한다.

Rochelle의 아버지는 인기 있는 음악가였으며, 지적이고 유능한 주부인 어머니 덕분에 Rochelle은 '서류상으로는 아주 좋아 보이는' 편안하고 예측 가능한 삶을 살 수 있었다. 그녀의 가족은 온전했고, 좋은 집에 살았고 멋진 휴가를 보냈기 때문에 사람들은 그녀를 운이 좋고 심지어 버릇없는 아이로 보았다. 이 모든 '행운' 때문에 Rochelle은 자신이 슬픈 생각과 고통스러운 감정 속에 있는 것이 타당한 것인지 혼란스러워했다. 그녀는 '내가 화나거나 불행하다면 그건 내 잘못일 거야'라고 생각했다. 하지만 상담 의뢰서에 적힌 내용은 그녀의 경험과는 아주 달랐다. 많은 팬이 사랑하고 존경했던 유명한 그녀의 아버지는 예측할 수 없는 폭력적인 알코올 중독자였다. 때때로 그는 짜증을 내고 참을성이 없는 상태로 집으로 오곤 했는데, 그녀는 아버지를 반기며 뛰어나가는 대신 조용히 숨어서 주의를 끌지 않도록 조심해야 했다. 이건 그나마 좋은 시간이었다. 더 나쁜 시간은 아버지가 술에 취해 화를 내며 통제 불능 상태로 집에 돌아왔을 때이다. 그는 아내와 자녀들, 특히 자신의 이름을 딴 그녀의 오빠에게 분노를 표출했다. 그녀의 어머니는 남편의 명성과 특권적인 생활 방식이 손상될까 봐 모든 자녀에게 항상 좋은 모습을 보이라고 하면서 집에서 일어난 일을 누구에게도 말하지 못하게 주의를 줬다.

Rochelle의 이야기는 결코 드문 이야기가 아니다. 폭력과 중독에 희생된 수많은 이의 이야기이다. Rochelle의 발달하는 뇌의 관점에서 이 시나리오를 본다면 당신에게 새로운 경험이 될 수 있을 것이다. 두 가지 중요한 질문은 다음과 같다. (1) 그녀의 뇌는 어린 시절의 환경에 어떻게 적응했는가? (2) 이러한 적응이 수십 년 후 남편과의 관계에 어떤 영향을 미쳤는가?

불확실성과 위험으로 가득 찬 환경에서 성장한 Rochelle의 공포 회로는 아버지가 주위에 있을 때 끊임없이 경계하고 위험 경고code red로 전환되도록 형성되었다. 생물학적 결과로는 아드레날린, 코르티솔, 도파민의 휴지기 수치가 높아지고 세로토닌의 수치가 낮아지는데, 이 모든 것이 결합되어 놀람 반응을 강화하고 주변 환경에서 위험을 스캔하며 존재하지도 않는 위협의 증거를 찾게 했다. 연구에 따르면, 신체적 폭력을 목격하거나 언어 폭력을 경험한 피해자들은 이후의 삶에서 사물을 명확하고 정확하게 보고 듣는 능력에도 부정적인 영향을 받을 수 있다고 한다. 감각 회로는 고통스러운 입력 정보의 세부 사항을 듣지 않거나 보지 않는 적응 방식으로 인해 발달에서 느려지는 경향을 보인다. 이러한 아이의 애착 회로는 다른 사람들과의 경험을 중요치 않게 여기고 믿을 수 없으며 안전하지 않다고 느끼게 되는 방식으로 형성될 것이다. 또한, 면역 체계의 기능이 손상되어 어린 시절에는 아니었을지라도 이후의 삶에서는 신체적, 정신적 질환에 더 취약해질 수 있다.

Rochelle의 가족은 상당한 재정적 자원을 가지고 있었지만, 정서적 안정과 안전이 부족했다. 그리고 부모가 그녀를 치료에 보낼 여유가 있었음에도 불구하고 이러한 선택지는 고려조차 하지 않았을 것이다. 우선 Rochelle은 자신의 불안과 우울을 의식적으로 인식하지 못했다. 또한 가족 시스템에 치료사를 끌어들이는 것이 아버지의 권위주의적인 통제에는 너무 큰 위협이 되었을 것이다. 그녀의 가족이 가진 적은 정서적 자원은 매일 매일의 생존에 쓰였다. Rochelle은 나에게 다음과 같이 말했다. "시트콤 「코스비 가족 만세」의 애정과 지혜가 넘치는 Huxtable박사가 집에 올지 Tina Turner의 전남편으로 폭력적인 Ike Turner가 집에 올지를 전혀 알 수 없었기 때문에 우리는 항상 경계하고 있었고 상황을 차분하고 안전하게 유지할 수 있는 방법을 찾아야 했어요." Rochelle의 뇌는 포식자를 경계하면서 눈에 띄지 않을려고 애쓰는 쥐나 사슴과 같은 먹잇감 동물의 뇌와 유사하게 형성되었다. 나는 초기의 아버지의 영향으로 형성된 그녀의 뇌가 남편과의 상호작용에서 남편에 대한 경험을 왜곡하고 있다는 것을 알 수 있었다.

내가 파악하기로는 그녀의 남편 Winston은 불안과 자존감 문제로 어려움을 겪고 있었다. 그녀는 Winston의 정서적인 어려움을 위협하다고 느꼈고, 둘의 상호작용에서 겁을 먹고, 과민 반응을 보였다. 그녀는 그가 집에 있을 때 긴장을 풀 수 없었고, 지금은 대부분의 시간이 그렇다. 그의 존재는 그녀에게 공격이나 공격의 전조처럼 느껴졌다. 어린 시절 그녀는 가족 중 그 누구도 경계boundary를 지니고 있지 않았기 때문에 자신과 타인 사이에 적절한 경계를 설정하는 법을 배울 수 없었다. 그래서 지금은 남편과 함께 있을 때, 남편의 부정적인 감정에 무방비 상태가 되었고, 그의 감정은 자동으로 그녀를 촉발했다.

일반적으로 트라우마의 정서적 측면에 초점을 두고 트라우마가 주의력과 인지 장애를 초래할 수 있다는 사실을 놓치게 된다. 그 주된 이유는 우리의 뇌가 생각과 감정을 분리할 수 없기 때문이다. 생각은 감정의 쾌감을 위해 작용하므로, 예기 불안과 두려움의 신체생리적 반응과 감정은 피질이 이러한 느낌들에 대한 설명을 만들도록 이끈다. Rochelle의 뇌와 마음은 'Wilson의 중립 선언문'[2)]의 많은 내용을 위협이나 공격으로 해석했다. 이는 부부 사이에서 양방향으로 작동했다. 예를 들어, 그녀가 남편에게 한 '농담' 중 하나라고 내게 말하기를 "아침에 남편에게, '좋은 아침'이라고 말해요. 그러면 남편은 '무슨 말을 하려는 거야?'라고 말해요." 이처럼 많은 커플이 이러한 상호작용의 패턴에 갇혀 어린 시절의 트라우마나 과거의 배신이 현재 상호작용에 반영되는 모습을 보인다. 트라우마는 뇌와 마음을 변화시키고 느끼는 방식뿐만 아니라 정보를 처리하는 방식도 변화시킨다.

모든 사람에게 자기감, 내면세계, 경계boundary가 있다고 믿는 사람도 있지만, 그렇지 않은 사람도 많다. Rochelle은 포식자를 잘 피하는 동물들이 그렇듯이 타인의 표정, 자세, 움직임에 대해 특별한 민감성을 발달시켰다. 그녀는 형제자매, 친구, 남편의 욕구와 감정을 잘 알아차리는 사람으로 유명했고 세심한 부모이자 돌보는 사람으로 정평이 나 있었다. 하지만 그녀는 자기감이 발달하지 않았기 때문에 이러한 정교하게 예리해진 능력을 자신의 이익을 위해서는 활용할 수 없었다.

자기self는 정서적, 소매틱, 내장의 경험을 자서전적 기억과 작업 기억을 결합하는 상상의 산물이다. 자기는 유전자에 의해 결정적인 시

---

2) 윌슨의 중립 성명서(Wilson's neutral statements)는 1917년 4월 2일 미국 대통령 우드로 윌슨(Woodrow Wilson)이 발표한 성명서로, 제1차 세계 대전의 종전을 위한 평화 조건으로 제시되었다. 이 성명서는 미국의 중립성을 유지하면서도 동시에 독일과 영국 등 전쟁 중인 나라에 평화를 제안하는 내용을 담고 있다(역자 주).

기에 촉발되어 진화적으로 주입되는 과정이 아니라, 다른 사람들이 자신을 별개의 통합된 존재로 보는 사회적 관계의 결과물이다. 일반적으로 다른 사람들은 우리에게 자신만의 경험이 있다고 가정하고 그것을 말로 표현하고 공유해달라고 우리에게 요청을 하기도 한다. 하지만 Rochelle 가족의 모든 에너지와 관심은 매일 매일의 생존에만 집중되어 온 가족이 무서운 아버지의 마음이 어떤 상태인지에만 매달려서 살아야 했기에 자기 자신이나 형제자매에 대해 걱정할 여력이나 시간이 없었다.

Winston의 부모는 영향력이 있는 사업가이자 자녀를 위한 시간이 거의 없는 사교계 명사였다. 여러 면에서 그의 뇌는 Rochelle의 뇌와 매우 다르게 형성되어 있었지만, 두 사람은 세심하게 주의를 기울여주는 부모가 없었다. 또한 자기 진정과 감정을 조절할 수 있는 능력을 형성할 수 있는 안전한 피난처가 없는 환경에서 자랐기에 극도의 불안정을 공통적으로 가지고 있었다. 두 사람은 각자 인생에서 상대방으로부터 안정감과 안도감을 얻을 필요가 있었다. 하지만 두 사람의 관계에는 정서적 안정이 충분하지 않았기에 매일 서로에게 실망감을 안겨줬다.

Winston의 뇌에서 안정은 불안정 애착 유형의 어린아이가 편안함과 안전을 위해 엄마에게 매달리는 것과 유사하게, Rochelle과 항상 붙어 있으려고 하는 근접성proximity에 집착하고 있었다. Rochelle이 없으면 두려움을 경험했고 그녀가 자립과 관련된 이야기를 할 때마다 버려지고, 거부당하는 것 같은 감정을 느꼈다. 이러한 Winston의 반응은 Rochelle에게는 갇혀 있다고 느끼게 하여 그녀의 두려움을 촉발시켰고, 이는 싸움으로 이어졌다. 두 사람은 수십 년 동안 매우 성공한 성인으로 살아왔지만, 스트레스 요인이 각자의 초기 경험을 활성화시켰다. 그 결과, 두 사람의 관계는 성인 파트너 관계에서 서로를 돌보고 안전하다고 느끼게 해줄 성인이 되려고 애쓰는 절박한 어린 두 아이로 빠르게 전환되었다.

그녀는 세션이 시작될 즈음 "55세의 나이에 내가 누구인지 모른다는 사실을 깨달았다는 것이 충격이에요"라고 나에게 말했다. "내가 누군지 알게 되었는데 더 이상 결혼 생활을 하고 싶지 않다면? 그러면 어떻게 해야 하죠?" 정말 맞는 말이다! 인생의 어떤 단계에서든 오래된 존재 방식에서 벗어나 새로운 자기감을 구축할 필요가 있다는 사실을 발견하기는 어렵다. 10대 때는 자기감을 구축하기에 적절한 시기이고 친구도 많다. 이러한 발달 과정이 수십 년 동안 미뤄진다면, 혼자서 겪어야만 하고 게다가 당신이 해왔던 지금까지의 행동을 진짜 당신이라고 생각했던 사람들에게 상처를 줄 위험이 있다. 그녀에게는 자신이 경계가 전혀 없고 확고한 자기감이 부족하다는 사실을 깨닫는 것이 자신 앞에 놓인 도전에 직면하는 중요한 첫 번째 단계였다.

Rochelle은 내가 안부를 물으면, 바로 자기 삶에 있는 모든 사람을 떠올렸고 그들 중 누구도 어려움을 겪고 있지 않다면, 그녀는 "저는 괜찮아요"라고 대답했다. 누군가가 자신에게 어떻게 지내냐고 물었을 때 자신에 대해 생각하지 않았을 뿐만 아니라 누군가가 자신에게 관심을 가질 것이라는 생각을 해본 적도 없었다. 오히려 그녀는 자신을 어떤 인상도 주지 않으면서 다른 사람들을 연결해주는 통로, 즉 그녀의 표현으로 '흔적만 남기는 것'이라고 생각했다. 그래서 치료 작업은 어린 시절 조직된 이러한 자동적이고 무의식적인 가정assumption을 중단시키고 자신에게 집중하는 것에서부터 시작되었다. 그녀는 그 순간에 자신의 몸에서 무슨 일이 일어나고 있는지, 자신의 감정이 어떤지, 자신에게 중요한 것이 무엇인지 알아차릴 필요가 있었다. 이 작업이 진행되면서, 나는 그녀에게 자신을 위해 무엇을 하고 싶은지, 자신을 특별하다고 느끼게 만드는 것이 무엇인지, 또는 자신이 추구할 권리가 있다고 생각조차 못 했던 것들을 선택하도록 독려했다.

분리된 자기감의 작은 조각들이 합쳐지기 시작하면서 주위에 경계를 구축할 수 있는 무언가를 가지게 되었다. 그런 다음, 명상과 심상 유도 기법을 활용하여 그녀가 일상에서 벗어나서 쉴 수 있는 상상의 내부 공간을 만들 수 있도록 도왔다. 그 결과로 얻은 마음의 상태를 사용하여, 남편의 감정을 모니터링하거나, 그의 욕구에 대해 걱정하거나, 그에게 어떻게 실망을 줬는지에 대해 집착하지 않으면서, 그저 함께 있는 연습을 했다. 그녀는 점차 남편의 머릿속에서 벗어나 자신의 머릿속에서 살기 시작했다. 어린 시절에서 성인기로 전환하는 긴 격동의 시기에 그러했듯이, 자기self를 구축하는 데는 시간이 걸린다. 이 과정이 느린 과정이라는 것을 내담자에게 늘 상기시키는 것이 중요하다. 그렇지 않으면 예정보다 늦어진다는 이유로 자기 자신을 공격하기 시작하고 애초에 자신은 관심을 받을 가치 없다고 느꼈었던 어린 시절의 수치심이 엄습할 수 있다.

3

의식 이전

마음(mind)은 일종의 빙산과 같다. 그중 7분의 1만이 물 위에 떠 있다.

- 지그문트 프로이트(Sigmund Freud)

뇌, 몸, 관계의 상호작용이 인간의 마음을 만들어낸다. 정보와 에너지가 보내고 받고 반응하는 동안 우리는 좁은 의식의 창을 통해 이 모든 것을 이해하려고 노력한다.

정신분석가는 '무의식'이라고 부르고, 신경과학자는 '암묵적 처리과정implicit processing'이라고 부르는 이것은 인간종에게 일찍 진화했으며 생애 초기에 발달하는 '빠른fast' 신경 시스템을 매개로 작용한다. 이러한 빠른 신경 시스템은 감각 및 운동motor 경험, 몸의 처리과정으로 추동되며, 이 모두는 비언어적이며 의식적인 반영이 불가능한 과정이다. 이러한 빠른 시스템의 활동에 대한 증거를 우리 주변에서도 확인할 수 있다. 뜨거운 난로를 만지거나, 운전 중에 갑자기 멈추거나, 테니스의 빠른 서브를 받을 때 몸은 '의식적인 알아차림conscious awareness'보다 더 빠르게 반응한다. 이러한 빠른 시스템들은 아마도 우리가 '의식적인 알아차림'이라고 부르는 것이 최근에 등장하기 전까지 수백만 년 동안 우리 조상들이 가지고 있었던 전부일 것이다.

이후 진화한 의식적인 알아차림과 관련된 시스템은 사회성, 문화, 그리고 필요한 만큼 커진 뇌의 복잡한 상호작용에서 나타났다. 이 과정에서 이야기, 상상, 추상적 사고, 자기알아차림self-awareness도 등장했다. 이러한 복잡한 과정은 여러 신경 시스템과 많은 시냅스를 포함하고 있으며 반사, 충동, 소매틱 반응보다 처리 시간이 훨씬 더 길다. 이 장에서는 뇌가 의식적 경험의 구성 요소를 구축하는 데 걸리는 0.5초 동안 뇌에서 일어나는 일에 대한 광범위한 지도를 만들 것이다. 기억은 책과 마찬가지로 시작, 중간, 끝이 있는 이야기로 구성되어 있기에 인간은 동일한 방식으로 의식을 이해하려고 한다. 하지만 뇌의 피드백 시스템은 시간을 앞뒤로 움직이기에 신경 처리과정은 해류나 토네이도를 생성하고 차가운 우유와 뜨거운 커피가 섞일 때 컵에 생기는 특이한 패턴을 만드는 것과 같은 복잡한 상호작용 시스템과 유사하다. 이는 원인과 결과의 단순한 선형 모델만으로는 설명이 충분하지 않다.

의식의 구성

우리 뒤에 놓여 있는 것과 우리 앞에 놓여 있는 것은
우리 안에 있는 것에 비하면 아주 작은 문제이다.
- 헨리 데이비드 소로우(Henry David Thoreau)

우리는 뇌가 어떻게 의식을 구성하는지 아직 모르지만 신경과학자들은 일반적으로 의식이 여러 신경생물학적 과정의 융합을 통해서 발생한다고 믿는다. 의식적인 경험은 작업 기억, 학습된 행동, 사회적 상호작용, 언어, 문화와 같은 기능의 조합을 통해 나타난다는 것이 가장 유력한 추정이다. 뇌에서 전기화학적 활성화가 촉발된 후 이 발화가 의식적인 알아차림까지 걸리는 시간은 약 0.5초로 추정된다. 이 0.5초는 1,000억 개의 뉴런과 100조 개의 시냅스 연결이 활성화되어 의식적인 경험을 구성하는 데 충분한 시간이다.

신경유능성 원리 9 | **의식적인 알아차림 전의 암묵적 기억의 빠른 시스템은 세상에 대한 우리의 경험에 영향을 미친다.**

우리는 주변 세계와 내적 세계를 마치 현재 순간에 있는 것처럼 경험하지만, 실제로는 현재 순간보다 0.5초 정도 늦게 경험한다. 구루guru가 "현존하라"고 말할 때, 우리가 할 수 있는 것은 단지 지금 여기에 최대한 가깝게 있는 것이다. 몸, 행동, 그리고 타인에 대한 애착이 생존력을 강화하기 위해 자연선택으로 형성된 것처럼 우리의 의식적인 알아차림의 본질과 질적 측면도 마찬가지이다. 하지만 이 0.5초의 지연을 인식할 수 있다면, 세상을 탐색하는 우리의 능력에 혼란을 줄 수 있다. 마치 영화 장면과 사운드트랙이 동기화되지 않은 상태에서 영화를 보는 것과 같을 것이다.

현재에 살고 있다는 착각이 생존의 관점에서 보면 일리가 있지만, 우리 자신에 대한 여러 가지 심각한 오해를 불러일으키기도 한다. 그 첫 번째는 우리가 암묵적이고 무의식적인 처리과정에 영향을 받지 않는다는 오해인데, 우리가 만약 현재 이 순간에 살고 있다면 어떻게 암묵적이고 무의식적인 과정에 영향을 받을 수 있을까? 또한 이것은 우리가 상황을 이해하고 적절한 결정을 내리는데 필요한 모든 정보를 가지고 있다는 착각으로 이어진다. 뇌 활성화와 의식적인 알아차림 사이의 0.5초 간격을 인식하지 못하기 때문에 그 간격이 존재하지 않는다고 가정한다. 이로 인해 "수십 년 전에 일어난 일이 어떻게 여전히 나에게 영향을 미칠 수 있나요?"라고 질문을 하며 실제로 혼란스러워 하는 내담자들이 있다. 또한 자신이 편견을 가지고 있음을 의식적으로 인식하지 못하고 암묵적 편향과 편견을 믿지 않기에 사회적 문제로 이어지는 사람들도 있다. 그들은 '감각sensation'과 '지각perception' 사이의 0.5초 안에 자신의 경험을 형성하는 보이지 않는 편견이 자신 안에 내재되어 있다는 사실을 인식하지 못한다.

신경유능성 원리 10 | 의식적인 알아차림은 경험을 조직하는 명시적 기억의 느린 시스템에 의존한다.

생존의 관점에서 본 또 다른 착각은 눈이 알아차림의 중심이 되어 마치 눈 뒤의 공간에서 행동을 통제하는 것처럼 느끼게 한다는 사실이다. 이 착각은 아마도 인류 진화 과정에서 시각적 지각이 점점 더 우세해진 점, 물리적 세상에서 살아갈 때 눈과 손의 협응이 중요해진 점, 느낌과 행동보다 생각을 중시하는 문화 등 여러 요인에 의해 형성되었을 것이다. 이러한 착각의 문제점은 경험에 영향을 미치는 다른 감각들의 기여와 소매틱, 내장, 운동motor 처리과정의 중요성을 과소평가한다는 것이다. 또한 이는 치유를 위한 뇌 기반 개입을 강조하면서 몸과 감각운동sensorimotor 활동의 중요성을 간과하는 결과를 초래했다.

암묵적인 처리과정의 구조

너무 빨리 지나가 버려서 거의 잡히지 않는 현재 순간을 제외하고,
인생은 모두 기억이다.
- 테네시 윌리엄스(Tennessee Williams)

저스티스 리그Justice League의 인기 멤버인 Flash는 사람에게 보이지 않을 정도의 속도로 가속을 할 수 있는 '스피드 포스speed force'의 능력을 갖추고 있다. 그는 공간을 가로지르면서 빠르게 날아가는 총알의 진로를 바꾸거나 적을 방해함으로써 사람들을 위한 선행을 한다. Flash의 도움을 받은 사람은 그의 순간적인 부재를 눈치 채지 못하지만, 자신을 향해 발사된 총알이 빗나가고 적이 뚜렷한 이유도 없이 땅에 쓰러지는 것을 목격하게 된다. Flash는 우리의 신경 시스템이 의식을 구성하는 속도에 대한 좋은 비유가 될 수 있다. 저스티스 리그의 다른 멤버들이 표준적인 시간의 흐름에 갇혀서 결과만을 목격한 것처럼 우리도 빠른 시스템의 결과만을 목격할 뿐이다. 저스티스 리그에서는 총알이 궤도를 벗어나지 않지만, 우리에게 일어나는 빠른 속도의 암묵적인 처리과정 안

에서는 감정이 촉발되고 정보가 왜곡되며 지각이 재구성된다. 우리는 단지 이 모든 활동의 결과를 경험하는 것뿐인데, 이를 세상에 대한 객관적인 지각으로 해석하게 된다.

신경유능성 원리 11 | 우리는 사건이 발생하고 대략 0.5초 후에 세상의 사건으로 경험한다.

일반적인 시간의 흐름에서 0.5초는 너무 빨리 지나가기 때문에, 그것을 거의 감지할 수 없다. 하지만 Flash처럼 우리 신경계에 전달되는 전기화학적 메시지는 시간이 거의 걸리지 않기에 많은 일을 해낼 수 있다. 환경 예측과 통제를 통한 적응을 목표로 하는 Flash의 스피드 포스는 최소한의 정보를 기반으로 빠른 결정을 내릴 수 있도록 한다. 뇌는 특히 위협적인 상황에 대한 주요 예측 도구로 기억을 사용한다. 일반적으로, 우리가 외부 세상에 반응하는 것처럼 보이지만, 뇌 활동의 90%는 뇌 내부의 다른 활동에 대한 반응이다. 즉 뇌는 생존을 위해 선제적으로 행동할 수 있도록, 현재 감각을 과거의 경험과 비교한다. 이는 뜨거운 난로에서 손을 떼는 것과 마찬가지로, 과거 고통의 원인이었던 사람의 주의를 끄는 것을 피하기 위한 반응이다. 이것이 바로 과거의 행동이 미래의 행동에 대한 가장 좋은 예측인자가 되는 이유일 것이다.

뇌의 역할은 자신이 거주하고 있는 생명체의 생존을 지원하는 것이다. 동물이 뇌와 같은 정교한 기관을 발달시키기 훨씬 이전부터 인간은 생명 유지를 위해 접근-회피 반응을 촉발하도록 환경에서 자양 물질인지 유해 물질인지를 탐지하는 수용체receptor를 가지고 있었다. 이러한 수용체는 낯설고 잠재적으로 유해 물질에 의한 신체적 침습을 탐지하는 면역 시스템으로 진화했다. 또 다른 수용체는 체온, 산소 공급, 혈압 등을 모니터링하여 항상성을 유지하기 위해 체온을 낮추거나 호흡을 증가시키거나 긴장을 풀어야 할 때 필요한 행동을 유발하는 등 우리 몸의 내부 항상성 균형을 유지하는 데 전념했다. 신경계는 모니터링하고 평가하여 적절한 적응적 반응을 촉발하도록 진화했다.

신경유능성 원리 12 | 감각과 지각 사이의 0.5초 동안, 암묵적인 기억 시스템은 우리의 인지와 행동을 형성한다.

신경계의 가장 기본적인 두 부분은 중추신경계central nervous system[CNS]와 말초신경계peripheral nervous system[PNS]이다. 중추신경계는 뇌와 척수를 포함하며, 말초신경계는 자율신경계autonomic nervous system[ANS]와 체성신경계somatic nervous system로 구성되어 있다. 자율신경계와 체성신경계는 중추신경계와 감각기관, 분비선, 몸(심장, 내장, 폐 포함) 사이의 의사소통에 관여한다. 자율신경계에는 교감sympathetic신경계와 부교감parasympathetic신경계라고 불리는 두 가지의 가지branch가 있다. 교감신경계는 위협이나 기본적인 충동에 반응하여 신경계의 활성화를 관장한다. 부교감신경계는 몸 에너지의 보존, 소화, 면역 기능, 손상된 시스템의 복구를 촉진하고 교감신경계의 균형을 잡아준다. 그리고 스마트 미주신경smart vagus이라고 하는 세 번째 시스템은 ANS의 부교감신경계와 병행하여 작동하며 사회적 유대social engagement를 위해 몸의 반응을 미세 조율하는 데 전념한다.

시상하부-뇌하수체-부신hypothalamic-pituitary-adrenal[HPA] 축은 스트레스에 대한 몸의 반응, 소화 조절, 면역 체계, 에너지 저장 및 소비에 관여하는 호르몬의 분비를 조절한다. 스트레스에 대한 즉각적인 반응은 단기 생존에 필수적이지만, 위협이 지나가고 난 후 정상회로의 빠른 정상화 복귀는 장기 생존에 필수적이다. 오래 지속되는 스트레스는 전신 손상을 초래하여 결국에는 붕괴를 초래한다. 부정적인 양육 경험, 애착 실패, 초기 트라우마의 장기적인 영향은 HPA 시스템을 통해 매개된다.

모든 것의 중심에 있는 편도체

편도체가 항상 두려워할 무언가를 찾고 있기에 나쁜 뉴스가 잘 팔린다.
- 피터 디어만디스(Peter Diamandis)

현대인의 편도체는 진화 과정에서 매우 잘 보존되어왔으며 우리의 파충류와 포유류 조상으로부터 그대로 전해져 왔다. 편도체의 주요 역할은 접근, 회피, 얼음 반응을 촉발하도록 설계된 긍정적이거나 부정적인 자극을 평가하는 것이다. 편도체는 외부 자극과 몸과 여러 기억 시스템의 내부 입력 정보에 의해 활성화된다. 인간의 뇌가 점점 더 복잡해짐에 따라 편도체는 순간순간의 경험을 평가하는 입력 및 출력 회로의 핵심으로 남게 되었다. 위험에 직면했을 때 편도체는 다른 두 피질 실행 시스템에 대해 거부권을 행사하고 행동과 반응을 관장한다. 편도체는 피질에서 내려오는 정보와 내장 및 몸의 감각에서 온 정보 사이의 연결 지점에 위치한다. 또한 위협과 끌림에 반응하여 뇌간과 몸으로 내려가는 하향 회로의 정점에 있다. 이 모든 근거는 신경 처리과정의 중심 역할을 하는 편도체의 역할을 설명해주고 있다.

신경유능성 원리 13 | 편도체는 가장 원시적인 1차 실행 시스템의 중심이다.

편도체는 위험을 평가하고 싸움-도피-얼음 반응을 촉발하는 역할을 하는 것으로 가장 잘 알려졌지만, 긍정적인 자극에 반응하여 활성화되기도 한다. 복잡하고 섬세한 관계의 춤에서, 편도체는 안와내측전전두피질[OMPFC]과 협력하여 일상적인 사회적 상호작용에서 해야 할 것과 하지 말아야 할 것을 평가하는 데 중심부 역할을 한다. 사실 해마의 크기는 물리적 공간을 탐색하는 데 필요한 복잡성과 상관관계가 있지만, 편도체의 크기는 사회적 네트워크의 크기와 상관관계가 있다. 빠른 평가를 수행하려면 가장 두드러진 학습 경험을 저장하는 기억 신경망으로부터의 지속적인 피드백이 필요하며, 편도체는 암묵적인 기억과 외현적인 기억 모두에 입력의 허브 역할을 하기도 한다.

편도체가 손상되면 사회적 정보 평가, 시각 기억, 두려움과 분노에 대한 청각적 인식을 포함하여 많은 기능에 결함이 생긴다. 누군가가 자신을 똑바로 바라보거나 자신이나 타인에게 공정하지 않다고 느낄 때와 같은 사회적 상호작용에서 더 활성화된다. 편도체 활성화는 애착의 안정성 정도와 옥시토신의 가용성에 따라 달라지며 반사회적 성격장애의 사람은 편도체가 더 작은 경향이 있다. 안정 애착의 주된 신체생리적 징후는 불안정 애착 도식의 사람보다 불안에 대한 편도체 활성화의 역치가 더 높다는 것이다.

인간 및 다른 영장류는 두더지나 고슴도치와 유사한 작은 포유류에서 진화했으며, 이들의 사회적 상호작용은 주로 후각에 의해 좌우된다. 이러한 동물에서 편도체는 냄새를 평가하여 안전, 위험, 짝짓기 등의 단서를 찾는다. 영장류의 진화 과정에서 시각 정보가 점점 더 중요해짐에 따라 편도체는 표정, 시선 방향, 몸짓, 자세 등과 같은 사회적 정보도 평가하기 시작했다. 신뢰할 수 없다고 판단되는 얼굴, 타인의 언어 및 글의 위협, 두려운 얼굴들을 보는 것은 모두 편도체의 여러 영역을 활성화시킨다. 편도체가 손상되면 적절한 사회적 행동을 하지 못하게 되고, 상호작용 동안 눈 맞춤이 줄어들며, 사회적 지위 상실 등을 초래한다.

신경지각과 사회적 유대

당신의 가장 깊은 철학보다 당신의 몸속에 더 많은 지혜가 있다.
- 프리드리히 니체(Friedrich Nietzsche)

삶의 첫 순간부터 인간관계는 늘 존재하고 자연발생적이라는 특징을 갖고 있기에 우리는 인간관계를 매우 당연한 것으로 여긴다. 하지만 인간관계는 뇌가 크기와 복잡성 모두에서 크게 진화해야만 가능한 진화적 성과이다. 면역 시스템이 몸에 들어오는 익숙한 물질과 이물질을 구별해야 하는 것처럼, 사회적 뇌는 사회적 환경을 안전하게 탐색하는 방법을 식별할 수 있어야 한다. 친구와 적, 친족과 낯선 사람을 구별하는 것 외에도 진화는 친밀하고 지속적인 접촉contact을 통해 감정을 더 잘 조절하는 도전에 직면했다. 엄마의 생존을 높이기 위해서는 아기의 뇌가 더 커지기 전에 출산해야 했고, 엄마는 아기를 돌보기 위해 점점 더 아기의 원초적인 의사소통을 읽을 수 있어야 했다.

비사회적 동물에게는 기본적인 접근-회피 방어 전략으로 충분하지만 보살핌, 협력, 집단의 응집coherence을 유지하려면 미묘하고 지속적인 정서적 자기조절이 필요하다. 포유류는 누구에게 접근해야 하는지 알아야 할 뿐만 아니라 언제, 어떻게, 어떤 목적으로 접근해야 하는지도 알아야 한다. 또한 가끔은 전적으로 신뢰하지 않거나 공손할 필요가 있는 사람과도 가까이 지내야만 한다. 우리는 같은 정보라도 친구인지 적인지, 상관인지 부하인지, 성인인지 아이인지, 친족인지 낯선 사람인지에 따라 다른 반응을 보일 필요가 있다. 이처럼 사회적 상호작용의 무한한 미묘함에는 다양한 사회적 상황에 맞게 미세하게 조정된 신체적, 정서적 조절 시스템이 필요하다. 이는 ANS와 HPA의 교감신경계 반응인 싸움-도피-얼음 반응 메커니즘의 전부 아니면 전무all-or-nothing라는 방식으로는 이 과업을 수행할 수 없는 이유이다. 신경생리학자인 Stephen Porges는 암묵적인 처리과정에 대한 이해를 돕는 중요한 공헌을 했다. 그의 '다미주신경 이론polyvagal theory', '사회적 유대 시스템social engagement system', '신경지각neuroception' 개념은 뇌가 어떻게 서로 연결하고, 소통하고, 조절하는지에 대한 이해를 더해준다.

Porges 이론의 핵심은 사회적 포유류에게 세 개의 자율신경계 하위 시스템이 순차적으로 진화했다는 인식이다. 그중 두 가지는 이미 논의한 자율신경계의 부교감신경계와 교감신경계 가지branch이다. 나머지 하나는 보다 더 원시적인 부교감신경계로 인간종에게 가장 먼저 진화한 신경계이며 스트레스와 위험에 대한 반응으로 신체적 차단shutdown, 부동화, 얼음 반응을 관장하는 미주신경계(10번째 뇌신경)의 수초화되지 않은 네트워크에 의존한다. 두 번째로 진화한 신경계는 가동화mobilization 또는 싸움-도피 시스템으로, 자율신경계의 교감신경계 가지에 의존한다. 세 번째로 진화한 신경계는 Porges의 사회적 유대 중심으로, 교감신경계 각성을 조절하는 수초화된 미주신경계 가지에 의존한다.

신경유능성 원리 14 | 사회적 유대 시스템은 자율신경계보다 더 정교한 정서 조절 방법을 제공한다.

Porges에 따르면 '스마트smart' 미주신경의 진화와 발달로 자율신경 각성과 정서적 표현을 조절하여 사회적 접촉, 정서적 조율, 더 정교한 보살핌을 촉진할 수 있게 되었다. 또한 이 신경계는 눈, 얼굴, 입, 귀의 근육을 자극하여 사회정서적 의사소통을 강화시킨다. Porges는 미주신경계가 내장과 자율신경 활동을 더 섬세하게 조절하고 싸움-도피 반응을 활성화하지 않으면서 타인과 유대하는 능력을 향상시키기 위해 자율신경계의 정교화로 진화했다고 설명한다. 교감신경계와 수초화되지 않은 미주신경계가 온/오프on/off 스위치처럼 작동한다면, 스마트 미주신경은 각성과 사회적 작용을 더 정교하게 볼륨 조절하는 기능을 제공한다.

미주신경은 10번째 뇌신경이라고 불리지만, 척수 외부에서 기능하는 복잡한 양방향 피드백 시스템으로 이해하는 것이 좋다. 미주신경은 감각과 운동 신경 섬유 모두를 가지고 있어서 의식적인 알아차림 수준 아래에서 몸의 정보와 사회적 정보를 처리하는 또 다른 통로를 제공하는 정보처리 시스템이다. Porges가 신경지각이라고 부르는 사회적 유대 시스템의 정보는 편도체와 피질로 전달되어 표정과 다른 형태의 사회적 입력 정보를 인식하고 읽는 사회적 유대를 위한 입력 정보를 제공한다.

미주신경의 운동 섬유는 의문핵nucleus ambiguus과 등쪽 운동핵dorsal motor nucleus에서 기원한다. 등쪽 운동핵은 '식물성 미주신경vegetative vagus'의 근원이며 기관, 폐, 위장관으로 돌출되어 호흡과 소화를 조절하는 데 도움을 준다. 의문핵은 심장, 구개, 후두, 기관지에 연결되어 감정, 동작, 대인관계 의사소통을 처리하는 스마트 미주신경을 작동시킨다. 스마트 미주신경이 더해지면, 교감신경계 각성, 부정적인 편도체 관여 또는 부신 활성화가 조절되면서 활기를 갖게 되어 다른 사람들과의 교류를 유지할 수 있게 한다. 한결같은 보살핌, 소속감, 협력과 같은 유대는 방어나 공격을 하지 않아도 되는 긍정적인 경험을 가능하게 한다.

미주신경의 긴장도tone란 심장과 기타 표적기관target organs을 조절하는 능력을 말한다. 미주신경 긴장도가 낮은 아동은 주의력이 필요한 상황에서 감정을 억제하는 데 어려움을 겪기 때문에, 부모와의 유대관계, 놀이 친구와 함께 집중력 유지, 교실에서 교과서에 집중하기가 어렵다. 미주신경 긴장도는 경험 의존적 발달을 하고, 어린 시절 애착 관계의 질로부터 영향을 받는다. 예를 들어, 미주신경 긴장도가 높은 유아는 부모로부터 조율된 행동을 더 많이 끌어낸다. 이는 결과적으로 미주신경 조절 능력을 발달시키는 데 도움이 된다. 미주신경 긴장도는 양육자와의 경험을 이후의 관계에서 보다 안정적인 신체적, 정서적 반응으로 이어지게 한다.

충분히 좋은 양육은 어려운 대인관계 상황에서 적절한 반응을 배울 수 있게 하며, 성공적인 수행에 필요한 신경회로를 구축한다. 성인으로서 적절한 미주신경 조절은 사랑하는 사람과의 관계에서 철수하거나 거부하거나 신체적으로 공격하지 않으면서도 언짢음, 불안, 화를 표현할 수 있다. 이를 통해 관계에 참여하고, 정서를 조절하는 데 관계를 활용하고, 자기조절에 도움이 될 수 있도록 관계를 내면화할 수 있다. 얼굴, 입, 목구멍의 주요 근육을 몸의 상태와 연결하는 스마트 미주신경의 역할은 대인관계에서 자신과 상대방 모두의 장gut 반응을 실시간으로 읽을 수 있게 한다. 스마트 미주신경은 모든 경험에 내장-정서적 배경[긴장도(tone)]을 가져와 삶에 광범위한 정서적 배경 음악의 사운드트랙을 제공한다. 우리의 의식에서 경험하는 모든 특정 상황은 생물학적 배경으로 채색되어, 유리잔이 반쯤 찼다고 긍정적으로 생각하거나 반쯤 비어 있다고 부정적으로 생각하거나, 친사회적이거나 반사회적으로 되는 경향이 있거나, 타인에게 친근하게 접근하거나 비우호적으로 접근하게 하는 등 다양한 기질을 형성하게 한다.

직관, 의사결정, 그리고 소매틱 표지자

우리는 생각하기 위해 사는 것이 아니다….
생존에 성공하기 위해 생각한다.
- 호세 오르테가 이 가세트(José Ortega Y Gasset)

특히 경제학 분야의 의사결정 이론은 전통적으로 비용-편익 분석의 합리적인 적용을 기반으로 한다. 하지만 우리 대부분은 좋은 결정을 내리는 데 장단점 목록을 작성하는 것보다 더 많은 것들이 필요하다고 생각한다. 우리가 무언가를 생각하는 동안, 때로는 가장 논리적이라고 생각되는 것을 무시하기도 하는 우리의 선택에 영향을 미치는 다른 처리과정이 내면에서 진행되고 있는 것 같다. 매우 성공적인 도박꾼, 비즈니스 전략가 또는 운동선수는 항상 무엇을 해야 하는지에 대한 육감sixth sense을 가지고 있는 것 같다. 승률을 높이는데 도움이 되는 말로는 표현하기 어려운 직관을 가지고 있는 것으로 보인다.

직관이라고 부르는 것은 빠른 신경 처리 시스템 내에서 일어나는 암묵적인 정보처리 과정에 기반을 두고 있다. 직관은 편도체가 전반적으로 긍정인지 부정인지를 평가한 여러 정보 흐름의 조합으로 구성될 가능성이 높다. 신경과학자인 Antonio Damasio는 OMPFC, 편도체 또는 체성감각 피질somatosensory cortex에 손상을 입은 사람은 복잡한 상황에서 적절한 선택을 하는 데 어려움을 겪는다는 사실을 발견했다. 그는 이것이 편도체로 가는 의식으로 인식되지 않는 신체적 및 정서적 정보의 입력이 차단되었기 때문이라고 믿었다. 이 이론의 핵심은 인간이 근육 긴장도, 심장박동수, 내분비 활동 등과 같은 몸의 정보를 사용하여 신체적 및 사회적 세계를 탐색할 때 신속한 결정을 내리도록 진화했다는 것이다. 이러한 소매틱 표지자를 통해 우리는 무의식적으로 원시적인 평가 신경망에 의존해서 의식적인 의사결정 과정이 이행된다.

신경유능성 원리 15 | **소매틱 표지자는 몸과 감각의 경험을 조직하는 신경망에 내장된 암묵적인 기억 시스템을 통해 의사결정에 필요한 입력 정보를 제공한다.**

다미주신경의 사회적 유대 시스템에서 설명하는 무의식적인 평가와 같은 소매틱 표지는 의식적인 경험의 조직에 영향을 미친다. '의사결정decision making'은 '평가appraisal'의 다른 표현으로, 큰 돈을 거는 내기를 하거나 비즈니스 거래에서 누군가를 신뢰할 것인가를 결정하는 것은 접근할 것인가 피할 것인가라는 기본적 질문의 보다 추상적인 표현이다. 소매틱 표지자는 생존 강화를 위해 더 오래된 시스템을 유지하면서 나중에 진화한 시스템과 결합한, 진화에서 '보존conservation'을 보여주는 훌륭한 예이다. 복잡한 의사결정에 더 원시적인 시스템을 사용하여 나중에 진화한 시스템을 지원하고 강화하는 것은 진화론적으로 타당할 것이다. 한때 합리적 자본주의rational capitalism 모델을 기반으로 분석을 수행했던 경제학자들은 그들의 모델이 개인과 집단의 감정 기반 의사결정을 설명하지 못한다는 사실을 알게 되었다.

불교의 교훈

산다는 것은 고통받는 것이고, 살아남는다는 것은
고통 속에서 의미를 찾는 것이다.
- 프리드리히 니체(Friedrich Nietzsche)

일부 독자들은 임상에 활용하는 신경과학 도서에 불교 철학에 대한 부분이 포함되어 있다는 사실에 의아해할 수도 있다. 혼란의 시작은 '불교가 이슬람교, 유대교, 기독교와 같은 종교인가?'라는 생각 때문일 수도 있다. 사실 불교의 가르침은 2,000년의 명상적 자기관찰을 바탕으로 뇌와 마음의 작용을 이해하는 데 중점을 두고 있다. 나는 불교도가 인간 의식과 몸, 뇌, 사회적 관계가 어떻게 마음의 출현과 의식적인 경험의 조직으로 이어지는지에 대한 전문가라고 믿는다.

대부분의 심리치료 방식은 사고, 감정, 행동의 자기 파괴적인 패턴에서 벗어나기 위한 자기알아차림이 중심이다. CBT의 핵심 신념, 정신분석에서 다루는 유아기 경험으로부터 무의식적 결정 요인, 인본주의 치료의 실존적 딜레마 모두는 불교의 가르침에도 존재한다. 서양 심리치료사는 학파 사이의 유사점을 인정하기보다는 차이점에 초점을 맞추는 경향이 있다. 이는 아마도 마음의 복잡성에 경외감을 느끼기보다는 마음을 이해하고 있다고 느끼는 것을 간절히 원하기 때문일 것이다.

모든 치료사의 목표와 마찬가지로, 불교도의 목표 또한 고통으로부터 해방되는 것이다. 지난 세기의 이러한 가르침은 전 세계로 퍼져나갔고, 이러한 현상은 오늘날 서구의 다양한 명상 학파와 마음챙김 동향에서 가장 분명하게 드러난다. 부처의 가르침으로부터 이로움을 얻기 위해 자신의 믿음을 버리거나 불교도가 될 필요는 없다. 사실, 나는 부처를 종교의 창시자라기보다는 최초의 심리학자 중 한 사람이라고 생각한다.

신경과학자가 아직 의식의 기원을 밝혀내지는 못했지만, 의식에 다양하게 영향을 주는 요인에 대한 모델을 개발하기 시작했다. 서구 과학자는 의식을 마음의 실행 기능에 의해 생성되는 합리적 과정으로 보는 관점을 넘어, 천천히 진화하는 과정 중에 있다고 생각한다. Antonio Damasio와 Stephen Porges가 설명했듯이, 많은 암묵적이고 무의식적인 처리과정이 의식을 형성해 왔다는 사실을 발견했다. 불교에서는 아래의 '오온五蘊, five aggregates'[3]이 결합하여 의식이 발생한다고 본다.

1. 물리적 세계, 몸, 감각기관(내장과 소매틱 경험)
2. 대상을 유쾌하거나 불쾌하거나 중립적으로 경험하는 것(평가)
3. 대상의 친숙함을 기록하는 지각과 인지(기억)
4. 정신의 형성, 충동, 의지적 습관(사고 패턴과 습관적 행동)
5. 분별하는 의식(관찰하는 자기와 메타인지)

다섯 가지의 집합체(오온)가 함께 모여서 의식의 경험을 만들어낸다. 주변 사람과 사물의 유용성을 평가하는 능력(편도체, 안와내측 전전두피질)은 우리가 가진 것에 만족하지 못하고 다른 것을 원하게 만든다. 기억이 있기에 과거의 부정적인 측면에 집착하고 미래에 일어날 일에 대해 불안해하는 능력(편도체, 해마, 측두엽)이 생긴다. 부정적이고 자기 파괴적인 생각, 느낌, 행동 패턴은 반복적인 경험을 하게 하지만, 자기정체성에 대한 집착은 죄책감, 수치심, 후회, 낮은 자존감으로 이어진다.

---

3) '오온'이란 생멸 변화하는 모든 것은 색(色) · 수(受) · 상(想) · 행(行) · 식(識)의 다섯 요소로 구성되어 있다는 불교 이론이다(역자 주).

불교의 핵심 원리이자 서구 심리치료에서 가장 중요한 원리는 삶의 괴로움suffering이 자신, 타인, 미래에 대해 생각하는 방식과 관련이 있다는 것이다. 이는 Aaron Beck이 전생에 불교도였을 것 같다는 생각이 들 정도로 CBT의 인지 삼제cognitive triad와 유사하다. 불교를 포함한 모든 심리치료 방식은 고통pain이 삶의 자연스러운 일부라는 것을 받아들인다. 우리는 불가피하게 질병에 걸리고 사랑하는 사람을 잃고 늙고 죽는다. 고통은 불가피하지만 괴로움은 마음의 산물이기 때문에 생각을 조절하는 법을 배울 수만 있다면, 괴로움은 선택이 될 수 있다. 조금 다른 방식으로 표현하자면, 고통은 자연스러운 것이지만, 괴로움은 마음이 고통의 경험을 어떻게 구성하느냐의 결과이다. 괴로움은 필요한 것을 얻지 못하거나 가진 것을 잃을 것이라는 걱정으로 인해 경험하는 번뇌anguish이다. A 학점을 받지 못하거나, 과체중이 되거나, 결혼과 출산이 예정대로 이루어지지 않을 것이라는 예기 불안과 파국적 사고와 관련이 있다. 괴로움은 우리가 얼마나 많이 갖고 있느냐, 얼마나 잘하고 있느냐와 상관없이 마음이 만들어낸 불만족의 결과이다.

불교 심리치료는 서양에서 행해지는 많은 유형의 치료와 크게 다르지 않다. 목표는 외부의 현실과 괴로움으로 이끄는 마음의 창조물을 구별하여 괴로움을 줄이는 것이다. 깨달음이라는 것은 마음이 세상을 창조한다는 사실을 깨닫는 것이며, 마음이 만들어낸 환상과 실재하지 않는 창조물에 대한 집착을 마음챙김하면서 괴로움을 덜 느끼며 사는 것, 즉 경험을 더 나은 방향으로 바꿀 수 있는 힘이 있다는 것을 깨닫는 것이다. 대부분의 내담자는 깨달음을 얻기 위해서 치료받으러 오는 것이 아니라, 증상을 덜 느끼고 자기파괴적인 행동을 덜 하며 삶에 더 긍정적으로 참여하기를 바라는 마음으로 치료를 받으러 온다. Freud가 말했듯이, 치료의 목표는 완벽함이 아니라 생각, 느낌, 행동의 병리적 패턴을 줄이는 것이다. 치료는 내담자가 자유롭게 사랑하고 일할 수 있도록 충분히 오랫동안 진행되어야 한다.

자유의지와 거부의 자유

자극과 반응 사이에는 공간이 있다.
그 공간에서 우리는 반응을 선택할 수 있는 힘을 갖게 된다.
우리가 어떻게 반응하느냐에 따라 성장과 자유는 결정된다.
- 빅터 프랭클(Viktor Frankl)

자유의지에 대한 환상은 분명한 생존상의 이점을 가지고 있으며, 그 중에서도 가장 중요한 것은 도전적이고 위험한 상황에서도 자신감 있고 자기 주장을 하고 행동하는 능력이다. 단점은 우리의 의식적인 알아차림이 전부이며 모든 정보에 접근할 수 있다는 믿음이 우리의 판단을 제한할 수 있다는 점이다. 이는 눈이 오는 날, 지구 온난화는 더 이상 문제가 되지 않는다고 생각하는 것과 비슷하다. 모든 형태의 심리치료는 의식적인 알아차림 이전에 경험이 어떻게 편향되어 있는지 식별하기 위해 빠른 시스템의 구조를 다루고 때로는 이 구조를 풀려고 시도한다.

자기성찰 능력과 자신의 가정assumption에 의문을 제기하는 개방성은 심리치료에서 긍정적인 결과를 예측하는 핵심 요소이다. 이는 일반적으로 잘 드러나지 않는 의식의 측면을 탐색하기 위한 주요 요소이다. 치료사의 주요 역할 중 하나는 내담자가 객관적인 현실이라고 가정하는 것이 실제로 마음의 산물이라는 사실을 어렴풋이 감지하도록 하는 것이다. 이러한 깨달음에 어떤 내담자는 도망가고, 어떤 내담자는 논쟁하며, 어떤 내담자는 매료되기도 한다. 내담자가 이러한 과정에 머물 수 있다면, 애착 도식, 전이, 수치심 프로그래밍 같은 것으로 부호화된 자신의 역사가 일상의 경험에 영향을 주고 심지어 매일 매일의 경험을 형성하기까지 한다는 사실을 배우게 된다. 이러한 깨달음은 행동, 감정, 관계에 대해 새로운 결정을 내릴 수 있도록 도와준다. 자신이 무의식적인 각본에 따라 살고 있다는 사실을 깨닫게 되면, 이를 편집할 수도 있고 심지어 다시 쓸 수도 있다.

많은 불안 치료의 핵심은 두려운 자극에 노출하고, 도망가는 것 대신 그것과 함께 머무르며(반응 예방) 과거의 각성 상태에서 차분해지는 방법을 배우는 것이다. 감각과 지각 사이의 0.5초 프로그래밍을 기반으로 하는 행동 변화는 생물학적 반응과 병행되는 변화의 처리과정을 포함하고 있다. 첫 번째 단계는 알아차림, 즉 무의식적으로 행동하는 것에서 벗어나서 일어나고 있는 것들을 관찰하는 법을 배우는 것이다. 무의식적인 행동을 안 하는 것을 기대하는 것이 아니라 그저 의식적인 알아차림을 추가하는 것이다. 술을 덜 마시고 싶지만, 여전히 정기적으로 과음하는 자신을 발견한다고 가정해 보자. 반사적으로 술을 마시는 대신, 술을 마시고 싶은 충동이 있다는 것을 알아차리고, 어떤 느낌이 행동을 추동하는지 발견하고, 일어나는 것들에 주의를 기울여 보는 것이다.

신경유능성 원리 16 | **자동적 사고에 대해 얼마나 많은 자유의지(free will)를 가지고 있는지는 분명하지 않지만, 자동적 사고에 따라 행동하는 것에 대한 거부의 자유(free won't)를 행사할 수 있다는 것은 분명하다.**

이전의 반사적인 행동에 알아차림을 더하면 피질이 활성화되고 0.5초에 묻혀 있던 암묵적인 충동을 조절하고 억제할 가능성이 커진다. 무의

식적인 반사 반응과 습관을 통제하기 위해서는 피질의 활성화가 필요하다. 변화시키고 싶은 행동을 하는 동안 그곳에 좀 더 머물고 알아차림 한 후, 반사적인 반응에 의식적인 사고를 추가한다. 과음의 예에서, 음주 충동이 일어났을 때 무엇을 느끼고 있는지 스스로 물어본다. 반사적인 반응이 활성화되면, 약간 불안하거나 외롭다는 것을 어렴풋이 인식하는 것을 발견할 수도 있다. 그동안 음주의 반사적인 반응과 그 영향은 자신이 불안하거나 외롭다는 것을 의식적으로 인식하지 못하게 하는 역할을 했을 수도 있다.

많은 사람이 사건이 일어나는 동안 자신의 느낌을 알아차리지 못하고, 몇 시간 또는 며칠 후에야 알게 될 수도 있다. 그것 역시 알아차림을 해야 할 또 다른 것이다. 나는 내담자에게 이 전략을 사용하면, 행동과 알아차림 사이의 시간이 점차 줄어들어서 한 시간 후에는 그 느끼는 감정을 알아차릴 수 있게 되고 그 다음에는 첫 잔을 마신 직후에 인식할 수 있게 되고 마침내는 술을 마시기도 전에 그 느낌을 인식할 수 있게 되는 것을 발견한다. 반사적 반응 뒤에 바로 알아차림을 할 때, 우리는 거부할 자유의 선택권을 갖게 된다. 알아차림은 자유의지의 가능성을 만들어내지만, 알아차림이 없으면 우리는 0.5초 내의 프로그래밍으로 통제되는 로봇에 불과하다. 행동을 바꾸겠다고 여전히 결정할 수 없더라도, 적어도 우리는 신경 줄neural string에 묶인 꼭두각시 보다는 통제력을 갖고 있다.

내 무덤 파기

20세기의 주요 과제는 마음의 토양을 조사하는 것이 될 것이다.
- 앙리 베르그송(Henri Bergson)

한 여성으로부터 자신의 33세 딸을 도와줄 수 있는지 묻는 전화를 받았다. Lupa는 자신의 딸 Dora가 10대 후반에서 20대 초반까지 성공한 모델이었고 5년 전까지만 해도 행복해 보였다고 말했다. Lupa는 "딸은 행복하고 사교적인 사람이었는데 지금은 사람을 피하고 항상 집에만 있어요"라고 말했다. 그녀는 Dora에게 문제가 생긴 것이 더 이상 나타나지 않는 '나쁜 남자'와의 결혼 생활이 끝난 것과 관련이 있을 거라는 추측을 했다. Dora는 어머니에게 자신에게 무슨 일이 일어났는지, 그리고 자신이 변한 이유를 이야기하는 것을 거부했다. Lupa는 지난 몇 년 동안 치료사를 소개하려고 애썼고 마침내 Dora는 어머니와 함께라면 만나겠다고 동의하여 그 주 후반에 상담 약속을 잡았다.

대기실 문을 열었을 때 두 여성의 대조적인 모습에 깜짝 놀랐다. Lupa는 작고 동그랗고 아름다운 얼굴에 환한 미소를 띠고 있었다. 키가 크고 마른 Dora는 몸을 꼬고 있는 자세와 무표정한 얼굴로 앉아 있었다. 그들은 얼굴 외형에서는 닮은 점이 있었지만 한 명은 생기가 넘치고 다른 한 명은 간신히 살아 있는 모습이었다. 첫인상은 Lupa가 묘사한 Dora의 모습보다 더 나빠 보였다. 어머니가 벌떡 일어나 앞장섰고 반면 Dora는 천천히 일어나 머뭇거리며 사무실로 들어왔다. Lupa는 마침내 딸을 치료사에게 데려온 것에 흥분했고 Dora의 과거와 현재에 대한 설명을 시작했다. Dora는 몸을 꼬는 자세를 다시 취하면서 허공을 응시하고 있었고 그녀는 아주 먼 곳에 있는 것처럼 보였다.

10분 후, Dora에게 어머니가 대기실에 나가 있어도 되는지 물었고, 그녀는 동의했다. 잠시 침묵 속에 앉아 있다가 내가 "어머니가 할 말이 많으시군요"라고 말하자 Dora는 눈을 굴리며 작은 미소를 지었다. 그녀가 스스로 말을 하지 않을 것 같아서 그녀의 걱정, 전반적인 건강 상태, 현재 겪고 있는 여러 증상에 대해 질문하기 시작했다. 그녀는 대부분의 문제를 피로 탓으로 돌렸고 자신이 가지고 있다고 생각하는 여러 질병을 나열했으며 의사가 얼마나 무능한지 한탄했다. 나는 주의 깊게 듣고 몇 가지를 메모했고 Dora와 신뢰 관계를 형성하려면 많은 시간이 필요하다는 것을 알아차렸다.

그녀가 느릿느릿하고 단조로운 어조로 지난 몇 년간의 생활을 설명했을 때 나는 그녀가 주요 우울증 진단이 필요한 정도인지 궁금해지기 시작했고 약물 상담을 위해 그녀를 누구에게 의뢰할 수 있을지 생각했다. 이 모든 것이 진행되는 동안 나는 실내 복도나 창밖에서 소음이 있을 때마다 그녀가 경미하게 몸을 움찔하며 오른쪽으로 몸을 기울이는 모습을 발견했다. 마치 왼쪽에서 무언가가 그녀에게 접근했거나 작은 근육 경련이 있는 것처럼 보였다. 나는 소리의 출처와 상관없이 그녀의 신체 반응이 동일하다는 점에 주목했고 이를 메모해 두었으나 관계의 초기 단계라서 더 이상 묻지는 않았다. 처음 몇 번의 세션 동안 계속해서 서로를 알아가면서 몇 가지 연결지점을 찾았고 가끔 가벼운 순간을 공유하기도 했다. 그녀는 자신이 우울하다는 것을 받아들이게 되었고 일반적인 검진을 위해 약사와의 상담과 의사와의 상담을 예약했다.

그녀의 어머니가 남편과 헤어지고 미국으로 오기 전까지 가정폭력이 있었다고 이야기를 했음에도 Dora는 어린 시절에 있었던 신체적 학대와 성적 학대를 부인했다. 그리고 그녀는 자신의 남편이 분노 조절의 문제를 가지고 있어서 결혼 생활을 끝냈다고 말하면서 남편이 자신을 두 차례 폭행했던 기억을 떠올렸다. “나는 엄마와 같은 삶을 살고 싶지는 않아요”라고 말하면서 그 이유로 남편과 헤어졌다고 말했다. 세션이 진행되는 동안, 나는 소리에 반응해서 움찔하는 그녀의 반응을 계속해서 알아차렸고 내가 자세를 바꾸거나 펜이나 휴지를 가지러 갈 때도 몇 번이나 그런 반응을 보였다. 치료를 시작한 지 두 달쯤 지났을 때 조용한 순간에 “Dora, 소리가 들리거나 내가 움직일 때 당신의 왼쪽이 약간 움찔하는 것처럼 보였어요”라고 말했다. 그녀가 내 말에 혼란스러워하는 것 같아 보였기에 나는 그녀의 동작을 몸으로 직접 보여주면서 “이렇게요”라고 말했다. 그녀가 계속 당혹스러운 표정으로 쳐다보기에 내가 하는 것을 따라 해보거나 과장을 해보면서 어떠한 생각이나 느낌이 있으면 말해달라고 했다. 그녀는 한두 번 아무 반응 없이 시도했지만 세 번째 시도에서 그녀의 몸은 얼어붙었다. 그녀는 깜짝 놀란 표정을 짓더니 몸을 떨기 시작했다. 몇 초 후, 그녀는 지갑과 스웨터를 둔 채 사무실에서 뛰쳐나갔다.

그녀가 떠난 후 무슨 일이 있었는지 숙고해보면서 놓쳤을 수도 있는 이런 종류의 반응에 대한 단서를 생각해 보았다. 한 시간이 지난 후 그녀의 집에 전화했을 때 Lupa가 전화를 받았고 Dora가 방금 집에 도착해서 자신의 방으로 바로 들어갔다고 말했다. 나는 Lupa에게 Dora가 괜찮을 때 전화해달라고 부탁했다. 그녀에게서 연락은 없었지만 그녀와 다음 약속을 잡았고 그녀는 약속 시간에 왔다. 이때는 예전의 Dora가 아니었다. 더 이상 거리를 두지 않았고 무기력하지 않았으나 대신 초조해하고 겁을 먹고 있었다. “지난 세션에서 제가 당신에게 있었던 몸의 움직임에 대해 말한 것이 내면의 강력한 무언가를 촉발시킨 것 같다고 추측이 돼요. 그것이 뭐라고 생각하세요?” 그녀는 잠시 말없이 있다가 서서히 조용하게 흐느껴 울기 시작했다. “오랜 세월동안 버텨왔는데 당신이 저를 무너뜨렸어요. 당신의 말 한 마디가 저를 무너뜨렸어요." "나의 어떤 말이 당신을 무너지게 했는지 말해 줄 수 있어요?" 그녀는 1분 정도 조용히 앉아 있다가 그 이야기를 시작했다.

"25살 때 저에게 푹 빠져서 당장 결혼하고 싶다는 남자를 만났어요. 모델로 일하면서 만난 남자 대부분이 게이거나 변태였는데 이 남자는 진짜 같았어요. 우리는 꽤 빨리, 아마 3개월 만에 결혼했을 거예요. 그래서 어머니는 저한테 엄청나게 화가 나 있었어요. 어쨌든 한동안은 좋았지만 그는 변하기 시작했어요. 밤새도록 밖에 나가 있었고 늘 흥분하고 화를 냈어요. 저에게 무척 잘 대해줬었는데, 어느 순간 돌변해서 저에게 너무나 심하게 대했어요. 그 사람이 저를 처음 때렸을 때 저는 믿을 수 없었어요. 어렸을 때 아버지에게 맞던 어머니의 모습만 떠올랐어요. 다음에 또 아버지의 폭력이 있었고 아버지가 술을 마신 어느 날 자정쯤에 제가 아버지를 떠나겠다고 말했어요. 아버지는 한동안 얼어붙은 채 서 있다가 이상한 표정을 짓더니 차고로 들어가서 소리를 치면서 물건을 여기저기로 던지는 소리가 들렸어요. 저는 아버지가 떠나려고 짐을 싸고 계시는 걸까 궁금해하고 있을 때 아버지가 돌아왔는데, 아버지는 알아보지 못할 정도로 엄청나게 화를 품어내는 악마의 모습을 하고 있었어요. 저를 차고로 끌고 가서 차 트렁크에 쑤셔 넣었고 저는 소리를 지르고 발로 차 봤지만 아버지를 감당할 수 없었어요. 내 신발과 안경을 망가트려서 바닥에 던져버리고 트렁크를 쾅 닫아버렸어요."

"차가 멈추지 않았던 걸로 봐서는 아마도 계속 고속도로였던 것 같아요. 트렁크가 너무 뜨거워지고 숨쉬기가 힘들어져서 낮이 되었다는 것을 알 수 있었고 차가 멈출 때까지 한동안 너무 덜컹거렸어요. 아버지가 차를 멈추고 내려서 뒷좌석의 물건을 내리는 소리가 들려서 소리쳐 봤지만 아버지는 저에게 어떤 말도 하지 않았어요. 너무 덥고 목이 말랐고 제가 더 이상 땀을 흘리지 않는다는 사실을 깨달았을 때 겁이 나기 시작했어요. 이렇게 죽어간다고 생각했어요. 저는 점점 더 약해지고 있었고 울고 있는데도 눈물조차 나오지 않았어요. 잠들었거나 기절했던 것 같은데 일어나보니 트렁크가 시원해서 밤이라고 생각했어요. 갑자기 열쇠 소리가 들리더니 트렁크가 열렸는데 사방이 온통 모래뿐인 어두운 곳이었어요. 아버지는 삽을 들고 서서 저를 쳐다보고 있었어요." Dora가 여기에서 이야기를 멈추고 떨기 시작했다. 그녀에게 물을 가져다주고 지금은 안전하고 이것은 과거의 기억임을 상기시켜줬다. 나는 거듭해서 그녀에게 이제는 안전하다고 하면서 안심을 시켰다.

잠시 후 그녀는 다시 이야기를 시작했다. "아버지는 '나와서 땅을 파!'라고 소리를 지르며 제 머리에 총을 겨누었어요. 아버지가 총을 들고 있는 것을 보고 충격을 받았고 처음에는 왜 저에게 땅을 파라고 하는지 이해할 수 없었어요. 트렁크에서 나왔을 때 아버지가 삽을 제 가슴으로 던졌을 때 그때 아버지가 저에게 제 무덤을 파라고 하는구나 알아차렸어요. 그때 너무 심한 충격을 받았는지 기억이 띄엄띄엄 나요. 아마 꽤 오랫동안 땅을 팠을 거예요. 왜냐하면 제가 정신을 차렸을 때 큰 구덩이에 누워있었으니까요. 아버지도 구덩이를 조금 판 것 같은데 잘 기억이 안나요. 머리와 갈비뼈가 욱신거렸어요. 완전히 어두웠고 아무도 없는 곳에 저 혼자 있었어요. 한참을 걸어서 도로에 다다랐는데 마침 누군가가 차를 몰고 지나가다 저를 발견하고 경찰서까지 데려다줬어요. 경찰에 신고하고 돈을 빌려서 집에 올 수 있었어요. 그러고는 이틀 동안 잤어요. 어머니에게는 절대로 말하지 않았어요. 깨어났을 때 그런 일이 나한테 일어나지 않았다고 믿기로 결심했어요. 그 일을 잊으려고 정말 힘들게 노력했고 저는 진짜 잊었다고 생각했어요. 당신이 저에게 그 동작을, 움찔거리는 동작을 하게 했을 때 제 왼쪽 갈비뼈에 순간적으로 통증이 있었고 그 통증은 아버지가 삽으로 저를 때리고 갈비뼈를 부러뜨린 것을 기억나게 했어요. 마치 그 일이 어제 일어난 것처럼 모든 것이 생각나기 시작했어요. 마치 잊어버린 것 같으면서도 동시에 잊어버리지 않은 것 같아요. 정말 이상한 허튼소리 같죠."

생애 초기의 어린 시절에 그리고 그 이후 높은 각성 상태에서 편도체는 실행의 뇌executive brain로 기능을 한다. 위협과 관련된 경험은 감각, 운동motor, 내장, 정서 기억의 원시적인 무의식unconscious 시스템에 저장이 된다. 그 후 이러한 비의식nonconscious 기억은 냄새부터 손의 촉감, 오래도록 잊고 있던 어떤 이미지를 보는 것에 이르기까지 그것과 관련된 모든 것에 의해 편도체가 촉발될 수 있다. 신경 처리과정의 대부분이 알아차림 수준 이면에서 이루어지기 때문에 우리는 많은 다른 기능과 과업을 동시에 수행할 수 있다. 하지만 편도체에 의해 조직된 이러한 원시적 단계의 기억이 의식에 침습하여 적응적이고 건강한 기능을 부정적으로 방해할 때는 문제가 야기된다. Dora는 이 기억을 여러 해 동안 의식으로부터 적극적으로 억압했지만 그 기억은 여전히 감정과 행동을 지배했고 그것은 그녀를 자신 안에 갇히게 했다. 움찔하는 움직임과 극적인 반응에 주목했던 작업이 숨겨진 기억이 드러나도록 했고 그 기억을 살펴보면서 이야기로 공유할 수 있게 했다. 움직임과 극적인 반응의 지점에서 트라우마 기억들이 의식적인 알아차림과 치유에 통합되는 처리과정이 시작될 수 있었다. 기억의 '억압 해제de-repression'는 종종 압도적인 트라우마의 경험을 이해하는 첫 번째 단계이며 치유의 과정을 시작하는 데 필요하다.

4

애착, 뇌, 그리고 마음

고정되어 불변하는… (중략) 추상적인 '인간의 본성(nature)'은 없다.
인간의 본성은 역사적으로 결정된
사회적 관계의 총체이기에 역사적 사실이다.
- 안토니오 그람시(Antonio Gramsci)

서양에서는 머리mind와 가슴heart을, 자연과학과 사회과학을, 치유과학과 예술을 분리하도록 가르쳐 왔다. 또한 친밀한 관계를 로맨틱하게 묘사하고 과학의 냉철한 빛으로 친밀한 관계를 조명하는 것에 저항한다. 나의 아들이 태어났을 때, 주위 몇몇 사람들은 뇌 발달에 대한 나의 관심이 부성 본능을 방해하지 않느냐고 물었다. 아들의 두개골 내부에서 무슨 일이 일어나고 있는지 안다고 해도, 나는 아들에게 거리감을 느끼고 분석적인 방식으로 아들을 대하지 않는다. 분명히 말할 수 있는 것은 나는 그렇게 생각하지 않는다는 것이다. 유대감, 따뜻함, 사랑이라는 일반적인 감정 외에도 수년 동안 공부해온 개념이 아들을 통해 내 눈 앞에서 펼쳐지는 것을 보면서 경이로움을 느꼈다. 나의 신경과학 연구가 아들을 향한 부성 반응을 추동하는 생화학에 견줄만한 것이 아님이 밝혀졌다.

1970년대 내가 신경과학 연구에 첫발을 내디뎠을 때, 애착과 뇌 연구는 서로 다른 세상에 있었다. 대학원 시절 어느 날 아침에 나는 캠퍼스 서쪽 경계에 있는 햇살 가득한 큰 홀에서 아침에 아동 발달 수업을 듣고 점심 식사 후 동쪽으로 30분 정도 걸어가 지하 실험실로 가서 쥐의 해마와 침팬지의 시각 피질을 연구했다. 그야말로 이중생활이었다. 어느 쪽 세계도 다른 쪽 세계에는 전혀 관심이 없었고, 누구도 양쪽 모두에 대한 나의 관심을 이해하지 못했다. 사실은 나 자신조차 확신이 없어서 그 당시 나는 말로 표현할 수 없는 방어하기 어려운 깊은 직관을 따르고 있었다.

수십 년이 흐르면서 두 분야는 서서히 강력한 방식으로 서로를 발견하고 있다. 신경과학자가 사회적 종을 연구할 때마다 초기 양육의 중요성을 무시하는 것은 이제 불가능한 일이 되었다. 일부에서는 초기 경험이 뇌에 미치는 영향을 통제하기 위해 실험용 동물을 사육하기 시작했으며 다른 분야인 아동 발달 연구자들은 초기 경험이 뇌의 핵심적인 부분으로 어떻게 변환되는지를 알아가고 있다. 발달심리학자, 교육자, 치료사는 이제 유아기와 아동기의 근본적인 생물학적 과정, 즉 초기 상호작용이 성인의 경험과 행동으로 전환되는 메커니즘이라는 것을 이해한다. 초기 양육, 어머니의 돌봄, 애착 도식은 신경과학과 뇌와 어떤 관련이 있을까? 이 질문에 대한 답은 '거의 모든 것과 관련된다'는 사실이 밝혀졌다.

문화에 적응하는 뇌

자유는 필요성에 대한 의식이다.
- 칼 마르크스(Karl Marx)

인간이 점점 더 사회화됨에 따라, 아동기의 의존 기간은 다른 종의 의존 기간보다 훨씬 더 늘어났다. 뇌는 주변 사람의 행동, 신념, 의식ritual에 적응하면서 천천히 발달한다. 수많은 상호작용을 통해 관계를 맺고 환경을 탐색하고 부족의 온전한 구성원이 되는 방법을 배운다. 초기 상호작용은 신경 성장을 자극하고 신경화학적 목표치인 설정점set point을 자리 잡게 하고 신경망이 얼마나 잘 발달하고 통합될지 혹은 그렇지 않을지를 결정한다. 이 모두는 애착 도식 형성, 정서 조절, 자아 정체성에 영향을 미친다. 이러한 과정을 통해 뇌의 웨트웨어wetware와 마음의 조직화는 모두 문화적 경험이 늘 반영된다.

내담자의 어린 시절 이야기를 들을 때면, 유토피아 공동체의 엘리트 지도자를 양성하기 위한 비전을 제시하는 Plato의 저서 『국가Republic』가 떠오른다. 그의 생각 중 하나는 특정 부모의 특이성을 상쇄하기 위해 자녀를 공동으로 양육하는 것이었다. 확장된 대가족과 견고한 공동체에서 자랄 때 얻을 수 있는 이점은 다양한 사람을 접할 수 있기에 지나치게 특이하거나 극단적인 사람의 영향을 평준화할 수 있다는 점이다. 또한 조부모, 이모, 삼촌, 사촌 및 이웃과의 유대감과 애착 대상이 확장된다. 고립된 가족은 대개 아이를 세상에 내보낼 수 있는 최상의 토대를 제공하기가 어렵다. 뇌와 마음은 종종 사회 규범을 반영하는 부모의 특이성에 적응하도록 형성되는 경우가 많다.

어린 시절에 형성된 뇌는 누군가에게는 좋은 소식일 수 있고 누군가에게는 나쁜 소식일 수 있다. 아이는 자신이 태어난 사회적 세상에 대해 발언권이 없고, 또 다른 가능성도 알지 못한다. 이는 자신의 생존을 도와주는 사람들과 유대를 형성하기 위한 자연의 방식이다. 안타깝게도 비합리적인 부모 밑에서 성장한 아이들은 불안하고 혼란스러워하며 자신의 판단이나 다른 사람들의 판단을 불신하며 자란다. 양육할 의지가 없거나 양육할 능력이 없는 부모를 둔 아이들은 종종 자신의 존재 자체를 사랑할 수 없고 수치스럽게 느끼며 자란다.

애착의 기본 개념

모든 사람에게는 놀고 싶어 하는 아이가 숨어 있다.

- 프리드리히 니체(Friedrich Nietzsche)

애착 분야의 핵심 인물인 John Bowlby 경은 어머니와 자녀 사이의 상호작용을 주의 깊게 관찰한 정신분석가였다. 한 세기 전만 해도 애착이 혁명적인 개념이라는 사실을 믿기 힘들었다. 유대bonding와 탐색exploration 사이의 섬세한 균형에 매료된 Bowlby는 부모가 애착 도식, 근접 추구, 탐색과 성장을 위한 안전기지 역할을 한다는 개념을 주장했다. 그의 연구는 안정적인 애착 발달을 위해 양육자의 신체적, 정서적 접촉의 중요성을 강조했다. 그는 사람들이 익숙해서 그저 당연하게 여겼던 사실, 즉 아이가 일관된 돌봄의 성인이 있는 환경에서 잘 성장한다는 사실에 관심을 가졌다.

신경유능성 원리 17 | 애착의 핵심은 근접성을 통한 각성의 조절에 있다.

애착의 가장 근원적인 핵심은 양육자와의 근접성을 통해 두려움과 불안을 조절하는 것이다. 아이는 양육자를 안전기지로 삼아 세상을 탐험하고 그 과정에서 자신의 각성, 불안, 감정을 조절하는 법을 천천히 배운다. Bowlby는 애착 도식이 양육자와 함께한 수천 가지 경험의 총합이며, 이는 뇌에 의해서 다른 사람들이 우리에게 어떻게 행동할지에 대한 암묵적인 예측으로 변환된다고 믿었다. 애착 도식은 성인이 된 후에도 지속되는 암묵적인 기억으로, 파트너를 선택할 때와 관계의 질에 영향을 준다.

안정 애착의 정의 중 한 가지는 지속적인 탐색을 하면서 애착 대상과의 분리를 견딜 수 있는 능력이다. 한 살짜리 유아가 낯선 사람과 함께 있는 방에 엄마 없이 혼자 남겨진 낯선 상황에서 이를 볼 수 있다. 엄마의 부재에 대한 걱정이 있음에도 안정 애착의 아이는 조절 상태를 유지하면서 낯선 사람과 교류할 수 있고, 엄마가 돌아오면 인사를 하고 연결이 복구되면 다시 놀이로 돌아갈 수 있다. 대조적으로, 불안정 애착의 아이는 높은 수준의 고통을 느끼고 탐색의 부족, 재결합 행동의 파열을 특징으로 보인다. 애착 도식은 이후의 삶에서도 정서 조절과 안전감에 관계를 활용할 수 있는지도 결정한다.

애착의 신경생물학

사회적 뇌가 가장 자연스럽게 작동되는 환경은
누군가와 얼굴을 마주하고 대화할 때이다.
- **다니엘 골먼**(Daniel Goleman)

사회적 동물은 함께 모여 살 수 있도록 진화했다. 이는 함께 어울려 살 수 있도록 하는 신경화학 물질이 만들어졌기에 가능했다. 이러한 생화학적 과정에 대응하는 의식적인 경험은 함께 있다는 따뜻하고 긍정적인 느낌과 서로 분리되었을 때의 고통과 불안으로, 예를 들면 등을 긁어줄 때의 만족감, 우리 팀이 챔피언전에서 우승하는 기쁨, 아이와 부모 사이의 유대감과 애착의 상호작용 동안에 강력하고 복잡한 매우 많은 신경생물학적 과정이 아이의 뇌 안에 확고히 자리를 잡는 순간이다. 동시에, 관계적 경험은 후성유전학을 통해 사회적 뇌의 웨트웨어로 전환된다. 또한 애착 회로의 생화학 작용을 만들고 조절하는 다른 구조들이 누군가와 근접해 있을 때 활성화되는 연결감에 대한 암묵적 기억을 형성하는 순간이다.

안정 애착의 가장 중심이 되는 신경생물학적 허브는 OMPFC, 전측 대상피질, 전측 뇌섬엽, 편도체를 포함하는 위에서 아래 방향의 위계적 신경망이다. OMPFC는 애착을 조직하고 정서 조절에 영향을 주는 신경망의 정점에 있는 전전두피질 기능의 원시적인 측면을 담당하는 핵심부에 해당한다. 아래쪽 끝에서는 편도체가 위로 OMPFC까지 복잡하게 연결되어 있고, 긍정적이고 부정적인 자극에 반응하여 몸을 활성화하는 아래쪽 뇌의 여러 지점까지 많이 연결되어 있다. OMPFC와 편도체 모두 주변에 있는 것들에 대한 유용성을 평가하고 거미와 뱀을 피하고 고통스러워하는 아이와 현금 더미에 접근하도록 우리 몸을 촉발하는 역할을 한다.

신경유능성 원리 18 | 애착 회로의 중심부는 OMPFC와 편도체를 연결하는 위계적 신경망에 내장되어 있다.

OMPFC가 편도체에서 진화했으나 현대인의 경우, 이 둘 사이의 주요한 차이점이 있다. 편도체는 광범위하게 흑과 백, 접근 또는 회피의 결정을 내리지만, OMPFC는 보다 미묘한 평가를 한다. 이 둘 사이에 놓여 있는 전측 대상피질은 영장류의 모성 행동과 함께 나타났으며 육아, 놀이, 공감의 느낌, 얼굴 인식 등 모성 행동의 핵심적인 측면에 관여한다. 전측 뇌섬엽은 전측 대상피질과 OMPFC를 통해 우리 몸의 상태를 의식적인 알아차림과 연결한다. 이 시스템은 부모 및 생존과 관련된 기타 환경적 요인과 같은 복잡한 자극의 처벌과 보상 가치를 처리하고 과거 학습을 기반으로 정서적 반응과 내장 반응을 중재한다.

편도체는 진화적으로 원시적인 구조이기에 출생 전에 완전히 발달한다. 일반적으로 좀 더 초기에 진화한 신경계는 더 일찍 발달한다. 즉 편도체는 우리가 태어나기도 전에 공황 발작을 일으키고 몸의 면역 체계 방어력을 손상시키는 싸움-도피 메커니즘과 생화학 물질의 범람을 촉발할 수 있음을 의미한다. 따라서 어린아이가 고통스러워할 때 나타나서 그들이 필요로 하는 것을 파악해주고 아이를 평온하고 신체적으로 평정 상태로 되돌려 놓음으로써, 아이는 불안을 조절해주는 부모의 능력에 전적으로 의존한다. 이러한 경험이 대체로 긍정적이고 성공적이라면 아이는 세상에서 더 안전감과 안정감을 느끼고 다른 사람들을 위안의 자원으로 경험하면서 결국 자기대화self-talk, 긍정적인 결과에 대한 기억, 사전 예방적인 문제 해결을 통해 자신의 두려움을 조절하는 법을 배우게 되는 경향이 있다.

그렇다면 어떻게 뇌와 몸이 안전함을 배우게 될까? 주요 구성 요소는 억제inhibition와 조절modulation을 매개로 하는 편도체-전전두피질 회로에 있다. 매우 어린 아이는 여러 상황에서 좋음과 나쁨의 두 경우 모두에서 극단적인 반응을 보인다. 아이스크림콘을 받았을 때 압도적인 기쁨을 느꼈더라도 아이스크림이 땅에 떨어진다면 거의 즉시 절망으로 바뀔 수 있다. 이처럼 극단적이고 빠른 정서적 불안정성은 최소한의 조절만 하는 편도체의 기능이다. 시간이 흐르면서 편도체와 전전두피질 사이의 관계는 정서적 반응을 형성하고 조절하는 것이다. 치료사가 내담자와 내면의 어머니inner mother 작업을 할 때 주요 생물학적 요소는 각성과 감정을 조절하는 편도체-전전두피질 시스템을 형성하는 것이다.

교감과 부교감이라는 두 가지 신경계로 구성된 자율신경계는 활성화와 억제 사이의 몸의 항상성 균형에 기여한다. 편도체가 활성화될 때, 자율신경계의 교감신경계는 싸움-도피-얼음 반응이 활성화된다. 교감신경계 우위의 자율신경계는 과민성, 의존성, 행동화라는 억눌린 고통을 행동으로 표현하는 감정해소 방식, 스트레스 회복 능력의 저하를 특징으로 하는 불안-양가 애착 유형과 일치한다. 이 유형의 아이는 충동조절, 적대감, 유기 불안 등의 어려움을 겪고, 주의력 결핍과 과잉행동으로 진단받기도 한다. 반면에 부교감신경계 우위 편향의 자율신경계는 낮은 수준의 정서 표현, 신체 활동, 눈 맞춤으로 회피 애착 유형을 보일 수 있다. 근접성 추구, 탐색, 긍정적 대인관계는 제한될 수 있으며 이 유형의 아이는 외로움, 우울, 철수, 의욕 없음의 증상을 보일 가능성이 크다.

자율신경계는 활성화 또는 복구를 위한 일종의 온/오프on/off 스위치로 작동하는 원시적 시스템이다. 인간이 점점 더 사회적인 생물로 진화하면서, 이 온/오프 스위치는 친밀하고 지속적인 관계의 복잡성을 다루기에 적합하지 않게 되었다. 초기 경험으로 형성된 두 번째 신경망은 '사회적 유대 시스템social engagement system'이라고 불린다. Steven Porges는 미주신경, 즉 10번째 뇌신경 복합체가 생리적 각성과 사회적 연결의 통합자이자 조절자로 인간에게 진화해왔다고 주장한다. 미주신경계는 심장, 폐, 목구멍, 소화 기관을 포함한 몸의 여러 곳으로 뻗어 있으며 그들의 활동을 조절한다.

사회적 유대 시스템의 두 번째 기여는 내부 장기에서 얼굴 근육으로 정보를 제공하는 것이다. 이 시스템은 부모가 언어 이전preverbal의 자녀의 표정을 보고 자녀의 내적 상태를 실시간으로 파악할 수 있게 한다. 미주신경계는 우리가 가까이에 함께 있고, 정서적으로 각성되는 상황에 대처하며, 관계를 지속할 수 있는 적절한 수준의 각성, 활성화 및 감정을 적절한 수준으로 다이얼을 돌려서 조절할 수 있는 볼륨 조절 장치로 이해될 수 있다. 불안정 애착으로 인해 사회적 유대 시스템의 다미주신경 조절이 제대로 발달하지 못하면, 관계에서 더 원시적인 단계인 자율신경 조절의 싸움-도피-얼음 반응에 더 많이 의존한다.

애착의 신경화학 작용

누군가에게 마사지를 하면 뇌의 옥시토신 수치가 올라간다.
옥시토신은 애착을 추동하는 화학물질 중 하나이다.
- **헬렌 피셔**(Helen Fisher)

뇌를 종횡으로 가로지르는 사회적 신경망 외에도, 신경전달물질과 신경호르몬과 같은 다양한 신경화학 물질이 사회적 및 정서적 기능인 소통과 조절에 사용된다. 이러한 신경화학 물질은 오랜 진화의 역사를 지니고 있으며 더 복잡한 관계를 조절하기 위해 점점 더 많은 방식으로 활용되어왔다. 사랑의 '광기madness'와 욕정의 범죄, 그리고 넓은 스펙트럼의 사회적 환경에서 믿을 수 없을 정도의 강력한 유대에서 알 수 있듯이, 이들 모두는 행동, 감정, 사고에 매우 강렬한 영향을 준다. 연인, 부모와 자녀, 팀, 군대, 컬트 집단 구성원 간의 사회적 연결은 모두 사회적 신경화학 물질에 의해 주도되고 조절된다.

엔도르핀

오피오이드의 일종인 엔도르핀은 뇌와 몸에 자연적으로 존재하며 통증을 줄이고 웰빙감을 느끼게 하는 역할을 한다. 오피오이드는 따뜻한 안전감을 촉진하여 생애 초기 유대의 경험을 형성한다. 예를 들어, 아이는 분리 불안을 표현하는 반면, 어머니는 자녀와 분리될 때 괴로움, 불안, 슬픔을 느낀다고 보고한다. 둘 다 분리로 유발되는 엔도르핀의 급격한 감소로 인해 발생한다. 이는 부모와 자녀가 가능한 한 가깝게 지내고 평생 사회적 연결성을 높이기 위한 진화 전략 중 하나이다. 우리에게 친숙한 러너스 하이runner's high는 피질의 여러 영역에서 오피오이드 수치가 증가하여 발생한다. 공포 회로의 핵심 구성 요소인 편도체는 오피오이드 수용체의 밀도가 높다. 엔도르핀이 진화한 이유는 생명을 위협하는 경험과 관련된 육체적 고통과 정서적 고통 모두를 감소시킴으로써 더 성공적으로 싸우고 달아날 수 있도록 해주기 때문이라고 생각된다. 진화 과정에서 엔도르핀은 애착을 강화하고 관계의 정서적 매력을 높이는 데 사용되었다.

옥시토신과 바소프레신

옥시토신과 바소프레신은 파충류가 성적 행동과 알을 낳는 것을 조절하는 분자로부터 진화했다. 포유류에서는 근접성, 로맨스, 사회적 감정을 조절하는 역할을 하게 되었다. 옥시토신은 출산, 모유 수유, 성관계 중에 여성의 혈류로 방출된다. 주요 기능은 공격성과 과민성을 억제하여 생식과 모성 행동을 촉진하는 것이다. 남성의 경우, 바소프레신은 암수 한 쌍의 유대, 애착, 일부일처제의 유지를 촉진하며, 테스토스테론과의 상호 관계를 통해 친밀하고 돌보는 관계에서 공격성을 감소시키는 능력에 기여한다.

옥시토신과 바소프레신은 광범위한 사회적 관계에서 중요한 역할을 한다. 예를 들어, 수컷 침팬지가 우위를 점하기 위해 싸울 때, 나머지 무리는 결과를 구경하기 위해 모인다. 한 침팬지가 싸움에서 지고 있으면, 그 침팬지는 아기를 안고 있는 암컷 구경꾼 중 한 마리에게 달려가 아기를 빼앗아 이기고 있는 우두머리 수컷 침팬지의 얼굴에 가져다 대기도 한다. 이렇게 하면 우두머리 수컷의 바소프레신 수치를 높이고 테스토스테론 수치를 낮추어 그 수컷을 진정시킬 수 있게 되고, 따라서 서열 두 번째 수컷으로 생존할 수 있게 된다. 옥시토신 수용체는 모성의 관심으로 촉발된 후성유전적 과정을 통해 자극을 받아 성장한다. 다른 사람의 터치, 압력, 온기 등은 옥시토신 수치를 증가시키고, 혈압을 낮추며, 신경 성장과 신경가소성에 필요한 단백질 합성을 지원한다. 이것이 아마도 안정 애착의 사람이 잘 발달되고 더 잘 통합된 뇌를 가지고 있는 것처럼 보이는 이유일 것이다. 옥시토신을 투여받은 피험자는 더 관대하고, 자비롭고, 공감하며, 다른 사람들을 더 잘 감지하는 경향이 있다.

도파민

도파민은 유대, 애착, 사회적 상호작용을 유발하는 보상 관련 핵심 생화학 물질이다. 도파민은 뇌간에서 생성되어 시상, 편도체, OMPFC를 거쳐 위로 올라갔다가 다시 내려간다. 과거 사건을 감지하고, 저장하고, 활성화하는 애착 시스템은 도파민에 의해 조절된다. 양육자와의 상호작용은 정서적인 보상 가치를 기반으로 분석되고 저장된 후, 무의식적으로 미래 상황에 적용된다. 애착 도식이 학습되고, 저장되고, 심리치료를 포함하여 이후의 관계로 인해 수정되는 것은 이 위계적 네트워크 안에서 이뤄진다.

어미로부터 분리가 반복된 쥐에서는 도파민 활동, 탐색, 친화적 행동이 감소되는 반면 스트레스 반응성은 증가하는 것으로 나타났다. 옥시토신은 도파민 수용체를 차단하여 사랑하는 사람에 대한 습관화, 즉 무관심해지는 것을 방지하는 것으로 밝혀졌다. 이런 점에서 사랑에 중독된다는 은유는 진정한 은유가 아닐 수 있다. 관계에 의해 조절되는 생화학 시스템은 코카인이나 헤로인 같은 약물에 의해 영향을 받는 시스템과 동일하다. 그리고 로맨틱한 이별과 중독에서 갈망, 의존, 철수와 같은 경험이 유사하다.

세로토닌

세로토닌은 장의 연동 활동과 위장 활동을 조절하기 위해 장에서 처음 등장한 오래된 신경화학 물질이다. 사회적 동물의 경우, 세로토닌은 사회성, 공격성, 웰빙감을 조절하는 물질로 진화하여 관계와 식생활 사이의 명확한 연관성을 갖게 되었다. 또한 세로토닌은 기분, 식욕, 수면을 조절하는 것으로 밝혀졌다. 안정 애착의 사람에게서 더 많이 분비되며, 수감자는 그 수치가 낮았다. 시냅스에 세로토닌의 양을 증가시키는 SSRI(선택적 세로토닌 재흡수 억제제)라고 불리는 약물은 우울증과 불안증 치료제로 널리 사용되고 있다.

경험에 의존하는 신경화학 작용

모든 사람의 뇌는 발달 과정과 세상과 마주하는 방식
모두에서 전적으로 개별적이다.
- **제럴드 에델만**(Gerald Edelman)

이 다섯 가지 신경화학 물질의 혼합물은 다른 물질과 함께 다양하게 조합되어 한 커플에서 집단에 이르기까지 성적, 유대, 양육, 친화적 행동 등을 추동한다. 이러한 신경화학 물질을 생성하는 핵, 수용체 수, 휴지기 수준은 모두 애착 상호작용의 특성으로부터 영향을 받는다. 후성유전적 과정이 우리의 상호작용을 뇌의 신경해부학과 신경화학으로 전환시켜서 우리는 말 그대로 긍정적이거나 부정적인 방식으로 아이의 뇌를 구축한다. 우리가 내면의 어머니internal mother 작업을 할 때 상상으로 진행되는 이 과정에서 핵심 요소는 그녀를 불러낼 때 촉발되는 생화학적 작용이다. 치료 작업에서 내면의 어머니가 진정시켜줄 때 애착 회로와 다른 주요 신경 구조에서 각성과 두려움을 처리하는 엔도르핀, 옥시토신, 세로토닌, 도파민을 증가시켜준다.

신경유능성 원리 19 | 안정 애착은 다른 사람을 활용하여 각성을 성공적으로 조절할 수 있는 능력을 반영한다.

나는 많은 사람이 반려견이 자신의 발달에 결정적으로 중요했었다고, 혹은 노년에 좋은 동반자로서의 역할을 한다고 보고하는 것에 늘 감명을 받는다. 반려견과 애착이 형성되면 반려견과 인간 모두에게 엔도르핀, 옥시토신, 도파민 수치가 상승하기에 반려견은 인간의 가장 좋은 친구일지도 모른다. 약간의 모르핀은 친숙한 사람이나 다른 개가 접근할 때 동일하게 꼬리를 흔들게 할 수도 있다. 반려견과의 즐거운 접촉은 심장박동수의 감소, 코티솔 수치의 감소, 면역 기능의 향상이라는 추가적인 이점을 얻게 한다. 뿐만 아니라, 반려견과의 산책은 심장 건강에도 도움이 되고 종간의 사회항상성을 보여주는 아름다운 예이기도 하다.

최적이 아닌 불안정 애착 유형의 화학적 혼합물은 접근과 회피, 일시적인 안전감과 이완감, 기준선을 벗어난 높은 각성 등의 혼잡을 자극한다. 불안정 애착의 신경화학 작용은 동요, 불안, 심지어 두려움도 증가시킨다. 치료사는 엔도르핀과 옥시토신의 주사를 처방하지 않지만 운동과 사회적 상호작용을 권하고 이는 엔도르핀, 옥시토신과 동일한 결과를 가져온다. 모든 형태의 불안과 우울증에는 세로토닌과 도파민에 직접적인 영향을 미치는 약물을 처방한다. 우리는 주로 애착의 생화학적 작용, 정서 조절, 웰빙에 영향을 미치는 치료적 관계의 사회항상성 능력을 활용한다.

초기 경험이 전체 신경계 발달과 기능에 중대한 역할을 한다는 사실은 의심의 여지가 없다. 스트레스, 자극, 정서, 새로운 경험이 모두 결합하여 뇌의 수많은 신경망을 형성한다. 이 모든 것 외에도 신경계의 다양한 기능이 원활하게 작동될 수 있도록 전체로 통합해야 하는 과제도 존재한다. 이 과정은 상상할 수 없을 정도로 복잡하기에 많은 실수, 문제 및 시스템의 일시적 장애가 발생할 수 있다. 뇌는 몸의 성능 좋은 페라리 자동차이지만 많은 것들이 잘못될 수도 있다.

Bowlby, Ainsworth, Main이 설명한 불안정 애착 도식은 생각, 감정, 의사소통에서 최적이 아닌 차선의 활성화 패턴과 신경망 통합을 특징으로 한다. 불안정 패턴은 불안한 관계나 철수로 표현되는 정서적 조절곤란dysregulation을 모두 반영한다. 안정 애착을 구축하는 데 성공하지 못하면 신경가소성, 신경 성장, 최적의 신경망 통합을 저해하는 각성 상태가 지속되는 결과를 초래한다. 놀랍게도 이러한 초기 경험의 영향은 우리의 의사소통 방식에 그대로 기록되어 있다. 언어학자의 렌즈를 통해 우리는 초기 경험과 그 경험이 뇌의 형성과 대인관계에서 명확하게 의사소통하는 능력에 어떤 영향을 미치는지를 살펴볼 수 있다. 9장에서 이러한 연구가 내담자의 경험, 방어, 내면세계를 이해하는 데 어떻게 도움이 되는지 자세히 다루겠다.

마술사

Jan은 49세의 남성으로 고통스러운 외로움에 대처하는 법을 배우고자 상담실에 왔다. 오랫동안 친밀한 관계를 유지하고자 필사적으로 노력했던 그는 이미 두 번의 결혼 실패와 파혼 그리고 셀 수 없이 짧은 연애를 겪어 왔다. 첫 번째 세션에서, 그는 소울메이트를 찾는 희망을 포기했고, 꿈을 잃은 후 어떻게 하면 좋을지 고민하고 있었다. 그는 지금까지 그가 호소한 문제들과는 완전히 반대로, 각 세션의 대부분에서 현재 진행 중인 여러 연애 이야기, 다음에 시도할 유혹, 그리고 사귀고 싶은 여성에 대해 실망했다는 이야기를 하며 시간을 보냈다. 그는 일단 누군가를 유혹하고 나면, 함께하고 싶은 의욕이 흐려지고, 서로 맞지 않는다고 단호하게 결정해버린다. 그는 끊임없이 실망감에 시달렸고, 절망감과 함께 전투에서 지고 있는 것처럼 느꼈다.

Jan은 두 가지 마음 상태를 번갈아 가며 설명하곤 했는데, 첫 번째로는 바쁘고 모험으로 가득한 자신의 삶에 함께 할 수 있는 지적이고 아름답고 성공한 사람을 찾고 싶은 마음과 두 번째로는 인생의 모든 것에 대해 절망감, 상실감, 우울감을 느꼈다. 번갈아 나타나는 마음 상태를 주의 깊게 관찰하면서, 처음 눈에 띄었던 것은 그가 말한 여성들 중에는 자신이 원하는 배우자 조건에 일치하는 사람이 하나도 없다는 것이었다. 하지만 그는 많은 시간, 에너지, 감정을 쏟아부으면서 수많은 여성을 쫓아다녔고, 처음에는 친밀감을 느꼈다가도 이내 멀어지곤 했다. 그의 광적인 연애는 의식적으로는 지속적인 친밀감에 대한 욕구와 연결되어 있었지만, 실제로는 그 둘은 서로 매우 단절되어있는 것처럼 보였다. 물론 그는 이 모든 것이 너무 혼란스러웠고 자신의 노력에 대한 절망감으로 어려움을 겪고 있었다.

치료적 관계가 깊어짐에 따라, 나는 그의 목표와 방법 사이의 명백한 모순에 대한 내 생각을 조심스럽게 나누기 시작했다. 이에 대한 반응으로, Jan은 당혹스러운 표정을 지었고, 먼 곳을 응시하면서 나와의 연결은 단절되었다. 그는 똑똑한 사람이었고, 나는 그의 이해력 부족이 개념의 복잡성complexity과는 관련이 없다고 믿었다. 우리 둘 다 아직은 알 수 없는 어떤 이유로, 그는 친밀감에 대한 환상을 가지고 끊이지 않는 강박적 유혹에 빠져들어야 했다. 나는 이 강박적인 순환 고리의 숨겨진 논리를 이해하는 데 도움이 될 수 있는 암묵적인 기억 시스템에 내재한 또 다른 차원의 이야기가 있다고 믿게 되었다. 계속 함께 작업하면서,

그의 데이트 경험에 엮인 또 다른 트랙을 알아차리기 시작했다. 그는 많은 여성을 그녀들의 불만족스러운 삶으로부터 구하고 싶다는 열망을 표현했다. 나는 이것이 우리가 발견해야 할 더 깊은 이야기의 한 조각일지도 모른다고 생각했다.

그가 연애 생활에 관한 이야기에서 벗어날 때면, 나는 그의 초기 가족의 삶과 부모와의 관계에 관해 물어보곤 했다. 그는 마지못해 약간의 정보나 한두 가지 이야기는 했지만, 반사적으로 현재의 관계 딜레마에 대해 다시 이야기하곤 했다. 6살 때 부모가 이혼했다는 것과 그 후 어머니는 극도로 우울해졌고 주기적으로 기능을 상실했다는 사실을 조금씩 알아낼 수 있었다. 그는 어머니를 즐겁게 하려고 농담을 하거나 어머니가 좋아할 만한 장소로 데려가서 어머니를 위로하려고 노력했었다. 조금 더 나이가 들었을 때, 그는 어머니가 기운을 낼 만한 선물을 사기 위한 돈을 벌기 위해 잡다한 일들을 했었다. 그는 어머니가 아무런 감정 없이 고맙다는 말과 함께 선물을 받고는 무심하게 옆으로 치워버릴 때마다 마음이 아팠다. 가끔 세션에서, 어머니와의 거리감과 분리를 발견했을 때 자신이 얼마나 무서웠었는지 그리고 어머니를 절망에서 구하려고 애썼다는 것에 접촉하곤 했다. 그렇지만 그때마다 이내 연애 관심사로 되돌아왔다.

어머니에 대한 희망, 접근, 기대, 실망 등의 사이클은 그가 겪는 연애 경험과 비슷한 것 같았다. 그것은 그의 바람과 열망으로부터 단절된 것이었고, 어머니를 계속해서 구하는 방법이었을 수 있다. 그의 암묵적인 기억 시스템에 있는 트라우마 기억이 유혹, 연애, 실망의 패턴을 이끌었을 수도 있다. Freud가 '반복 강박repetition compulsion'이라고 불렀던 것은 단순히 오래된 습관 패턴을 유지하는 뇌의 방식일 수도 있다. Jan의 강박적인 연애 행동에는 중독성이 있었고, 나는 이것이 사람이 마약,

알코올, 쇼핑, 도박에 빠지는 중독 모델과도 일치하는지 궁금해지기 시작했다. 연결에 대한 기대가 강화의 생화학적 물질과 결합하여 명백한 문제에도 불구하고, 각 사이클 동안 습관이 유지되고 강화되는 다른 중독과 유사하게 Jan이 계속 이것에 참여하도록 동기부여가 됐을 수 있다.

나는 Jan의 뇌와 마음이 초기 트라우마 기억을 의식에서 밀어내기 위해 많은 에너지를 소모하고 있다는 것을 알았다. 내가 희망했던 것은 매 세션에서 몇 분 동안만이라도 그것들에 접촉해서 어린 시절의 무의식적인 이야기를 현재 행동의 의식적인 처리과정과 통합하는 방향으로 나아가도록 하는 것이었다. 다시 말해, 우리의 보다 안전한 관계의 맥락에서 심층적인 이야기와 표면적인 이야기를 동시에 활성화할 수 있다면, 그는 더 많은 피질의 참여를 통해 통찰과 긍정적인 변화를 끌어낼 수 있을 것이다. 내가 처음 그의 어린 시절에 관해 묻기 시작했을 때, 그는 반세기 전 어머니와의 관계와 현재 문제 간의 관련성을 이해하지 못했다. 하지만 점차 그 질문에 마음을 열기 시작했고, 때로는 내 질문이 불러일으킨 기억에 대해 호기심을 갖기도 했다. 기복이 심한 연애라는 롤러코스터를 함께 타면서 더 깊은 동기에 대한 통찰을 얻었고, 그 과정은 더디게 진행되었다.

약 6개월이 지난 후, Jan은 전날 밤에 겪었던 경험에 대해 말하기 위해 상담실에 왔다. 그는 "꿈인지 백일몽인지는 모르겠지만, 저는 침대에서 여자친구 옆에 침대에 누워있었고 숨소리를 듣고 그녀가 잠들었다는 걸 알 수 있었어요. 저는 데이트 상대가 잠들고 나면 늘 안도감을 느끼는데, 이번에는 환각을 보는 것 같았어요. 그녀에게 방해가 되지 않도록 천천히 침대에서 일어나 거울을 바라보는 상상을 했어요. 제가 마술사처럼 정장용 모자에 긴 검은 코트를 입은, 전체적으로 모든 복장을 차려입고 있다는 사실에 조금 놀랐을 뿐이에요. 이상하게 들리실 수도 있는데 꿈에서는 완벽하게 이해가 되는 것 같았어요. 모자를 벗고 뒤집어서 토끼를 꺼내서 쓰다듬어 주고 당근을 줬어요. 저는 제 연기의 소품을 하나씩 꺼내서 테이블 위에 놨어요. 여자친구를 바라보면서 또 한 번 좋은 연기를 펼친 것 같아 만족스러웠어요. 저는 길고 피곤한 공연에 지쳐서 의자에 다시 주저앉았어요"

나는 "와, 정말 놀라운 꿈이네요"라고 말했다. 해석하고 싶은 충동을 참으면서 그에게 꿈에 대해 어떻게 생각하느냐고 물었다. Jan은 "망치에 맞은 것 같아요"라고 말했다. "제 관계는 연기예요. 제가 어머니를 위해 했던 것과 같은 연기예요. 아버지가 떠난 뒤에 아들로서 보살핌을 받기보다는, 저에게는 더 이상 어머니가 없었어요. 저의 엄마가 아이였죠. 저는 여섯 살에 아이를 가질 준비가 되지 않았지만, 어머니를 돌보고 격려하기 위해 최선을 다했어요. 제가 지금 맺고 있는 관계들 중에는 제가 원하는 친밀감의 관계는 없어요. 제가 어머니를 구해야 했던 것처럼, 아내를 구해내려 했던 결혼 생활도 그랬고 직장에서의 여성과의 관계도 마찬가지예요. 유혹은 섹스에 관한 것이 아니에요. 그것은 잠시나마 그녀들이 슬픔에서 벗어날 수 있도록 웃게 만드는 어른 버전일 뿐이에요. 밤이 끝날 때쯤이면 관객은 잠들거나 집으로 돌아가고, 저는 어렸을 때처럼 다시 혼자가 돼요. 정작 제 욕구에 관심을 기울이는 법을 배운 적이 없어요. 지금까지 저는 남들의 기대나 외부의 영향에 따라 외부에서 내면으로 향하는 방식outside in으로 살아왔어요. 저는 항상 무대 위에서 관객을 위해 연기를 했어요."

이제 그는 자신을 돌보고 필요한 것을 얻는 방법을 배우는 작업을 시작할 수 있게 됐다.

5

실행의 뇌

인류가 겪고 있는 문제의 상당 부분은… 구석기 시대의 감정과 중세의 직관
그리고… 신의 능력과 같은 기술의 위험한 조합에서 비롯된다.
- 에드워드 오스본(E. O. Wilson)

20세기 대부분 동안, 실행 기능executive functioning은 작업 기억, 문제 해결, 추상적 추론을 포함하는 고차원적인 인지 능력의 특정한 집합으로 생각되었다. 또한 이러한 능력은 주로 전전두피질 안에 있으며 전전두피질에 의해 조직되고, 완전히 의식적인 과정으로 여겨졌었다. 이는 내가 학교에 다닐 때 시험 문제의 정답이었다. 이 관점에 대한 증거는 전전두피질이 손상되면 다양한 기능 장애가 발생하여 명확하게 생각하고 세상을 탐색하는 능력을 저해한다는 것이었다. 실행 기능에 대한 이러한 관점은 눈 뒤에 위치한 제어판에서 우리의 행동을 생각하고 제어하

는 우리 머릿속에 있는 '소형 인간' 또는 '작은 나mini me'라고 하는 '호문쿨루스homunculus'의 은유에서 비롯되었다. IQ는 소형 인간의 지능과 실행 능력 모두를 직접적으로 측정할 수 있는 척도라고 여겨져 왔다.

인지라는 열쇠 구멍을 통해서만 지능을 이해하는 관점은 서구 문화에 깊이 뿌리를 내리고 있으며, 비교 해부학자들은 전통적으로 전전두피질을 다른 영장류와 인간을 구분하는 뇌 구조로 생각했다. 이러한 믿음은 어떤 과학적 증거보다 유대교 및 기독교 유산과 더 관련이 깊다. 이는 대부분의 실행 기능 관련 전문가들이 뇌의 작동 방식을 설명할 때 몸, 감정, 관계로부터의 입력을 완전히 무시한 채 뇌를 컴퓨터에 비유하는 설명과 플로우차트를 활용하는 이유이다. 그들은 본질적으로 우리가 물질세계에 거주하는 영혼이라는 중세적 개념에 갇힌 것이다.

이러한 문화적이고 신경학적인 편견의 힘에도 불구하고, 지능에 대한 하향식의 전전두피질 관점에는 많은 문제가 있었다. 그중 하나는 특정한 전전두피질 손상이 정서 조절, 관계 능력, 사회 기능의 결함을 초래한다는 관점이다. IQ가 일상 기능, 관계 능력 또는 세속적 성공의 질에 부합하지 않는다는 사실을 보여주는 많은 예시도 있다. 지능의 인지 모델에 기반한 교육 시스템으로 인해 많은 학생이 교사로부터 어떠한 것도 되지 못할 거라는 말을 들었다. 하지만 전통적인 환경에서 비참한 학생이었던 이들 중 상당수는 혁신적인 발견을 하고 새로운 산업을 개척했다. 그런데도 많은 교사는 계속해서 새로운 세대의 학생을 낡은 지능 모델로 판단하는 오류를 계속해왔다. 전통적인 실행 기능 모델이 워낙 강력하게 자리 잡고 있었기 때문에, 그 타당성에 대해 모순되는 사례들을 이 모델의 제한점으로 보지 않고 사소한 예외로만 취급했다.

지난 수십 년 동안, 신경과학과 신경학 분야의 발견들은 실행 기능에 대한 이러한 단순한 가정 중 일부를 약화시켰다. 문화와 성별의 다양성과 관련한 주요 이슈에 대한 인식이 증가하면서 인간 지능의 관념적, 가부장적, 제국주의적 모델에 대한 신뢰도는 더욱 흔들렸다. 이런 이유와 함께 다양한 이유들로 인해, 신경인지와 지능 테스트는 그 타당성이 떨어지고 있기 때문에 교육 분야에서도 선호되지 않고 있다. 이제 세상이 너무나 빠르게 변하고 있다는 사실은 교육자들로 하여금 잠시 멈추고 예전의 사고방식과 지능 개념에 대한 그들의 확신을 재고하게 만들고 있다. 20세기 말까지, 정서 지능의 개념은 과학자와 일반 대중의 관심을 사로잡았고, 마음챙김과 여러 종류의 명상이 대중화되면서 실행 기능의 중요한 구성 요소로서 자기알아차림과 자기성찰 능력의 중요성에 대한 인식이 높아졌다.

지능과 실행 기능에 대한 오래된 도그마가 무너지고 있을 때, Antonio Damasio는 판단과 의사결정이 소매틱, 정서적 정보를 처리하는 뇌 영역으로부터의 입력에 의존한다는 사실을 입증하면서 우리에게 엄청난 충격을 주었다. Descartes의 '나는 생각한다. 고로 나는 존재한다'라는 믿음과는 달리, 소매틱 알아차림과 정서가 우리 존재에 대한 충분한 자격이 있는 증거로 작용한다는 사실이 밝혀졌다. Damasio 박사는 강력한 신경학적 모델과 이를 증명할 수 있는 실증적인 증거를 제공했다. 그 결과 감각운동 기반sensorimotor-based의 교육 개입, 소매틱과 정서 중심 심리치료의 폭발적인 확장을 이끌었으며 지능과 실행 기능 모두에 대한 전반적인 재고를 가져왔다.

사고 발달이라는 측면에서, 오랫동안 무시되었던 과학 및 임상적 자료를 새롭게 다시 살펴봐야 한다. 우리 스스로 많은 질문을 던져야 한다. 지능에서 감정의 역할은 무엇인가? 감각운동 경험이 문제 해결 능력에 어떻게 기여할 수 있을까? 애착 도식의 암묵적인 기억과 정서 조절이 실행 기능에 어떻게 기여하는가? 집단 안에서 일하는 것이 어떻게 개인의 추상적 능력, 상상력, 그리고 혁신에 영향을 미치는가? 이 질문들과 수백 가지의 다른 질문이 향후 몇 년 동안 탐구와 실증적인 연구를 기다리고 있다.

실행 기능의 구성 요소

누가 적군이 전략 때문에 패배했는지, 용맹 때문에 패배했는지를 묻는가?

- **버질**(Virgil)

실행 기능의 개념이 확장되면서 이제는 그것과 관련해서 정서 지능, 자기알아차림, 사회 지능의 범주를 포함해서 논의해야 할 것이다. 정서 지능에는 스트레스를 성공적으로 극복하고 어려운 상황에서 정서 조절을 발휘하는 능력과 같은 영역이 포함된다. 자기알아차림은 자기성찰 능력, 자기돌봄과 타인을 돌보는 것 사이 균형을 유지하는 능력, 자신의 행동에 책임질 수 있는 능력으로 발현될 수 있다. 사회 지능에는 타인의 관점에서 상황을 이해하는 능력과 감정이입, 공감, 연민을 느낄 수 있는 능력이 포함된다. 주의력, 집중력, 언어, 기억과 같은 인지 지능의 구성 요소들이 상호의존적인 것처럼 이러한 사회적 및 정서적 능력들이 서로 독립적이지 않다는 사실은 분명하다.

신경유능성 원리 20 | 우리 각자는 고유한 진화사, 발달 과정, 기능적 전문성을 가진 세 가지 실행 신경망을 갖고 있다.

정서 지능, 자기알아차림, 사회 지능, 이 세 영역은 모두 전통적으로 인지과학자들의 대화에서 제외되었던 영역이었지만, 지금은 과학적이고 문화적인 지지 모두를 얻었다. 우리는 분명 매일 매일의 생존을 위해 협상해야 한다. 뜨거운 난로를 만지거나 오염된 눈snow을 먹거나 절벽 가장자리에 너무 가까이 가는 것을 하지 말아야 하는 등 생존을 위해 많은 협상을 해야 한다. 또한 많은 다양한 사람을 상대해야만 하고, 내적 경험을 알아차리고, 감정을 조절된 상태로 유지해야 한다. 우리는 자기돌봄과 양육에 참여할 뿐만 아니라 자신과 타인과의 지속적인 관계를 관리해야 한다. 이러한 보다 포괄적인 실행 기능 모델은 늘 성공적인 적응과 관련이 있다고 인식해왔던 많은 변수들을 늘 설명해주지만, 변수들을 평가하거나 평가를 포함하는 구체적인 실험이나 실행 기능의 이론적 모델은 없었다.

비즈니스 경영진의 역량을 평가할 때 이러한 지능의 새로운 구성요소들이 극명하게 드러난다. IQ에 대한 전통적인 아이디어가 중요하긴 하지만, 반드시 성공과 상관관계가 있는 것은 아니라는 사실이 분명하다. 한 방 안에 있는 사람들 중에 가장 스마트한 사람이 되어 다른 사람들에게 그 사실을 보여주는 것도 중요하지만, 이는 일반적으로 최고의 리더십 전략은 아니다. 지난 10년 동안, 폭군적인 CEO는 문화적 아이콘에서 심장마비로 쓰러지는 비극적인 캐릭터가 되었다. 기업이 가족 경영 기업에서 다국적 기업으로 전환함에 따라 예측과 통제의 가부장적 전략은 점점 더 분산된 의사결정과 피드백 모델에게 자리를 내어주고 있다. 우리가 보고 있는 현상은 인지, 정서 및 사회적 기술의 집합으로서의 지능과 실행 기능에 대한 새로운 개념이며, 이는 사람들이 타인을 대하는 방식, 자신을 아는 방식, 그리고 긍정적이고 생산적인 기업문화를 이끌어나가는 방식에 통합되고 있다.

이는 완전히 새로운 아이디어는 아니다. 신경과학 분야에서 유명한 1880년대 노동자인 Phineas Gage는 전전두피질의 손상을 경험하면서, 책임감 있고 조직적이며 신앙심을 가진 사람에서 무책임하고 감정적으로 변덕스럽고 부도덕한 떠돌이 노동자로 변했다. Gage의 사례 이후, 신경과학의 시대는 뇌 손상이 추상적 사고의 손실뿐만 아니라 정서적 조절곤란과 반사회적 행동을 초래할 수 있음을 보여주었다. 따라서 문제 해결 능력과 정서적 안정이 어떤 식으로든 관련이 있다는 인식이 지속적으로 어느정도는 있어왔다. 그리고 격노, 화 또는 두려움의 발작이 있으면 IQ 점수가 많이 떨어진다는 점을 고려할 때, 직접적으로 설명되지 않았지만 그 관련성은 오래전부터 인식되어왔다.

Gage의 사례를 보면, 충동 억제와 감정을 조절하는 능력을 상실하면 사람들을 이끌거나 자기 삶을 제대로 조직화할 수 없게 된다는 사실이 분명하다. 우리는 사회적 생물이고 지능의 많은 부분이 사회적 상황에서 발휘된다는 점을 고려할 때, 타인의 감정을 알아차리고 조율하면서 자신의 감정과 충동을 조절할 수 있어야 한다. 이는 비즈니스에서 늘 일어나는 일로, 기술적 전문 지식을 기반으로 정상에 오르지만, 사람을 관리하는 어려움, 정서 조절의 실패나 성적 충동으로 인해 완전히 좌절되는 경우가 많다. 정서 조절의 결함과 해결되지 않은 트라우마가 지능과 기술적 노하우를 상쇄시킬 수 있기에 기존의 하향식 정보처리 모델에 기반한 우수한 실행 기능을 갖는 것만으로는 충분하지 않다.

다중 실행 시스템

IQ와 정서적 공감 사이의 상관관계는 0이고,
그들은 뇌의 다른 부분에 의해 제어된다.
- 다니엘 골먼(Daniel Goleman)

뇌와 행동 관계에 관한 많은 탐구에서와 마찬가지로, 복잡한 기능을 설명하기 위해서는 단일 뇌 영역이나 신경망을 찾는 것에서 시작하게 된다. 그러다가 연구자들은 찾고 있는 것이 예상한 것보다 훨씬 더 복잡하다는 것을 발견하게 된다. 실행과 신경 기능에 관한 생각이 확장됨에 따라, 뇌가 어떻게 신체적, 사회적 환경을 탐색하고 적응하고 생존하도록 진화했는지에 대한 이해도가 확장되었다. 과거의 오랜 편견을 밀어내고, 인간은 저마다의 고유한 적응의 역할, 진화의 역사, 발달 과정을 가진 다중multiple 실행 시스템을 보유하고 있는 것으로 보인다. 내가 각각의 실행 시스템의 개별 구조를 언급할 때마다 이는 전체 네트워크를 대표하는 단축어로 사용하고 있음 기억하길 바란다.

우리는 모든 포유류 및 파충류와 공유하는 뇌간의 핵과 편도체로 구성된 원시적인 실행 시스템을 가지고 있다. 그 역할은 주변의 상황이 긍정적인지 부정적인지를 평가함으로써 즉각적으로 생존을 지원하는 것이다. 그 결과 생존에 도움이 되는 대상에게는 접근하고 잠재적으로 위험한 대상은 피하게 된다. 이 시스템은 단세포 생물에서 가장 원시적인 화학적 센서의 후손으로, 환경 안에서 접근하거나 회피하도록 한다.

두정엽parietal lobe과 전두엽frontal lobe을 중심으로 한 '2차 실행 시스템'은 전전두피질에만 실행 기능이 있다고 생각하는 전통적인 개념과 관련이 있다. 이 P-F 시스템은 공간(두정엽) 및 시간(전두엽) 처리와 과거 원인과 결과의 인과관계에 대한 기억과 결합하여 우리가 물리적 환경을 성공적으로 탐색할 수 있게 해준다. 1차 실행 시스템은 우리가 무언가에 접근하도록 이끄는 반면, 2차 실행 시스템은 우리가 그곳에 도달하게 하는 전략을 조직한다. 또한 2차 시스템에는 타인을 관찰하고 모방하는 것을 통해 기술을 배울 수 있게 하는 거울 뉴런도 포함되어 있다.

피질이 확장되고 이 2차 시스템이 진화함에 따라, 피질은 더 많은 신경 복잡성complexity을 활용하여 점점 더 정교한 문제 해결을 할 수 있게 되었다. 1차 실행 시스템을 통해 배가 고플 때 코코넛 안에 먹을 만한 것이 들어있다는 것을 기억하게 해주고, 배고픔을 느낄 때 코코넛에 다가갈 수 있게 해준다. 2차 실행 시스템은 코코넛을 찾고, 모으고, 저장하고, 먹을 것을 얻기 위해 코코넛을 깨뜨리는 역할을 한다고 할 수 있다. 2차 실행 시스템이 진화적인 과정을 거친 아주 먼 미래에는 이 일을 할 수 있는 기계를 제작해서 우유를 병에 담아 보존 식품으로 만들고 시장에 출시하는 방법을 찾아낼 것이다.

'기본 모드 신경망default mode network[DMN]'이라고 부르는 '3차 실행 시스템'은 당면한 생존 과업이나 외부 과업에 관여하지 않을 때 활성화된다. 즉, 1차와 2차 실행 시스템이 작동하지 않을 때 이 3차 실행 시스템이 활성화되는 것이다. 뇌 스캐너에 누워 있는 피험자가 실험 과업의 수행 사이에 어떠한 과업도 하지 않았음에도 활성화되었기 때문에 처음에는 이 시스템을 기본 모드 네트워크라고 불렀다. 이는 뇌가 생존에 대한 위협에 대처하지 않을 때나 활동에 관여하지 않을 때도 늘 활동하고 있다는 개념을 강화했다. 그렇다면 우리가 외부 도전과 과업에 집중하지 않을 때 우리의 뇌는 무엇을 할까? 외부의 방해 없이 편안하게 쉬고 있을 때 의식의 흐름에 어떤 일이 일어나는지 주의를 기울이면 이 질문에 대한 답을 알게 된다. 우리는 공상을 하고, 자신을 성찰하고, 다른 사람들에 대해 생각할지도 모른다. 연구 결과는 이런 경험을 할 때 DMN이 활성화된다는 사실을 뒷받침하는 것으로 보인다.

이 3차 실행 시스템은 자기self 및 타인에게 주의를 기울이는 동안 활성화되는 것으로 밝혀졌다. 이 실행 시스템은 자기알아차림, 사회적 알아차림, 시공간을 넘어서 내면 여행을 하는 경험에 특화되어 있다고 여겨진다. 또한 타인과 자신에 대한 이해, 공감, 연민과 관련된 사회적 지능에 중요한 역할을 하는 것으로 보인다. DMN은 통찰 지향 치료과정에서 반응을 촉진하고 의사소통을 하려는 시스템으로 생각할 수 있다. 이를 위해서 치료사는 안전하고 신뢰할 수 있는 관계를 구축해가면서 1차 실행 시스템이 비활성화되도록 하는 작업을 먼저 수행해야 한다. 다음으로 내담자가 외부 세계에서 직면하고 있는 문제에 불안하게 집중하는 것에서 벗어나도록 작업한다. 그리고 세 번째로, 내담자의 초점을 지금 여기의 생각, 감정, 치료적 관계에서의 상호작용 즉, 현실로 옮겨오도록 돕는다.

세 가지 실행 시스템

	핵심 구조		
1차	편도체	접근/회피	자극에 대한 빠른 평가 기본적인 생존
2차	두정 전두	탐색/참여	문제 해결/추상적 사고
3차	DMN	내적 처리과정	자기성찰/상상/백일몽
	OMPFC, 대상피질	사회적 처리과정	공감/연민/조율

DMN은 다른 두 실행 시스템과 대부분 역상관 관계로 밝혀졌으며, 이는 DMN이 편도체 중심의 1차 실행 시스템과 2차 실행 시스템의 두정엽-전두엽 기능 모두에 의해 억제된다는 것을 의미한다. 그래서 우리가 불안하거나 두려워하거나 어떤 외부 작업에 집중할 때, 우리는 자기알아차림이나 타인에 대한 공감을 느낄 가능성이 훨씬 줄어든다. 종종 자신에 대한 공감도 줄어든다. 이는 심각한 불안 장애가 있는 사람이 타인에 대한 공감과 연결에 어려움을 겪는 이유이다. 또한 내적 세계가 괴롭고 소란스러울 때, 부정적인 생각과 감정으로부터 주의를 분산시키기 위해 긴 할 일들의 목록을 작성하는 조증 형태의 방어 행동을 할 수 있는 이유이기도 하다. DMN이 대부분 역상관 관계에 있지만 완전히 그렇지만은 않다는 사실은 실행 시스템이 특정 목표를 달성하기 위해 특정 조건에서는 서로 통합하고 협력해야 할 가능성을 반영한다. 예를 들어, 다른 사람의 고난에 공감하는 [DMN], 그들을 도울 수 있는 실질적인 방법을 찾는 [P-F]로 2차와 3차 실행 시스템이 동시에 활성화될 수 있다.

거울 뉴런

감사는 기억이 머리(mind)가 아닌 가슴(heart)에 저장될 때 생긴다.

- 라이오넬 햄튼(Lionel Hampton)

잠시 두정엽-전두엽 실행 시스템의 구성 요소인 거울 뉴런mirror neurons에 집중해 보자. 거울 뉴런은 감각, 운동motor, 동기유발 시스템을 연결하여 관찰을 통해 우리가 학습하도록 돕고 타인의 행동과 감정이 우리 자신에게 영향을 미치도록 한다. 이 뉴런들은 도구를 사용하거나 물건을 집는 것과 같은 타인의 행동을 목격하거나 우리가 이러한 행동을 할 때 활성화가 된다. 어떤 사람이 위를 쳐다보거나 하품하는 것을 보고 그대로 따라 하는 자신을 발견했다면, 거울 뉴런이 작동하는 것을 경험한 것이다. 이러한 반사적 모방 반응은 우리의 행동을 같은 집단 내의 다른 사람들과 동기화하도록 운동motor 및 소매틱 회로를 자동으로 촉발하는 시각 시스템을 기반으로 한다. 반사적 모방은 수렵, 채취, 이주하는 동안에 학습과 집단 조정을 위해 발생했을 수도 있다. 거울 시스템은 몸짓과 언어의 진화를 포함한 많은 사회적 기능과 관련이 있는 것으로 추정된다. 거울 회로는 정서적 공명, 조율, 공감을 포함한 다른 사회적 기능을 지원한다.

모방은 인지와 사회적 학습의 핵심적 형태이다. 거울 뉴런을 통해, 운동motor 시스템은 실제로 간단한 관찰을 통해 실행될 수 있다. 이는 시각적 이미지의 활용이 스포츠 심리학에서 매우 중요한 이유이다. 성공적으로 스키 활강을 하거나 공을 치는 것을 반복해서 상상하는 것은 시각과 운동motor 회로의 신경망을 형성하여 실제 시공간에서 더 잘 수행할 수 있다. 긴 풀잎을 사용하여 개미집에서 낚시하는 침팬지를 관찰하는 다른 침팬지는 즉시 자신도 낚시할 수 있는 풀잎과 개미집을 찾는다. 거울 뉴런을 통한 모방은 심리치료와 교육에서도 강력한 도구이다.

많은 연구에 따르면, 치료사와 내담자가 세션 중에 서로의 행동을 모방하고 서로를 좋아할수록 더 많은 모방이 발생한다. 한 사람의 표정, 몸짓, 자세 등은 다른 사람의 공명과 조율을 지원하는 회로를 활성화한다. 이러한 여러 가지 방식으로 거울 뉴런은 보내는 자와 받는 자 사이의 틈에 다리를 놓아 서로를 이해하도록 돕고 공감적 조율의 가능성을 높여준다. 따라서 자동적 미러링 처리과정을 통해 생성된 우리의 내면 정서 상태는 타인의 내면 상태에 대한 직관적인 가설이 될 수 있다. 내담자와 치료자 사이의 사회적 시냅스를 가로지르는 이 모든 비언어적 의사소통은 치료적 관계의 질이 치료적 성공에 있어 가장 중요한 변수라는 발견에 대한 생물학적 근거가 될 수 있다.

거울 뉴런은 지금까지 전두엽과 두정엽의 피질 '연합 영역'에서 발견되었는데, 이 영역은 신경망이 모여서 높은 수준의 정보를 처리하는 곳이다. 거울 뉴런이 관찰과 행동을 연결할 수 있는 것은 이러한 특권적인 위치 때문이다. 모방을 할 때 관찰하고 있는 것을 재창조하기 위해, 관찰한 것과 동일한 시공간을 뇌에서 구성한다. 이러한 시스템에는 다른 사람들과 우리 주변 공간에 대한 지도는 물론 우리 자신의 근육조직, 생존 욕구, 목표 달성을 위한 전략이 포함되어 있다. 거울 뉴런과 이들이 연결하는 시스템의 발견은 저마다의 뇌가 생각, 행동, 감정에서 어떻게 함께 연결되는지에 대한 중요한 측면을 이해하는 데 도움이 되었다. 이는 DMN과 두정엽-전두엽 실행 시스템의 통합과 협력에 대한 논의로 이어진다.

실행 스위치보드

스트레스에 맞서는 가장 큰 무기는 또 다른 생각을 하기보다는
하나의 생각을 선택할 수 있는 능력이다.
- **윌리엄 제임스**(William James)

우리의 뇌는 세 가지 실행 시스템을 통해 우리의 주의를 집중시키고, 그 순간의 필요에 따라 제어할 수 있는 적절한 시스템을 선택하는 방법이

필요하다. 잠재적인 위험에 즉각적으로 주의를 전환하는 능력은 일차적인 기능으로써 생존에 가장 필수적인 능력이다. 이를 통해 대부분의 동물은 정향 반응과 싸움, 도피, 얼음 반응을 즉각적으로 촉발할 수 있게 된다. 이러한 반응은 먹이를 먹거나, 새끼를 돌보거나, 햇볕을 쬐며 휴식을 취할 때와 상관없이 발생한다. 이 반응의 질과 속도는 가장 빠르게 반응하고 가장 적응적인 방식으로 반응하는 개체의 선택적 생존을 통해 진화 과정에서 연마되었다. '현출성 시스템salience system'이라고 불리는 '실행 스위치보드executive switchboard'는 깨어 있는 모든 순간에 자동으로 그리고 무의식적으로 작동한다. 이 시스템은 편도체와 함께 혹은 편도체를 통해 작동하여 위협에 신속하게 반응하도록 한다.

신경유능성 원리 21 | 최적의 실행 기능을 위해서는 세 가지 실행 시스템 간의 통합과 균형이 필요하다.

우리는 의도나 위협에 대한 외적 혹은 내적 신호들에 대한 끊임없는 경계를 하고 있다. 이러한 현출성 시스템이 작동되는 흔한 예가 바로 칵테일파티 현상이다. 이는 한 사람과 대화를 나누면서 모든 배경 대화들과 외부의 소음을 적극적으로 걸러낼 때 발생하는 현상이다. 방 건너편에 있는 누군가가 자신의 이름을 언급하면, 그 소리를 들을 뿐만 아니라 더 많은 정보를 수집하기 위해 그 사람에게 정향이 된다. 주변의 대화 소음에서 자신의 이름을 들을 수 있다는 사실은 현출성 신경망이 의식적인 알아차림 아래에서 지속적으로 경계하고 있음을 보여준다. 인간이 점점 사회적인 동물이 되면서 자기 이름이 언급되는 것을 듣는 능력은 분명 생존 가치가 있었을 것이다. 그리고 우리는 특히 험담에 관심이 많은

데, 그것이 자신이나 자신의 경쟁자 중 한 명에 관한 것이라면 더욱 그러하다.

세 번째 수준에서 뇌는 중요한 일에 주의를 기울일 뿐 아니라 당면한 과제와 무관한 일에는 주의를 기울이지 않아야 한다. 명백한 그리고 현존하는 위험이 없다면 음식, 잠재적 짝, 부족 내의 더 높은 지위에 있는 사람의 행동과 같이 더 큰 보상 가치가 있는 것들에 선택적으로 주의를 기울여야 한다. 이러한 선택적 주의와 지속적인 집중을 통해 참여를 유지하고 관련성이 있고 필요한 작업에 집중할 수 있게 된다. 이 기능의 문제는 주의력 결핍 장애가 있는 것으로 묘사되는 사람들에게서 가장 자주 나타난다. 이들은 당면한 과업에 계속 집중하는 것과 주변의 움직임과 소리에 정향하지 않는 것 둘 다에서 어려움을 겪는다. 아마도 그 반대 현상은 자기 일에 너무 몰두해서 배가 고프거나 아프거나 심지어 위험에 처해 있다는 사실을 알아차리지 못할 때 발생할 것이다.

현출성 신경망

인생의 성공은 작은 것에 주의를 기울이는 데서 시작된다.

- 부커 T. 워싱턴(Booker T. Washington)

뇌섬엽과 대상피질의 '현출성 신경망saliency network'은 우리가 주의를 기울일 때 상향식 몸의 정보를 하향식 인지 처리와 통합하는 데 관여한다. 감정표현불능증이나 자폐증처럼 대상피질과 뇌섬엽 사이의 연결이 끊어지면, 몸의 감각이나 감정을 식별하거나 이름을 붙이지 못할 수도 있다. 명상이나 자기성찰을 할 때, 몸에서 일어나고 있는 경험과 그것과 관련된 감정의 경험을 제공하기 위해 우리는 대상피질과 뇌섬엽에 의존해야 한다. 그리고 결정을 내릴 때, 이 신경망은 주관적 선호도를 이해하고 '내장 느낌gut feeling', 즉 직감에 주의를 기울이는 능력에 영향을 준다. 더 높은 수준의 사고에 대한 이러한 소매틱의 기여는 위험하고 감정적인 의사결정을 내릴 때뿐만 아니라 치료 작업 중 문제에 대한 통찰을 할 때도 대상피질-뇌섬엽 회로가 더 많이 활성화된다는 사실에서 이를 확인할 수 있다.

이 신경망은 외부 세계에 대한, 특히 타인에 대한 우리의 행동 반응을 유도한다. 이 현출성 신경망은 내부 및 외부 세계 또는 둘의 통합에 주의를 기울이게 하여 정서적 공명과 공감을 가능하게 하는 역할을 한다. 또한 이 과정은 타인과 조율하고 공명하는 능력의 토대를 제공한다. 이러한 개념을 뒷받침하듯, 이 회로는 신체적 고통이나 두려움, 부당한 대우를 받는 사람을 볼 때 활성화된다. 억울함, 죄책감, 당혹감과 같은 사회적 감정을 경험할 때도 활성화된다. 감정이 생각과 몸 감각의 조합이라는 사실은 버려짐과 슬픔과 같은 고통스러운 경험과 웃거나 사랑에 빠졌을 때의 즐거운 경험과 함께 현출성 신경망의 활성화에 의해 부각된다.

우리가 성숙해짐에 따라 현출성 회로는 일상 기능에 더 많이 참여하고 인지적 교육, 기대 또는 성과물의 결과에 점점 더 많은 영향을 받는다. 어린아이들은 실행 기능 동안에 대부분은 전두엽에서 활성화를 보이고 그다음 두정엽에서 활성화가 나타나지만, 청소년기와 성인기에는 현출성 신경망의 참여가 증가한다. 그 기능과 발달 궤적을 고려할 때, 이 신경망의 건강한 성숙은 자기조절 및 자기성찰 능력 그리고 집중력에 영향을 준다.

이 현출성 회로는 사회적 관계나 자신의 삶에서 문제 해결과 추상적인 능력이 필요한 문제에 직면했을 때, 2차와 3차 실행 시스템의 공동 활성화를 조절하는 데에도 관여할 가능성이 높다. 이에 대한 한 가지 좋은 예로 지능intelligence과 지혜wisdom의 차이를 들 수 있다. 지능은 기술적이거나 지적인 문제에 대한 정교한 정보를 전달할 때 두정엽-전두엽 처리과정의 결과일 가능성이 높다. 지혜는 개인의 경험에 맞춘 정보라는 점에서 다르며, 이 정보들은 개인에 대한 공감을 필요로 하며 배려에 기반을 둔다는 점에서 다르다. 나는 누군가에게 지혜로운 조언을 전하려 할 때, 내 생각을 정리하고 교감과 연민어린 방식으로 제시할 수 있도록 두 번째 및 세 번째 실행 네트워크가 모두 활성화되어야 한다고 생각한다.

작동 중인 실행 스위치보드

마음챙김은 당신이 현재로 돌아오도록 돕는다….
집으로 돌아오도록 돕는다.
- **틱낫한**(Thich Nhat Hanh)

아들이 3살에 유치원에 입학했을 때, 나는 매일 아침 출근길에 아이를 데려다줘야 했다. 이것은 아침에 나의 출근 준비를 하는 것 외에도 아내가 아들을 씻기고 옷을 입히고 밥을 먹이고 짐을 싸고 유치원에 데려다 주는 것을 도와주는 것이다. 샤워하고, 커피 마시고, 양치하고, 옷을 입고, 업무에 필요한 것을 챙기는 일과 동시에 이루어지는 것들이었다. 이 모든 일을 평소 일정보다 20분 정도 일찍 끝내야 아들의 유치원에 도착해서 주차하고, 등교시키고, 그날의 준비물을 전달하고, 헤어지면서 아들의 마음이 상하지 않도록 안정시킬 수 있다. 어찌 보면 참 간단한 일일 수 있다.

대부분의 부모들은 전두엽-두정엽 실행 시스템을 통해 이러한 일상 루틴을 알아낼 수 있다. 2차 실행 시스템은 동시에 일어나는 여러 가지 일들의 순서를 정하고, 시간을 확인하고, 계속 확인하고, 자신의 신발을 신는 것과 기저귀를 갈아주는 것을 번갈아 하면서 동시에 자신의 양치질도 기억할 수 있게 한다. (하지만 나는 가끔 얼굴 절반만 면도한 채로 출근하거나 서류 가방 대신 기저귀 가방을 메고 출근하기도 했다. 그런 식으로 나의 2차 실행 시스템은 때때로 제대로 작동하지 않기도 한다.) 2차 실행 시스템의 통제하에서, 아들과 나는 한 손에는 서류 가방, 다른 한 손에는 아들의 작은 손을 잡고 현관문을 나와 차까지 천천히 걸어 내려오곤 했다. 우리가 차 뒷문에 도착하면 나는 서류 가방을 내려놓고 문을 열어서 아들이 아동용 카시트에 뛰어오를 수 있도록 했다. 그다음 안전벨트를 채우고, 차 뒤쪽으로 걸어가서 트렁크에 짐을 싣고, 운전석까지 걸어가서 차에 타고 유치원으로 운전을 했다. 하지만 아들에게는 다른 계획이 있었다.

아들은 차 문이 열리고 아동용 카시트가 보이자 대화를 나누고 싶다는 생각이 들었던 모양이다. 차에 타는 대신, 인도와 차도의 경계석에 털썩 주저앉아 나의 일, 하늘 색깔, 바람을 왜 볼 수 없는지에 관한 질문을 던지기 시작했다. 나이가 많은 아버지로서, 나는 자녀를 갖는 것에 대해 생각할 시간이 많았고, 바로 이런 대화를 기대하고 있었다. 하지만 우리가 빡빡한 일정을 소화하고 있었기 때문에, 이런 질문은 잠자리 시간이나 주말 산책을 할 때 하는 것이 더 좋겠다고 생각했다. 나는 마음이 편안한 상태가 아니라 '일하러 가는' 모드, 즉 전두엽-두정엽 실행 시스템 작동 상태에 있었다. 아들이 내 일정의 진행을 방해하고 있다는 사실에 스트레스 반응이 일어났고, 유치원의 몬테소리 성년들이 나의 이런 반응을 보면서 지을만한 불쾌한 표정이 머릿속에 그려졌다.

아들에 의해 방해받는 것과 불쾌한 표정에 관한 생각은 나의 1차 실행 시스템의 경보를 울리게 했다. 평소에는 '정말 귀여운 질문이야'라고 말하던 내 머릿속의 목소리는 "빨리 차에 타!"로 변했고 나는 불안에 의한 짜증과 조바심에 빠져 버렸다. 내면의 상태에 대한 자기알아차림이나 아들에 대한 어떤 공감도 없었던 마음의 상태에서, 아들을 카시트에 앉히는 일은 팔과 다리를 휘청거리는 소란의 힘겨루기가 되어버렸다. 다음 날도 그다음 날에도 똑같은 일이 일어났다. 나는 아침의 불편한 의례 전체를 두려워하면서 잠에서 깼다는 사실을 깨달았다. 삼 일째 되는 날 밤에, 나는 3차 실행 시스템에 연결되어 연동된 상태로 조용한 시간을 보내면서 이러한 갈등을 되돌아보았다.

도대체 무슨 일이 있었던 걸까? 내가 뭘 놓쳤지? 더 좋은 방법은 없었나? 내가 일정과 과업 목록에 전념하는 것에 의문이 생겼고 그것이 왜 나에게 그렇게 많은 흥분을 불러일으켰는지 궁금했다. 아버지를 떠올려보면 아버지가 항상 짜증과 조바심을 내셨던 모습과 그로 인해 얼마나 무섭고 슬펐는지 기억났다. 긴장을 풀 틈이 없었고 항상 다음 일을 해야 한다는 압박감이 있었다. 그 결과 나는 보여지지 않고 중요하지 않은 사람처럼 느껴졌다. 내가 그런 사람이 되어 버린 걸까?

이 기억과 그것이 일으킨 감정과 아들에 대한 공감으로 아들과 이야기하는 시간을 갖는 것이 유치원이나 직장에 정시에 도착하는 것보다 더 중요하고 우리 모두에게 더 좋다는 것을 분명히 깨달았다. 아침마다 아들이 보이는 몸짓과 표정을 떠올려 보면서, 아들이 조금 불안해 보인다는 것을 깨달았다. 유치원에 가는 것이 아들에게 스트레스가 되는 건 아닌지, 몇 분의 전환 시간이 더 필요한 건 아닌지 궁금해졌다. 나는 다음 날 아침 5분 일찍 집을 나서서 아들을 재촉하는 대신 그가 차 문

앞에서 망설일 때 재촉하지 않고 함께 앉아 이야기를 해보기로 했다.

다음 날 아침, 나는 차 문을 열었고 아들은 인도와 차도의 경계석에 앉아서 다툼이 시작되기를 기다리며 이야기를 시작했다. 내가 아들 옆의 경계석에 앉자, 아들의 얼굴에는 잠시 의아한 표정이 역력했다. 그런 다음 아들은 1분 동안 즐겁게 이야기하고 질문하더니, 마침내 아들은 "아빠, 가자. 우리 늦겠다"라고 말했다. 우리 모두에게 가장 필요한 것은 우리가 누군가에게 보여지고 있고 나의 말이 누군가에게 들려지는 경험이지만, 우리의 뇌는 하던 일을 완수하도록 진화했다. 무엇인가를 하는human doing 중에도 인간human being으로 현존한다는 것을 기억하는 능력은 마음챙김의 핵심 요소이며 최적의 실행 기능에 필수이다.

Mary Ainsworth는 획기적인 애착 연구를 진행하는 동안 엄마와 자녀 사이의 자연스러운 상호작용을 관찰하기 위해 관찰자를 집으로 보냈다. 안정 애착의 아이와 부모 사이의 상호작용에서 발견한 것 중 하나는 부모의 가용성availability이라는 특성이었다. 집안에서 다양한 일을 하고 있던 부모는 자녀의 방해에도 개방적이었다. 자녀의 활동을 회피하거나 침범하는 불안정 애착 아이의 부모와는 달리, 이러한 부모는 자녀에게 초점을 맞추는 데 어려움이나 고통이 없었다. 그들은 하던 일을 잠시 접어두고 대체로 짧은 시간 동안 자녀에게 전적으로 관심을 기울였다. 아이는 곧 충분히 '안정감의 연료탱크the security tank'를 채우고 다시 놀기로 돌아갔다. 그러면 부모는 하던 일로 자연스럽게 복귀할 수 있었다.

내가 애착 연구를 처음 읽었을 때는 생각하지 못했지만, 이제는 안정 애착 아이의 부모는 고도로 조율이 된 현출성 시스템과 실행 시스템을 보유하고 있다는 사실을 분명히 이해할 수 있다. 그 부모들은 필요에 따라 자신의 관심을 전환할 수 있고, 여러 우선순위를 고려할 수 있었기에 그 결과로 자녀에 대한 조율을 최적화할 수 있다. 자녀를 방임하거나 과도하게 개입하지 않는 방식으로 주의를 전환하며 있어야 할 곳에 없는 부모도 아니고 헬리콥터 부모처럼 행동하지도 않는다. 불안정 애착 아이의 부모를 이러한 부모와 비교해 보면 자신의 업무에서 벗어나서 자녀에게 주의를 기울이는 것이 불가능하거나, 그것을 꺼리는 부모들의 많은 예를 볼 수 있다. 또한 정서 조절이 어렵고 1차 실행 시스템이 지배적인 사람은 자기 내면의 고통과 해결되지 않은 트라우마로부터 주의를 전환하지 못하기에 자녀가 필요로 할 때 가용적인 존재가 되는 데 어려움이 있다. 주의집중의 유동성fluidity과 자녀의 필요에 반응하여 DMN을 활성화하는 능력은 양육의 중요한 요소이다. 나는 실패할 때가 많지만, 할 수 있는 한 인도와 차도의 경계석에 앉아서 아이의 이야기를 경청하려고 노력한다.

6

신경역동의 통합

의사소통은 게임의 일부가 아니라 게임 그 자체이다!

- 오스카 무노즈(Oscar Munoz)

임신 초기부터 신진대사, 움직임, 감정, 사고를 담당하는 신경망은 학습, 연결, 통합을 시작한다. 이 과정은 출생 후에도 계속되며 발달과 성숙을 거쳐 노년까지 계속된다. 신경 성장과 성숙은 인간의 상호작용, 환경적 자극, 일생에 걸친 새로운 도전과 함께 산소, 포도당, 단백질 합성이 필요하다. 블록 쌓기, 까꿍 놀이, 여기저기 기어 다니기 등은 단순한 활동처럼 보일 수 있지만, 이 모두는 높은 성취이며 기술 발달을 위한 훈련의 장이다. 우리가 달리기, 축구, 투표하는 방법을 배우면서 신경망의 크기와 복잡성 그리고 연결성은 계속해서 성장한다. 놀이에서 눈에 잘 띄는 곳에 숨는 것도 관계를 구축하고, 집단에 합류하고, 그리고 미국 프로야구 메이저 리그의 시카고 컵스팬들, 무소속으로 정치 활동을 하는 사람들, 서로 멀리 떨어져 있지만 한 나라의 국민이라는 공동체로서의 동질감을 느끼는 것도 동일한 통합적 과정이다.

우리는 비교comparison와 구별distinction을 강조하도록 배웠기 때문에, 자기 자신을 인간 종의 '초유기체superorganism'의 일부, 즉 여러 개체들이 군집을 이루어 큰 사회를 이루는 작은 부분으로 보는 것이 어렵다. 이것이 바로 우리가 즉각적인 경험의 차이와 구별 대신 장기적인 패턴을 감지하는 것을 요구하는 진화와 기후 변화와 같은 개념을 받아들이는 데 어려움을 겪는 이유일 수 있다. 만약 뉴런과 신경 시스템의 상호 연결성과 통합이 우리의 몸, 가족 그리고 문화로 확장되는 기본 전략이라면 어떻게 될까?

내가 이 장에서 제시하는 개념은 이미 오랫동안 인정받아온 생물심리사회적 모델을 발달의 관점과 자기self에 대한 실존적 경험을 포함하여 확장하는 것이다. 내가 제시할 다섯 가지의 인간 경험을 이해하는 방식이 상호의존적이며 각각이 내담자를 돕는 데 활용될 수 있음을 제안한다. 나는 우리의 심리, 자기감, 정체성이 신경 및 사회적 발달의 질과 이에 선행하는 신경망과 사회적 관계의 통합에서 비롯되고 그 질에 의존한다고 주장한다. 이 모두는 초기 관계가 뇌의 인프라infrastructure를 형성하는 방식으로 신체생리에 영향을 미친다는 사실에 근거한다. 이러한 초기 과정은 정서 조절과 애착 도식을 확립하여, 세상에 대한 안전감과 타인들에게 자신이 수용될 가능성에 대한 직관적인 감각을 제공한다. 이러한 초기 경험의 토대 위에 내면세계, 자기감, 사회적 정체성이 확립된다.

뇌, 시스템들을 관장하는 정부

진화론의 자연선택은 조직화된 복잡성의 존재를
설명할 수 있는 유일한 이론이다.
- 리차드 도킨스(Richard Dawkins)

생명체, 특히 인간종처럼 복잡한 시스템을 이해하기 위해서는 10억 개의 뉴런이 수억 년에 걸쳐 만들어낸 복잡한 구조를 반드시 이해하는 것이 필수이다. 신경과학에서 '커넥톰connectome'이라는 용어는 특정 종의 뇌를 구성하는 전체 신경망의 '지도화mapping'를 설명하기 위해 사용된다. 현재까지 회충(선충)의 커넥톰만이 완성되었다. 현재 진행 중인 인간 커넥톰 프로젝트는 9백억 개의 뉴런, 10만 마일의 백질 트랙, 그리고 뇌의 1만 5천 개의 신경 경로에 대한 지도화가 진행 중에 있다. 이 프로젝트는 뇌 영역 간 어느 정도 밀도로 연결되어 있는지, 그것이 활성화나 비활성화에 미치는 상관관계가 있는지, 각 영역에 의해 어떤 기능이 제공되는지에 중점을 둔다.

현재의 인간 뇌 모델은 사회 시스템과 마찬가지로 많은 기능을 수행하기 위해 서로 소통하고, 협력하고, 통합해야 하는 위계적 시스템들로 조직된 일종의 정부government와 같다. 각 시스템은 내부 통합을 해야하고, 협력하는 다른 시스템과의 적절한 통합이 필요하며 복잡성 수준도 높여야 한다. 점진적으로 진행되는 시스템 통합 과정은 결국 신경, 심리적, 사회적 통합을 필요로 하는 상상력, 의식consciousness, 문화와 같은 새로운 기능을 낳았다. 이 과정에서 인간의 신체생리에 의해 가능해진 사회적, 심리적 처리과정은 이제 뇌에 영향을 미치고 조절하는 피드백 시스템을 만들 수 있게 되었다. 다시 말해 뇌, 관계, 마음은 서로 상호작용하고 협력하며 통합적인 관계를 맺게 되었다. 이 과정의 핵심적인 측면은 서로 영향을 미치기 위해 서로 연결하는 뇌의 능력이다. 뇌도 우리의 정부와 마찬가지로 의사소통이 단절되거나 기능 장애가 발생하면 왜곡된다.

인간의 애착을 생각해 보자. 첫째, 초기의 상호작용은 뇌의 신경구조와 생화학적 특징을 형성하며, 이는 결국 정서 조절과 자존감에 영향을 미치고, 다른 사람과 관계를 맺는 능력을 결정한다. 신체생리, 심리, 관계는 인간 경험의 가능성을 만들어내는 하나의 생명체로 발달하는 동안 함께 엮어진다. 애착은 신체생리, 심리, 후성유전, 사회적 관계성을 연결하는 한 개인의 전체 중 작은 조각이다.

복잡한 언어, 추상적 추론, 상상력과 같은 고차원의 처리과정은 모두 사회적 뇌의 진화와 문화의 출현에 의존한다. 이러한 기능은 개체 간 서로 연결하지 못하는 종에서는 존재할 수 없다. 이 본질적인 사실은 인간의 뇌를 자연스러운 사회적 맥락 안에서 탐구할 필요성을 시사한다. 신경과 사회적 통합은 상호 발달을 위해 서로에게 의존하는 평행적이고 함께 엮어진 과정process이다.

골상학에서 신경역동으로

진실은 단순함 속에서도, 다양성과 혼란 속에서도 찾을 수 없다.

- 아이작 뉴턴(Isaac Newton)

초창기 서양 신경학은 두개골의 돌기 정도를 검사하여 성격을 평가하는 과학인 '골상학phrenology'을 따랐다. 오늘날에는 하찮아 보일 수 있지만, 이는 오늘날까지 신경학자와 신경과학자가 따르고 있는 전략으로, 머리의 영역을 행동과 연관시키는 이론의 여명을 상징한다. 교육받을 당시, 나는 시각 처리는 후두엽의 고유 영역이고, 언어 표현은 브로카 영역에 있으며, 단기 기억에서 장기 기억으로의 전환은 해마가 유일한 활동 영역이라는 이론을 충실히 배웠었다.

신경유능성 원리 22 | 최적의 신경역동은 건강한 심리역동과 마찬가지로 뇌 정부(government)의 시스템들 간의 통합과 의사소통이 필요하다.

'국소화localization'라고 하는 이 일반적인 접근 방식은 뇌의 특정 영역과 관련된 뇌-행동 관계를 발견하고자 한다. 이러한 접근 방식은 20세기 동안 외과의가 환자의 두개골을 열기 전에 뇌 손상의 일반적인 위치를 파악하는 것이 중요해지면서 강조되었다. 현재의 스캔 기술이 활용되기 전에는 이러한 종류의 지형적topographical 정보를 얻기 위해 임상 신경학적 검사와 신경심리학적 평가에 의존했었다. 이처럼 어떤 위치가 어떤 기능을 한다고 간단하게 이해하는 방식은 단순한 동물과 인간의 기본적인 과업의 일부 측면에서는 잘 적용되지만, 지능이나 추상적 사고 그리고 사회적 연결성과 같은 더 복잡한 기능에서는 더 이상 적용되지 않는다. 이러한 고차원적인 처리과정은 뇌 전체에 분포된 여러 복잡한 신경망의 상호연결과 참여가 필요하다.

국소주의localizationism에서 복잡한 시스템을 고려하는 개념적 도약으로 인해, '시스템 신경과학systems neuroscience' 또는 '신경역동neurodynamics'이라고 불리는 새로운 접근 방식을 가져왔다. 신경역동은 광범위하게 분포된 시스템의 해부학적 및 기능적 연결성을 탐구하는 학문이다. 이러한 시스템들의 최적 기능을 위해서는 '통합integration'과 '조정된coordinated 활성화', 그리고 시스템들의 기본 기능들, 진화사, 고차원적인 처리과정에 대한 특정한 기여 사이의 '논리적 관계성logical relationship'이 필요하다. 약간 다른 방식으로 표현하자면, 광범위한 신경망의 구성 요소는 고차원의 기능 작용을 지원하기 위해 서로 연결하고, 소통하고, 조정되어야 할 필요가 있다.

Freud는 한 세기 전에 신경역동에 대한 견해를 가지고 있었다. 그는 「과학적 심리학을 위한 프로젝트Project for a Scientific Psychology」라는 논문에서 방어 기제와 관련될 수 있다고 생각되는 신경계의 간단한 도표를 그렸다. 그는 신경과학자들이 언젠가 회피, 부정, 해리와 같은 임상 현상의 생물학적 기질을 설명할 수 있을 거라고 믿었다. 당시에는 과학적 지식의 부족으로 이 논문을 출판하지는 않았다. 하지만 Freud의 프로젝트는 여전히 살아있으며, 뇌-행동 관계의 복잡한 패턴을 지도화하는 것이 점점 더 가까워지고 있다.

통합 패턴

모든 과학은 사실들의 일치로 구성된다.
서로 다른 관측들이 완전히 분리되어 있다면, 과학은 존재하지 않을 것이다.
- 오귀스트 콩트(Auguste Comte)

나는 과거의 저술에서 정보가 수평horizontally으로(좌뇌와 우뇌 사이), 수직vertically으로(피질과 뇌간 사이), 앞뒤from front to back로(뒤쪽의 감각 영역에서 앞쪽의 연합 영역으로), 내부외부inside out로(뇌의 중심에서 바깥으로) 이동할 수 있게 하는 신경의 거대한 슈퍼 고속도로인 '통합의 축axes of integration'이라는 것을 설명한 바 있다. 뇌의 광범위한 지형도에 대한 전반적인 인식이 중요하긴 하지만, 그것에 지나치게 집착할 필요는 없다. 이러한 광범위한 개념은 복잡성과 더 깊은 수준의 통합을 정교하게 이해하는 데 걸림돌이 되어 복잡성이 복잡하다는 사실에서 벗어날 수 있는 길이 없을 수 있다.

좌측-우측

대부분의 척추동물은 몸의 정중선을 따라 분할되어 있어, 뇌와 몸의 왼쪽과 오른쪽을 연결하고 조정할 필요가 있다. 대뇌 반구와 대뇌 반구와 함께 작용하는 피질하 구조가 점점 더 분화됨에 따라, 인간과 다른 영장류에서 좌-우 통합의 복잡성을 이해하는 것이 더욱 어려워지고 있다. 가장 유력한 설명은 점점 더 다양해지는 신경 지형에 대한 '중복성의 교환exchange of redundancy'이다. 이러한 '분화differentiation'는 복잡한 사회화와 집단 조정에 필요한 점점 더 높은 수준의 기능을 가능하게 한다. 임산부의 산도 크기에 의해 결정되는 신생아 머리 크기의 한계도 '좌우 한 쌍의 기분분화 다양성lateral diversity'을 위한 중복성의 교환swap of redundancy에 기여한다.

신경유능성 원리 23 | 좌우 한 쌍 기능분화 또는 뇌 반구의 분화는 뇌의 많은 진화적 적응 중 하나이다.

우반구의 조직, 구조, 기능은 진화 초기에 양쪽이 모두 어떠했는지를 나타내는 것으로 생각된다. 특히 좌반구는 언어, 논리, 자기알아차림의 차원에서 다른 영장류와 차별화되는 요소이다. 우반구는 시각적 처리과 정과 공포와 수치심과 같은 극도의 정서 상태에 특화되어 있으며, 더 원시적이고 덜 문명화된 것으로 보인다. Freud의 용어로 말하자면, 우반구는 더 원시적이고 이기적이며 원초아id와 같은 반구로 특징지어질 수 있다. 두 개의 대뇌 반구는 주로 뇌량의 백질과 뇌의 두 반구를 연결해주는 다수의 더 작은 피질과 피질하의 섬유 다발을 통해 의사소통한다.

우반구는 시각 및 감정 처리에 특화됐지만, 좌반구는 언어의 의미적 측면, 긍정적인 사회적 상호작용, 시간을 경험하는 의식적 능력을 다룬다. 좌반구가 좀 더 자기중심적인 우반구를 억제함으로써 지속가능한 대규모 사회 집단이 발달할 수 있었을 것이다. 매우 상반된 생각을 품으면서 정치적으로 올바른 방식으로 행동하는 능력은 아마도 우반구의 조절에 의해 허용된 두 가지의 병렬 처리 모드를 반영하는 것일 수 있다.

많은 문화권에서 볼 수 있는 왼손잡이에 대한 전통적인 편견은 우리 본성의 어둡고 원시적인 측면이 왼손(우뇌)과 관련 있다는 직관적인 이해의 반영일 수 있다. 왼쪽을 프랑스어로 'gauche', 이탈리아어로 'sinestre'라고 하는데, 모두 '천박하고 불길하다'라는 의미로 문명화를 향한 행진의 깊은 역사를 반영하는 것일수도 있다. 물론, 충동 억제는 기저핵과 편도체를 전전두피질과 연결하는 하향식 신경망에 의해서도 가능하다. 이러한 하향식 회로의 손상은 반사회적 행동과 비사회적 행동을 모두 유발할 수 있다. 이는 좌-우 그리고 하향식 신경망의 공진화coevolution를 보여주는 대표적인 예이다.

언어는 좌우 한 쌍 기능분화의 첫 번째이자 가장 잘 알려진 예이다. 좌측 전두엽의 브로카 영역이 언어의 문법적 측면의 순서와 조직화에 직접적으로 관련되어 있다. 종종 간과되는 것은 우측 전두엽의 좌측과 동일한 영역이 말의 어조, 운율, 감정, 즉 특정한 단어보다 더 강하게 반응하게 되는 언어의 한 측면이기도 하다. 우리는 흔히 이렇게 이야기하곤 한다. "그가 한 말에 화가 난 게 아니라 말하는 방식 때문에 화가 났습니다."

좌반구 브로카 영역과 동일한 우반구의 영역이 손상되거나 이들 사이의 백질 연결이 손상되면 1950년대 공상과학 영화에 나오는 로봇처럼 기계적이고 부자연스럽게 말하게 된다. 이는 통합의 실패를 보여주는 좋은 예이다. 언어 생성은 양쪽 대뇌 반구의 이 두 전두엽 영역 외에도, 입술과 혀의 부드럽고 복잡한 운동 움직임의 순차적 처리와 공동 조정에 기여하는 기저핵과 소뇌로 연결되는 하향식 회로, 그리고 전두엽[앞뒤(front-back)]의 더 뒤쪽에 있는 운동 영역이 기여를 한다. 말을 하려면 상당한 신경 처리과정과 여러 신경 축에 걸친 통합이 필요하다.

일반적으로 심리적, 신체적 건강은 신경 통합과 관련이 있으며 질병은 신경 시스템 내부 및 신경 시스템 간의 통합 붕괴 또는 기능적 해리와 관련이 있다. 이러한 방식으로 심리적 증후군을 개념화하면 이를 신경생물학적 처리과정으로 이해하고 치료하는 데 도움이 될 수 있으며, 내담자에게 기본적인 과학 용어로 설명할 수도 있다. 신경망 통합이 발달적으로 불충분하거나 신체적 또는 심리적 트라우마로 인해 중단될 때마다 특정 능력이나 더 큰 규모의 기능에서 결함이 분명하게 드러난다.

이를 좌우 한 쌍 기능분화의 불균형에 적용해서 살펴보면, 좌반구 처리과정에 대한 편향은 감정 처리의 과도한 억제를 초래할 수 있으며, 우반구에 대한 편향은 극렬한 정서, 마술적 사고 심지어 환청을 초래할 수도 있다. 우반구가 손상되면 표정, 손짓, 목소리 톤을 해석하는 능력이 손상될 수 있다. 많은 연구에서 전전두피질의 좌우 활성화 불균형이 우울증(오른쪽 편향)이나 조증(왼쪽 편향)을 유발할 수 있음을 보여주었다. 두개골 표면에 제한적 자기장 충격을 가하여 오른쪽 전전두피질을 억제하는 것이 일부 내담자의 우울증 치료에 도움이 된다.

전측 대상피질, 뇌섬엽과 함께 OMPFC는 가장 먼저 발달하는 피질 영역으로, 모두 우반구에서 더 크다. 학습, 기억, 감정의 피질하 신경망과 밀접하게 연결되는 우측 편향 구조는 몸과 밀접하게 연결되어 미주신경 긴장도tone와 HPA 기능을 조절한다. 이러한 연결은 애착, 친밀한 사회적 관계, 정서 조절, 몸의 항상성에 대한 높은 수준의 입력에 대한 실행 중추인 우측 OMPFC의 역할을 반영한다. 이 시스템은 부모와 자녀의 우반구 조율과 교감을 통해 경험 의존적 방식으로 어린 시절에 구축된다. 이는 '등측 전전두피질dorsal-lateral prefrontal cortex[DLPFC]'과는 대조적이다. 이 영역은 좌반구에 편향되어 있으며 대뇌 피질의 감각 및 운동 시스템과 전방에서 후방으로 더 밀접하게 연결되어 있다. 이러한 시스템은 집단과 더 폭넓은 문화 내에서 상호 작용하고, 규칙을 따르며, 협상하여 사회적 상호 작용을 조절하도록 진화해 왔다. 이는 우리가 인사할 때 오른손(좌뇌)을 뻗고 왼손은 다른 목적을 위해 남겨두는 이유일 수도 있다.

내부-외부

이는 서투르고 그다지 설득력이 없는 내부-외부 통합으로 이어진다. OMPFC와 DLPFC는 각각 위-아래 통합과 앞-뒤 통합에 특성화되어 있지만, 내적 혹은 외적 경험에 균형 있게 주의를 기울이는 데 도움이 되는 내부-외부 시스템의 일부이기도 하다. 2차 실행 시스템의 구성 요소인 DLPFC가 외부 과업에 주의를 기울이는 동안, OMPFC는 편도체의 1차 실행 시스템을 성공적으로 조절해야 한다. OMPFC가 이 역할에 실패하면, DLPFC는 억제되면서 주의력과 인지 능력이 저하된다.

편도체를 적절히 조절하지 못하는 OMPFC의 또 다른 결과는 기본 모드 신경망default mode network의 억제로 드러난다. 뇌의 중앙 가장자리 즉 뇌의 안쪽에 위치하는 DMN은 바깥쪽에 있는 전두-두정의 2차 실행 시스템의 피질 구조와는 역동적인 긴장dynamic tension 관계에 있다. 이 내부-외부 차원은 몸, 자기self, 타인과의 연결에 대한 내부 경험의 신경 처리과정과 감각 경험과 운동motor 행동을 통한 환경과의 상호작용에 대한 외부 경험의 신경 처리과정이 특징이다.

전두엽-두정엽의 2차 실행 시스템과 DMN의 3차 실행 시스템 사이를 왔다 갔다 하는 능력은 건강한 기능의 중요한 측면으로, 내적 초점과 외적 초점 사이를 전환할 수 있게 해준다. 우리는 인지적 정보와 정서적 정보, 자신의 관점과 타인의 관점, 그리고 이런 지식과 타인과의 연민 어린 상호작용을 위한 공감을 결합시킬 수 있는 능력인 지혜가 필요하다. 이러한 내부-외부의 균형은 Mary Ainsworth의 초기 애착 연구에서 입증되었다. 평가자는 안정 애착 자녀의 엄마가 자신이 하던 일에서 자녀에게 주의 기울이고 조율하는 것으로 부드럽게 전환하는 것을 관찰했다. 아이는 더 이상 부모의 관심이 필요 없을 때, 놀이를 다시 시작하고, 엄마는 자기 일로 되돌아갔다. 이는 내부-외부 통합의 최상이자 최고의 활용 사례 중 하나이다.

위-아래

위-아래 축은 사회적이고 물리적인 세상에서 행동을 활성화하고 지시하는 많은 피질-피질하-뇌간 신경망으로 특징지어진다. 이 축은 피질의 유도와 억제 방식의 조절을 통해 각성, 원시적 충동, 동기, 움직임 충동을 상호 연결하고 통합하는 능력을 체화한다. 위-아래 차원은 인지적 과정, 언어, 의식적인 알아차림과 관련된 위쪽 회로와 신체생리적, 감정적 과정과 관련된 아래쪽 회로로 특징지어진다. 고려해야 할 주요 구조로는 위쪽의 전전두피질, 전두엽, 두정엽과 아래쪽의 해마, 편도체, 시상하부의 변연계 구조가 있다.

심리치료사에게 특히 중요한 위-아래 회로는 OMPFC와 편도체를 연결하는 밀도 높은 양방향 경로이다. 이 회로는 생리 및 정서적 정보를 위쪽 피질로 보내고, 피질은 편도체에서 처리된 뇌와 몸의 많은 정보를 모은다. 하향 경로를 통해 OMPFC는 편도체를 조절하고 편도체가 자율신경계로 보내는 출력을 조절한다. 이것의 좋은 비유로, 전투와 생존을 위해 훈련된 군대는 편도체와 자율신경계에 해당하고, 전장을 계속 주시하고 전략을 업데이트하고 장기적인 목표를 조정하는 전문 전략가인 장군은 OMFC에 해당한다.

신경유능성 원리 24 | **흥분, 억제, 동기유발에 관여하는 위-아래 신경망은 주의집중, 탐색, 애착의 처리과정을 이끈다.**

OMPFC-편도체 회로는 애착 도식의 핵심 역할을 하는 신경 시스템일 가능성이 높다. 편도체는 임신 7개월이 지나면 완전히 성숙하는 반면, 이를 조절하고 억제하는 피질 시스템은 발달하는 데 수년이 걸린다. 생후 1년 동안 OMPFC-편도체 회로는 돌보는 사람과의 초기 경험을 저장하여 각성과 두려움을 조절하는 데 있어 다른 사람과의 근접성의 유용성에 대한 초기 기대치를 형성한다. 치료 후반에 치료사가 내담자와 안정 애착을 형성함에 따라 이 회로는 관계에 의해 수정될 가능성이 높으며, 내담자가 긍정적인 변화를 위한 치료를 활용하는 데 있어서 내담자가 더 개방적이고, 신뢰하며, 신경가소성을 발휘할 수 있다.

앞-뒤

앞-뒤 통합의 특징은 일반적으로 감각 및 운동 정보를 뒤에서 앞으로 전달하는 시스템과 시공간을 통해 특정 목표를 달성할 수 있도록 목적 지향적 움직임을 앞에서 뒤로 지시하는 안내 시스템이 결합되어 있다는 점이다. 앞-뒤 통합의 흥미로운 예는 얼굴을 인식하는 능력에 있다. 시각 정보는 눈 뒤쪽에서 시상까지의 경로를 거친 다음 후두엽의 뒤쪽으로 전달된다. 시각은 여러 부분으로 구성되어 있으며 감각, 운동, 실행 시스템으로 정보를 전달한다. 뇌는 세 가지의 시각 처리 흐름을 가지고 있다. (1) 보고 있는 것을 식별하고, (2) 공간에서 위치를 찾고, (3) 자신이 어떻게 이 일에 관여할지를 결정하는 것이다. 타인을 인식하고 상호작용할 때, 정상적인 기능을 위해서는 이 세 가지가 모두 필요하다.

얼굴에는 인간의 생존에 가장 중요한 정보가 포함되어 있다. 출생 직후 원시적 단계의 반사 작용은 주변 사람의 얼굴에 초점을 맞추고 정향하도록 한다. 이 단순한 시작은 자신이 안전한지, 가치가 있는 사람인지, 사랑을 받는 사람인지, 아니면 바람직하지 못하고 수치스러운지, 버림받을 사람인지 알아보기 위해 평생 타인의 얼굴을 들여다보게 한다. 아이일 때는 누군가를 보고, 인식하고, 표정의 의미를 읽고, 상호작용을 시작하는 것을 힘들어하지 않고 매우 당연하게 여긴다. 하지만 이 자동적 능력에는 광범위한 신경 시스템의 참여, 소통, 통합 등이 필요하다. 이러한 능력은 뇌 전체에 걸쳐 광범위하게 분포되어 있고 복잡하기에 신경역동을 이해하는 좋은 예가 된다.

얼굴은 매우 중요하기에 후두엽에는 '방추형 얼굴 영역fusiform face area'이라고 불리는 특별한 영역이 있다. 이 영역에서 모양, 대비, 기하학, 기타 시각 구성 요소에 대한 정보가 조합되어 제대로 된 얼굴을 인식하는 능력이 형성된다. 해마와 측두엽은 이 정보를 과거에 본 얼굴과 비교하고, 편도체와 함께 이 얼굴에 대한 우리의 반응이 과거 경험에 기초하여 긍정적일지 부정적일지를 결정하기 위해 상호작용한다. 표정을 읽기 위해서는 편도체가 그 표정의 사회적, 정서적 가치를 결정하기 위해 다시 활성화되어야 한다. 필요한 경우 상대방의 이름을 부르면 좌반구의 기억 회로와 언어 시스템이 추가로 동원된다.

얼굴을 인식하고 친구, 적 또는 낯선 사람과 교류할 때 감각, 감정, 기억 신경망이 필요하다는 것은 분명해 보인다. 이러한 시스템은 매우 정교하고 복잡하게 진화하여, 우리가 감각 시스템이라고 생각하는 것이 실제로는 지각 시스템이 되었다. 다시 말해, 감각 정보가 의식적인 알아차림에 이용 가능해질 때쯤에는 감각 정보가 제공하는 정보를 훨씬 뛰어넘는 방식으로 기억 및 감정과 통합되어 우리의 경험을 형성하게 된다. 이는 시간적 처리과정에 편도체의 평가가 입력됨으로써 발생하는 모든 종류의 암묵적인 편향과 편견이 여기에 속하는 확실한 예이다. 연구에 따르면 불안과 경계선 장애가 있는 사람에게서 발견되는 편도체 활성화의 기본율이 높을수록 중립적인 표정을 화나 두려움으로 해석하는 편향성을 보인다.

통합에 실패했을 때

나는 실패한 것이 아니라, 실패하지 않을 10,000가지 방법을 찾았을 뿐이다.
- **토마스 에디슨**(Thomas Edison)

얼굴 인식을 시스템 통합의 한 예로 활용했듯이, 시스템 통합이 붕괴될 수 있는 예로는 '카그라스 증후군capgras syndrome'이라는 현상을 들 수 있는데, 환자는 배우자, 자녀 혹은 오랜 친구와 같이 매우 친숙한 사람이 사기꾼으로 대체되었다고 믿는다. 카그라스 증후군은 단독으로 발생하는 경우는 드물지만 치매, 뇌전증, 조현증에서 가장 흔히 볼 수 있다. 사기꾼이라는 환상은 얼굴 인식의 감각-감정 처리과정이 단절되어서 발생한다. 그러한 현상은 환자가 사람의 얼굴을 자신의 기억과 비교할 때, 익숙한 얼굴이라는 적절한 인식에서 시작된다. 예를 들어 환자는 그 사람이 자신의 남편과 닮았다고 인식한다. 이 정보를 일반적인 편도체 활성화와 통합하지 못하기 때문에 붕괴가 일어난다.

카그라스 증후군은 익숙한 얼굴을 인식하지만, 일반적으로 인식과 함께 동반되는 감정을 경험하지 못한다. 그렇다고 해서 얼굴 인식 시스템에 문제가 있다고 볼 수는 없다. 그들은 일어나고 있는 일에 대해 외부적인 설명을 찾으려고 노력한다. 이것은 종종 '사기꾼 망상delusion of imposter'이라고 불리는데, 이 망상에 걸린 사람은 가족 및 친구와 믿기지 않을 정도로 완전히 닮은 복제품이 자신이 알고 있던 사랑하는 사람으로 대체되었다고 믿게 된다. 그들이 그것을 알아내려고 노력하면 할수록, 그것을 밝히기 위해 들어간 돈과 기술이 정부나 마피아나 어떤 사악한 천재의 소행이라고 생각한다. 나는 아들이나 딸이 내 상담실로 데려온 고령의 치매 내담자들이 차를 태워 준 것에 감사를 표현하면서 낯선 사람의 친절함과 그들이 얼마나 자신의 자녀들과 닮았는지에 대한 놀라움을 표현하는 경우가 많았다. 그들이 자신의 자녀라는 모든 증거에도 불구하고, 그들이 자신의 자녀라는 것을 믿지 못한다. 내가 이 사람이 자녀가 아니라는 것을 어떻게 알았냐고 물으면, 그들은 모두 "내가 내 자식도 몰라본다고 생각하세요?"라고 말한다.

연구에 따르면, 카그라스 증후군 환자는 안면 인식과 관련된 신경망에는 손상이 없다. 그들은 자신 앞에 있는 사람이 자신의 진짜 가족이라는 것을 더 이상 믿지 않고 바꿔치기했다고 인식한다. 문제는 인식에 필요한 감정적 요소인 친근감이 없기에 가족을 그저 가족과 비슷한 사람으로 인식하는데, 이는 사랑과 애착 감정이 활성화되지 않아서이다. 이 현상은 편도체를 포함한 사회정서적 신경망이 뇌 기능 변화와 관련하여 분리될 가능성이 있음을 시사한다. 카그라스 증후군은 어떤 면에서 새로움이 친숙함과 결합하는 데자뷰 경험과 반대일 수 있다. 데자뷰는 익숙하지 않은 환경에서 친숙성 회로가 무작위로 발화되는 것일 수 있다. 데자뷰 경험의 빈도는 뇌 장애가 있을 때 더 커지며 해마의 뉴런 수 감소와 상관관계가 있다.

이러한 신경 통합과 균형에 대한 개념을 다양한 형태의 정서 질환, 대인관계의 어려움, 진단할 수 있는 정신질환 등으로 확장할 수 있다. 서로 다른 기능을 담당하는 신경 시스템에서 적절한 의사소통과 조절 균형이 부족할 때, 치료가 필요한 증상이 출현한다. 지나친 불안은 주의력과 공감과 같은 기능을 억제하고, 과중한 업무 집중은 주의력을 증가시키지만 공감을 억제한다. 너무 지나치게 적극적인 공감은 판단과 문제 해결과 관련된 인지 처리과정을 손상시킬 수 있다. 신경역동-행동에 대한 관련성을 더 많이 알게 되면, 심리적인 기능의 범주에 새롭고 더 효과적인 치료법의 출현을 맞이하게 될 것이다.

나는 스마트한가? 그렇지 않은가?

상식은 작업복을 입은 천재이다.
- 랄프 왈도 에머슨(Ralph Waldo Emerson)

1학년 때부터 고등학교 때까지, 나는 매우 변덕스러웠다. 나는 A 학점 학생이거나 낙제하거나 뒤처지는 것을 피하면서 졸업시험을 통과하기 위해 고군분투하는 학생이었다. 비판에 지극히 관대한 아버지와 나를 가엾게 여겨주시는 선생님이 계셔서 가끔 행운이라고 생각하는 것 이외에 기본적으로 나는 멍청하다고 생각했었다. 성인이 되어서야 내가 선생님을 좋아했고, 나를 아끼고 있는 선생님의 수업에서 진짜 A 학점 학생이었다는 것을 깨달았다. 선생님이 나를 비롯한 모든 학생 혹은 사람을 좋아하지 않는다고 느꼈을 때, 나에게 공부는 학문적 놀이가 아니라 투쟁이 되었다. 나는 이제 학습 능력이 신경가소성에 기반한다는 사실을 안다. 또한 신경가소성이 안정과 돌보는 관계의 신경화학 작용으로 강화된다는 것을 알고 있다. 학생을 돌보고 그와 소통하는 것은 교사의 선택 사항이 아니라, 성공한 교사가 되기 위한 필수 요소이다. 치료법도 다르지 않다. 비록 치료사의 경우는 교실에 학생이 한 명뿐인 경우가 대부분이라도 관계의 질은 뇌의 변화와 긍정적인 결과를 자극하는 지렛대 역할을 한다.

통합의 관점에서 생각해 보면, 우리의 뇌를 지배하는 시스템들은 상호작용하고 상호조절하는 신경망으로 함께 엮여 있다. 인지, 감정, 감각 및 운동 경험에 관여하는 시스템들은 연결이 끊어지면 경험, 능력, 역량이 제한될 수 있다. 우리가 내담자의 경험, 정체성이나 삶의 어느 한 측면에만 집중하게 되면, 교실과 마찬가지로 상담실에서도 동일한 해리가 발생할 수 있다. 감정이 없는 이해는 인지가 없는 정서적 경험과 마찬가지로 받고 싶지 않은 최하위에게 주는 상booby prize이 될 뿐이다. 우리의 몸, 관계, 역사, 문화 모두는 누군가가 지켜보고, 경청해주고, 존중하고, 전체 중 일부로 받아들여져야 한다. 아버지에 대해 갖는 통합되지 않은 무의식적 분노는 다양한 형태로 자녀에게 전달된다. 교사의 애착 문제는 교실 문화의 토대가 된다. 치료사의 해결되지 않은 트라우마는 치료 작업의 도전과 한계에 영향을 미친다.

7

타인과의 연결과 자기의 출현

뇌는 자신과 타인 사이의 경계를 모호하게 하도록 설계되었다.
그것은 쥐에서 코끼리에 이르기까지
모든 포유류들에게 공통된 고대의 신경 회로이다.
- 프란스 드 발(Frans de Waal)

Freud는 삶의 목적이 '사랑하고 일하는 것'이라고 믿었고, 나도 이에 동의한다. Carol Gilligan은 여성 발달에 있어 돌봄의 관점이라는 개념에서 같은 어조로 표현했다. Erik Erikson의 발달 이론은 자신을 다른 사람들에게 기여하는 생성성generativity 개념에 기반을 두고 있다. 우리는 예수의 이름을 사랑으로, 테레사 수녀를 섬김으로, 부처를 연민과 연관 짓는다. 현명한 여성과 남성은 우리를 구분하는 피상적인 차별을 넘어서 진실한 상호연결을 강조한다. 뇌, 마음, 관계의 건강은 타인과 공명하고 의사소통하고 통합하는 능력에 달려 있다.

6장에서 신경 및 심리적 연결과 해리가 어떻게 긍정적이고 부정적인 적응을 초래하는지를 탐색했다. 이 장에서는 먼저 뇌와 마음이 어떻게 연결되어 커플, 가족, 부족을 형성할 수 있는지에 초점을 맞춘다. 그런 다음, 자기정체성과 자기알아차림의 경험에 대한 신경생물학적 메커니즘에 대한 한 가지 가능한 설명을 검토할 것이다. 우리 대부분은 먼저 자기를 발달시킨 다음에 관계를 형성한다고 가정하지만, 나는 관계가 먼저 형성된 다음 나중에 개별적인 자기self가 생긴다고 제안한다.

날개와 날개를 맞대고

아름다운 새는 멋진 깃털만으로는 될 수 없다.

- 이솝(Aesop)

오늘 아침 일찍 아들과 나는 겨울을 나기 위해 남쪽으로 향하는 기러기 떼를 봤다. 그들이 V자 모양을 형성하는 이유에 대해 곰곰이 생각하던 중, 날개와 날개를 맞대고 날아가는 전략이 이웃 기러기가 만든 기류를 활용하여 적은 노력으로 비행할 수 있다는 글을 읽은 적이 있다고 아들에게 이야기했다. 아들은 그렇게 하면 서로를 더 잘 따라갈 수 있게 해줄지도 모른다고 했다. 전투기 조종사가 이 패턴을 사용하는 이유를 알기 때문에 아들이 옳을 수도 있다고 생각했다. 이 멋진 이주자 무리의 물결을 바라보면서 집단 자체가 거대한 새처럼 생겼고 이것이 잠재적인 포식자를 막는 데 도움이 되지 않을까 하는 생각을 했다. 물고기 떼, 새 떼, 동물 떼가 어떻게 집단의 생존을 위해 형성되었는지 이해하는 것이 우리 인간이 왜 그런 식으로 상호작용하는지 이해하는 것보다 훨씬 쉬울 수 있다. 우리가 개인에 초점을 맞추다 보니, 주변의 모든 상호 연결성에 대한 증거 전부를 간과하는 것일지도 모른다.

아들이 좋은 질문을 했다. “기러기는 V자 모양으로 나는 법을 어떻게 알고 있을까?” 나는 “그들은 무리가 하는 것을 그저 보고 따라 했을 거야. 그리고 그것은 수백만 년 동안 형성되어 온 그들 내부의 본능이 촉발되었을 거야”라고 대답했다. 나는 아들에게 체격, 성별, 피부색에 따라 본능적으로 서로를 구별하는 방식과 어떤 식으로든 집단을 형성하는 방식에 대해 생각해 보라고 했다. 세상에는 지도자와 추종자, 커플, 팀, 가족, 성인군자와 약자를 괴롭히는 사람, 현명한 여성과 어리석은 남성 등이 있다. “우리는 적응과 생존을 위해 주위를 살피고 사람들이 하는 일들을 따라하지.” 이 말은 아들에게 이치에 맞게 들렸는지, 아들은 “그냥 자연스럽게 그렇게 되는 것 같아요”라고 말했다. 잠시 후 나는 아들에게 “아마도 아버지와 아들이 나란히 앉아서 새를 올려다보고 왜 V자 모양으로 나는지를 묻는 것과 같은 이유로, 새도 날개와 날개를 맞대고 날아가는 것 같아”라고 말했다.

포유류 진화의 시작부터 오늘날 고도로 진화한 사회적인 동물에 이르기까지, 자연선택은 개인을 무리로 엮는 전략을 발달시켰다. 눈의 형태와 색깔, 복잡한 표정, 사회적 규범을 위반할 때 얼굴을 붉히는 능력 등 이 모두는 자동으로 무의식적으로 감정, 생각, 의도를 서로 전달하는 방식이다. 모든 형태의 인간 메시지는 신경망에 의존하여 사회적 시냅스를 통해 정보를 수신, 해석, 전송한다. 이러한 시스템을 통해 부모는 자녀의 내면에서 무슨 일이 일어나고 있는지 알 수 있으며, 포커 플레이어는 상대방보다 우위를 점할 수 있으며, 흥분과 공황과 같은 감정이 군중을 통해 퍼지게 해서 축하 행사와 폭동을 촉발하게 한다. 포유류의 조상으로부터 물려받은 많은 본능, 반사 작용, 기타 원시적 메커니즘은 인간이 타인과 연결하고 자동으로 정보 교환하는 능력을 지원한다.

연결성의 토대는 가장 초기에 양육자와 함께 우반구와 우반구로 조율을 하는 것으로부터 비롯한다. 이렇게 상호작용하는 동안 세상에 대한 안전, 사랑스러움, 자존감에 대한 가장 깊고 기본적인 감각이 형성된다. 이러한 과정은 아이가 첫 번째로 마주하는 현실이 엄마의 무의식이라는 정신역동의 진부한 표현에도 반영되어 있다. 출생 전 생화학 작용의 교환과 생후 첫 몇 년 동안의 원초적인 정서적 조율과 내장visceral 조율을 통해, 그리고 의식적이고 무의식적인 의사소통을 통해, 엄마는 아이에게 엄마 자신이 경험하는 세상에 존재하도록 가르친다. 현재 우리가 중점을 두는 부분은 치료 중에 내담자와 조율하고 공명하며, 부모와 자녀 관계와 유사한 기능적 단위가 되는 능력으로, Robert Langs는 이를 '양자관계의 장bipersonal field'이라고 불렀다.

양자관계의 장이 존재한다는 것과 치료 중 의식과 무의식이 연결되고 의사소통한다는 사실은 치료적 관계가 치료자의 훈련, 전략, 의식적인 의도뿐만 아니라 치료사의 무의식적인 소망, 욕구, 해결되지 않은 트라우마에 내담자가 영향을 받는다는 것을 의미한다. 이것이 치료사의 자기알아차림을 확장하는 것이 치료에 중요한 이유이다. 내담자가 아무리 현명하다고 하더라도, 치료사의 모든 몸짓, 말, 침묵, 해석 등은 치료사의 강렬한 내면의 감정 프리즘에 의해 굴절된다. 따라서 치료의 질과 방향이 무의식적이고 처리되지 않은 감정에 의해 큰 영향을 받게 될 것이다.

거울 뉴런

빛을 퍼뜨리는 두 가지 방법이 있다.
촛불이 되거나 촛불을 비추는 거울이 되는 것이다.
- 이디스 워튼(Edith Wharton)

두정엽-전두엽 시스템을 중심으로 하는 2차 실행 시스템이 일상의 세상을 탐색할 수 있도록 시공간 내에서 행동 패턴을 조직한다는 사실을 기억할 것이다. 두정엽과 전두엽 모두 '거울 뉴런mirror neuron'이라고 불리는 것을 포함하고 있는데, 이는 우리가 타인의 행동을 관찰할 때와 동일한 행동을 할 때 모두 발화한다. 거울 뉴런은 인간에게만 있는 것이 아니다. 다른 영장류와 심지어 문어에게도 있다. 거울 뉴런은 아마도 모방 학습과 집단에 조율하는 행동을 지원하기 위해 처음 진화했을 것으로 추정된다. 거울 뉴런은 관찰을 통해 목표 지향적 행동에 대한 보상 회로와 함께 감각과 운동 시스템을 연결하여 관찰을 통해 우리가 학습할 수 있도록 한다.

모방 학습의 전형적인 예는 침팬지의 개미 낚시이다. 낚시를 할 줄 아는 침팬지가 긴 풀잎을 찾아서 개미집 꼭대기에 밀어 넣으면 다른 침팬지도 호기심으로 지켜볼 것이다. 약 1분 정도 후에, 침팬지가 개미로 뒤덮인 풀잎을 꺼내서 먹어버리면, 다른 침팬지 모두는 점심으로 개미를 먹을 수 있다는 것에 들떠 있을 것이다. 관찰하는 침팬지들이 어부 침팬지를 관찰하면서 감각 시스템을 운동 시스템과 연결하고, 어떤 의미에서 보면 관찰하는 침팬지들은 내적으로 낚시 행동을 연습하고 있었다. 보상이 더해지자 낚시 행동의 순서와 타이밍이 보상과 동기부여로 연결되어 관찰하는 침팬지 모두는 어느새 낚시하는 방법을 알게 되었다. '보는 대로 배운다monkey see, monkey do'라는 문구는 침팬지, 유인원, 문어, 그리고 인간에게도 적용된다. 어린아이와 함께 시간을 보내본 적이 있다면, 하루에 100번씩 이런 일이 벌어지는 것을 볼 수 있다. 왜냐하면 이것이 아이가 세상을 탐색하는 방법을 배우는 주요한 방식이기 때문이다.

인간이 점점 더 사회정서적 생명체로 진화함에 따라, 거울 시스템은 조율, 공명, 감정이입, 연민, 공감과 같은 새로운 능력을 지원하는 데 사용되었다. 관찰을 통해 물고기를 잡고 계란을 삶는 법을 배울 수도 있지만, 거울 뉴런은 타인이 경험하고 있는 것에 대한 자신의 내적 모델을 만듦으로써 다른 사람들과의 정서적 연결을 지원한다. 웃거나 울거나 슬퍼하거나 노는 사람을 볼 때, 거울 뉴런은 내부에서 동일한 운동, 움직임, 자세, 표정을 자극하고, 이는 결국 감정을 촉발한다. 이것이 바로 감정을 전염성이 있다고 느끼는 이유, 우울한 사람이 종종 외면받는 이유, 유명인의 자살을 모방하는 이유, 모두가 긍정적인 사람과 어울리고 싶어 하는 이유이다.

연구에 따르면, 사람은 서로에게 안정감과 호감을 느낄수록 표정, 움직임, 자세 변화에서 거울처럼 모방을 많이 한다. 이러한 대인관계의 춤은 연결감을 강화하고 다른 사람들로부터 배우는 것에 대한 개방성을 높인다. 이는 아직 연구되지는 않았지만, 치료 변화의 중요한 메커니즘일 가능성이 있으며 내담자가 치료사를 좋아하는 것과 치료 효과가 늘 상관관계가 있는 이유이다. 내담자가 안전하고 편안하다고 느끼고 치료사를 좋아할 때, 치료사를 내면화하거나 치료사의 감각, 운동, 정서 회로를 내사한다. 이는 우리가 서로의 일부가 되는 방식이며, 심각한 상실 후에 경험하는 내담자의 슬픔이 치료사의 신체적 측면으로 드러나는 이유일 수 있다. 뉴런이 연결되고 통합되고 성장하는 것처럼 인간도 마찬가지이다. 모든 수준의 생물심리사회적 매트릭스로 엮여 있고 상호의존적이기 때문에, 다른 사람과 통합하는 능력은 학습, 심리 발달, 신체 건강을 지원한다.

마음 이론

사진작가, 거울, 화가 중 누가 사람의 얼굴을 정확하게 보는가?

- 파블로 피카소(Pablo Picasso)

사회적 동물은 생존을 위해 다른 사람과 협력하고 경쟁할 필요가 있기에 다른 사람이 무엇을 하려고 하는지 예측하는 능력은 매우 유용한 적응 도구이다. 공격받기 전 공격하거나, 쫓아오기 전 도망치고, 다른 사람이 얻기 전에 먹을 것을 획득할 수 있는 능력은 생존 가능성을 높인다. 이러한 능력을 '마음 이론theory of mind[TOM]'이라고 하는데, 이는 타인이 무엇을 알고 무엇을 모르는지, 동기는 무엇인지, 다음에 무엇을 할 가능성이 있는지 자동으로 추론하는 능력이다. 많은 연구가 자폐증의 TOM 발달과 이 능력의 결손에 초점을 맞추고 있다. 당신은 이미 TOM, 거울 뉴런, 두정엽-전두엽 실행 시스템 사이의 연관성을 알고 있을 것이다. TOM은 물리적 세계와 사회적 세계에 대한 지식을 활용하여 시간과 공간에서 원인과 결과를 연결하는 능력에 기반한다.

자, 상상해보자. 어린 침팬지 한 마리가 길을 따라 내려가고 있고 그 뒤에는 천천히 뒤따르는 무리가 있다. 그때 어린 침팬지는 보이지 않는 곳에서 숨어서 관찰하는 연구원이 놓아둔 바나나를 발견한다. 영장류 동물학자는 어린 침팬지가 바나나를 보았을 때, 가장 먼저 하는 것은 그 자리에서 멈추는 것이라고 한다. 두 번째는 주변을 둘러보면서 자신이나 이 바나나를 보고 있는 다른 침팬지가 있는지 확인하는 것이다. 자신이 그것을 본 최초이자 유일한 존재라고 생각하고 무리의 동료가 가까워지는 소리를 들으면서, 뱀을 본 듯 비명을 질러 다른 침팬지가 가장 가까운 나무 위로 급하게 올라가도록 만든다. 이 모습을 보고 난 후 침팬지는 바나나 옆에 앉아 바나나를 줍고 껍질을 벗겨서 신나게 먹는다. 이것은 보상을 얻기 위해 TOM을 활용함으로써 다른 침팬지보다 한 수 앞서는 방법이다.

TOM은 일반적인 의미의 이론이 아니다. 우리가 보통 일정한 기간 동안 심사숙고하고 내린 결론으로부터 도출되는 그런 이론들과는 조금 다르다. TOM은 애착 도식과 유사한 것으로, 애착 도식은 과거 경험에 기반한 무의식적인 예측이다. 이러한 무의식적인 예측은 욕구를 충족하고 불안을 조절하는 데 있어 다른 사람의 유용성value을 자동으로 기대하게 한다. 바나나 시나리오의 침팬지는 모든 동료의 마음에 무엇이 있는지에 대한 정교한 이론을 가지고 있지는 않다. 하지만 그 침팬지는 바나나와 관련된 모든 행동, 동료들이 보고 있다는 것의 중요성, 상대적 거리, "뱀이야!"라고 외치면 어떤 일이 일어날지 등 바나나에 대한 수많은 경험과 함께 바나나에 대한 애정을 가지고 있다.

몇 년 전, 나는 노르웨이에서 개최된 컨퍼런스에 참석했다. 당시 컨퍼런스에 참석한 대부분의 참석자가 지닌 다국어 능력은 인상적으로 다가왔다. 대부분의 미국인이 그렇듯이 다국어를 할 줄 몰랐고, 유럽인은 그 점을 잘 알고 있다. 큰 컨퍼런스 방에서 다양한 언어로 동시에 진행되는 많은 대화를 들었던 기억이 생생하다. 대화를 하는 두 집단을 지나가고 있을 때, 그들은 차례로 프랑스어나 노르웨이어로 대화하다가 영어로 전환했고, 내가 지나가자 다시 자신들의 언어로 바꿔서 이야기

나눴다. 나는 이에 큰 감명을 받아 회의 주최자에게 묻자, 그는 그것이 존중의 표시라고 답했다. 어떤 그룹도 내가 그들의 대화를 이해하지 못하는 것을 원하지 않았다. 나는 그들의 친절뿐만 아니라 내 마음을 이해하는 TOM에 근거한 그들의 언어 변화 능력의 유동성fluidity에 놀랐다.

경쟁자를 능가하는 방법을 알아내는 것이 타인의 내면을 이해하는 추측의 원동력이 될 수 있다. 이러한 TOM 능력이 더 큰 뇌와 더 큰 처리능력과 결합되어 결국 성격 이론, Jane Austen의 소설, 정신분석 같은 것으로 이어질 수 있음을 쉽게 생각할 수 있다. 심리학에 대한 많은 정의 중 하나는 행동에 대한 예측prediction과 통제control에 관한 것인데, 이는 TOM에 대한 훌륭한 정의이기도 하다. 비록 많은 사람이 가십을 즐기고 타인을 분석하는 데 있어 스스로 전문가라고 생각하지만, 우리는 자기성찰과 자기통찰을 위한 능력이 매우 약하거나 때론 이를 전혀 가지고 있지 않기도 한다. 분명한 결론은, 타인에 대한 마음 이론은 고대의 오래된 자동적인 과정이지만, 자기성찰과 통찰은 시간이 지남에 따라 학습되는 비교적 최근에 진화적으로 발달한 능력이라는 것이다.

자기알아차림의 복잡한 측면을 발달시키기 전에 먼저 자기를 발달시켜야 한다. 뒤에서 언급하겠지만 미리 귀띔하자면, '자기감sense of self'이란 본질적으로 원시적인 TOM 능력을 자신에게 적용한 것이 아닐까 하는 생각이 든다. 자기알아차림이 긍정적인 진화적 발달인지 그렇지 않은지의 여부에는 논쟁의 여지가 있다. 타인에 대한 TOM을 갖는 것은 생존의 이점을 제공하는 반면, 자신에 대한 TOM을 갖는 것은 적응적 도전을 만든다. 예를 들어, 우울증을 뜻하는 단어는 문자 그대로 '생각이 너무 많다'는 의미의 'kufungisisa'이다. 심리적 고통을 겪고 있는 많은 사람에게 있어 그들 자신의 마음은 친구가 아닐 수 있으며, 그들 중 상당수는 "나는 나 자신의 최악의 적이다"라고 말한다.

'자기'의 구성

자기는 이미 만들어져 나오는 기성품이 아니라,
행동의 선택을 통해 지속적으로 형성되는 것이다.
- **존 듀이**(John Dewey)

'자기self'는 무엇이며 어디에서 생겨나는가? 이러한 질문은 서구 철학자, 신학자, 신경과학자를 오랫동안 당황스럽게 만들었다. 나는 이 세 가지 분야를 모두 연구해본 결과, 누구도 만족스러운 설명을 내놓지 못했다고 말할 수 있다. 내가 보기에, 불교 철학이 현재까지 가장 설득력 있는 주장을 하고 있는 것으로 보인다. 간단히 말해서, '자기'의 경험은 신체 처리과정, 감각, 물리적 및 사회적 세계와 상호작용하는 마음의 구성물이다. 그 결과로 행동, 기억, 지각, '자기'로 인식하게 되는 생각의 집합이 만들어진다. 놀랍게도 이 모든 것이 현재의 신경과학적 지식과 일치한다.

초기 불교 철학자에게 부족했던 두 가지 지식은 진화와 뇌의 사회적 본성에 대한 이해했었다. 이에 따라, 그들은 집단과 개인의 생존에 대한 적응과는 반대로 마음을 내부에서 자발적으로 발생하는 것으로 이해했다. 이러한 이해 방식이 그들의 관점을 무효화시키지는 않지만 두 가지 지식은 더 넓은 적응적 맥락에서 마음의 작용, 자기알아차림의 출현, '자기'의 창조를 이해할 수 있게 한다.

신경과학자는 경험의 각 구성 요소, 즉 불교에서 '온蘊, aggregate'이라고 하는 것이 어떻게 발생하는지 꽤 잘 알고 있다. 운동motor행동과 기억의 메커니즘, 감각 시스템이 작동하는 방식, 이 모든 정보가 더 높은 수준의 처리과정을 위해 연합 피질로 전달되는 방식으로 이해할 수 있다. 3장에 요약된 의식적인 경험에 대한 모든 요소는 뇌가 알아차림을 구성하는 방법의 핵심 구성 요소이기도 하다. 의식적인 알아차림을 위해서는 피질의 여러 영역이 필요하다고 확신하지만, 이것이 정확히 어떻게 발생하는지에 대해서는 아직 연구 중이다. 우리는 어떻게 해야 자신에 대해 성찰하고, 타인에 대해 생각하는 것처럼 자신에 대해 생각하고 생각, 느낌, 행동을 바꿀 수 있는 의식적인 선택을 할 수 있을까? 이 질문에 대해 고민하는 대부분의 신경과학자는 뇌파 활성화와 관련된 일부 메커니즘이나 아직 발견되지 않은 마스터 메커니즘을 가정한다. 하지만 내 생각에는 이미 그 메커니즘을 발견했을지도 모르며, 그것은 잘 보이지 않고 숨겨져 있다고 생각한다. 이는 우리가 다른 사람들의 마음에 대한 이론을 형성하는 데 사용되는 것과 동일한 메커니즘이라고 생각한다.

인간의 상상력, 언어, 추상적 사고가 점점 더 정교하게 진화함에 따라, 더욱 복잡한 사회적 상호작용을 요구받게 되었고, 기대와 책임도 확장되었다. 구석기 시대의 인류에게 있어 독립된 자기감은 생존에 큰 이점이 없었을지도 모른다. 하지만 사회가 더욱 복잡해짐에 따라, 내부로 향하는 TOM은 더 정확한 식별, 특정 역할 및 지위 할당, 더 큰 조직적 요구에 부응하기 위해 독립된 '자기' 개념과 연관되었을 수 있다. 부족이 확장되고 도시, 국가로 통합됨에 따라, 탐색해야 하는 관계의 수와 유형은 기하급수적으로 증가했다. 두려움에 떨지 않고 낯선 사람을 대하는 법을 배워야 했고, 매일 다양한 사회적 환경을 탐색하는 법을 습득해야만 했다. 매일 다른 사회적 환경을 거치면서, 작은 부족의 사회항상성 피드백에 의존하지 않고 정체성과 일관된 자기감을 확립하고 유지하는 능력이 생존의 이점이 되었을 것이다.

신경유능성 원리 25 | '자기'에 대한 우리의 경험은 타인을 위한 우리의 원시적인 TOM을 기반으로 구축되며 추상적이고 상상력이 풍부한 능력에 의해 보강된다.

영장류 조상으로부터 물려받은 자동적 TOM 메커니즘은 이 새로운 기능을 수행하기 위해 점진적으로 확장되었을 것이다. 타인의 동기와 의도를 예측하는 것에 국한되지 않고, 자신의 마음에 대한 이론을 발달시키기 위해 TOM 메커니즘이 우리 자신에게 적용되었다. 타인에 대해서는 아주 상세하게 성찰할 수 있지만, 자기에 대한 이해나 자기 행동에 책임을 지는 능력이 거의 혹은 전혀 없는 수많은 사람이 증명하듯이, 이 능력은 자동으로 발휘되지 않는다. TOM을 담당하는 회로는 자기정체성과 궁극적으로 자기알아차림을 위한 인프라 역할을 할 수 있다. 이는 TOM이나 자서전적 기억에 초점을 맞춘 치료작업을 하는 동안 활성화되는 신경 패턴이 상당히 중복되고 있다는 점으로 설명될 수 있다. 또한 자신의 내면 상태를 성찰할 때와 타인을 생각하고 공감할 때, 모두 DMN이 활성화되는 이유일 수도 있다.

우리 모두 삶의 초기에 TOM이 발달하기 시작해서 유년기와 청소년기에 자기정체성에 대한 아이디어를 구축하게 된다. 이는 저절로 TOM을 생성하는 능력이 진화적으로 아주 오래되었다는 가설을 뒷받침해준다. 그 시기 이전에는 우리 자신에 대한 경험은 타인과의 공생적 연결symbiotic connections의 융합이었을 것이다. 이 공생적 현실은 여전히 존재하지만, 일반적으로 '자기'에 대한 의식적인 이야기로부터 배제된다. 이것이 우리가 성인이 된 후에 생물학적 가족과 만났을 때 경험하게 되는 퇴행에 놀라는 이유일 수 있다. 발달과정에서 초기 '자기'의 본질은 행동, 동기, 우리의 이름들이 되기도 하는 우리가 좋아하는 것들

그리고 다른 사람들과의 상호작용의 집합이다.

불교에서 '자기'의 환상이라고 일컫는 것은 매일의 일상에서의 경험을 자신이 그런 사람이라고 이름을 붙여버리고 타인과의 관계로 연관 지어 조직화하는 마음의 속성으로부터 시작된다고 볼 수 있다. 이것이 사실이라면, 우리에게는 특별한 신경 메커니즘이 필요하지 않다. 우리에게 필요한 것은 '자기'에 대한 상상의 아이디어들을 사용하는 것과 그것이 우리의 기억, 습관 패턴, 선호도 때문이라고 간주하고 그것에 이름을 붙여주는 능력만 있으면 된다. 만약 이것이 사실이라면, '자기'는 자신에게 적용된 TOM의 구체적인 예이다. 이를 조금 다른 방식으로 말하자면 타인에 대한 TOM을 일으키는 감각운동 보상sensorimotor reward 시스템이 상상 능력과 결합하면서, 우리는 자기 자신을 어떻게 보는지, 자기 자신을 어떻게 경험하는지에 대한 인식perception을 형성하게 된 것이다.

마음이 상상의 세계, 시, 상대성 이론을 창조할 수 있다면, 마음은 활용할 수 있는 구성 요소로부터 '자기'에 대한 개념을 확실하게 구성할 수 있을 것이다. '자기'의 경험은 주변 사람들과 공유되는 사회적 환상으로 엮여져 있다. 부처는 약 2,000년 전에 이 사실을 명확히 알았다. '자기'에 대한 의식적인 경험은 마음이 만들어낸 이야기를 중심으로 조직된다. 뇌에는 '자기'를 찾을 수 있는 곳은 없으며 '자기'는 특별한 신경생물학적 특성이 필요하지 않다. 우리는 50,000년 동안 필요한 웨트웨어를 가지고 있었다. 우리는 이야기이다. 먼저 다른 사람들이 우리에게 그 이야기를 들려준 다음 '자기'가 '자명하게self-evident' 될 때까지 수백만 가지의 방식으로 우리 자신에게 반복되는 이야기이다. 이는 가족 및 문화적 신화가 동시에 우리를 형성하고 갇히게 만드는 방식 중 하나이며, 긍정적인 변화를 매우 어렵게 만든다.

'자기'에 대한 이야기의 멋진 점은 이야기를 편집할 수 있다는 사실이다. 모든 형태의 치료, 종교 숭배, 군대 등은 이야기의 힘과 이야기가 지닌 목표에 부합하려는 인간의 욕구를 활용한다. 내담자들의 도전은 현실을 이해하고 생각, 감정, 행동에 더 적응적인 청사진 역할을 할 수 있는 방식으로 자신의 이야기를 다시 작성할 수 있는 지점에 이르는 것이다. 객관적인 현실이라고 생각했던 모든 것을 주관적인 창작물임을 깨닫는 것은 어렵고 때로는 불가능할 수도 있다. 특히, 우리가 배신하고 싶지 않은 가족의 신화에 대한 우리의 원시적 부족 충성심으로 인해 그것을 더욱 어렵게 만든다.

심리치료에서 자기알아차림 활용하기

동물이 자기알아차림을 많이 할수록, 더 공감하는 경향이 있다.
- 프란스 드 발(Frans de Waal)

치료 중 방어적이거나, 이야기하거나, 타인에 대해 습관적인 불평을 하지 않고 자기성찰을 할 경우, 뇌에서는 어떤 일이 일어날까? 타인이 우리를 보는 것처럼 자신을 바라보거나 방어하지 않고 피드백을 수용하는 것에 개방적일 때, 뇌에서 무슨 일이 일어날까? 강력한 해석이 핵심을 찌를 때, 무슨 일이 일어날까? 우리는 내담자가 이러한 뇌와 마음의 상태로 전환할 때 자세, 목소리 톤, 호흡 패턴, 표정 등에서 극적인 변화를 보인다는 것을 알고 있다. 반사적이고 강박적인 사고가 멈추고 변화가 가능한 현재 순간의 광활함 속으로 들어간다. 이 순간에 행위doing 상태에서 존재being 상태로 전환한다. 이러한 마음 상태를 허용하고 지원하는 뇌에서는 도대체 어떤 일이 일어나고 있을까?

1929년 뇌파 전위 기록 장치electroencephalograph의 발명가인 Hans Berger는 실험 작업 사이에 쉬고 있을 때 피실험자의 뇌가 계속 활성 상태를 유지한다는 사실을 알아냈다. 이 흥미로운 발견은 뇌 영상 기술을 사용하는 연구자가 동일한 현상을 알아차릴 때까지 70년 동안 거의 무시되었다. 이후 연구자는 피험자가 겉으로 보기에 쉬고 있는 것처럼 보일 때, 대상피질 및 해마와 함께 전전두피질, 측두엽 그리고 두정엽의 일부를 포함하는 뇌의 정중선을 따라 위치한 일련의 구조, 즉 DMN이 활성화된다는 사실을 발견했다. DMN은 이후 피험자가 자기알아차림, 타인을 느끼고 생각하는 사회적 알아차림, 정신적 인식, 기억 장면 구성과 정신적 시간 여행, 상상력과 같은 인지와 관련된 작업에 참여할 때 활성화되는 일관된 기능을 가진 시스템임이 밝혀졌다.

DMN의 여러 영역이 함께 작동하면서 자서전적 기억과 미래를 상상할 수 있는 능력과 신체적 '자기'에 대한 의식적 경험을 함께 엮어내는 것으로 보인다. 이는 시간의 흐름 속에서 '자기'경험에 안착하게 하는grounding 역할을 할 수 있다. TOM을 조직화하는 메커니즘과 통합된 이러한 '자기' 경험은 자기정체성과 이후 발달에서 자기성찰 능력을 구성하는 신경 기질neural substrate이 될 가능성이 크다.

이러한 DMN 실행 시스템을 이해하기 위한 열쇠는 그 활동이 주로 편도체와 전두엽-두정엽 실행 시스템과 역상관 관계가 있다는 것을 이해하는 것이다. 이는 불안하거나 겁이 나거나 일에 몰두할 때 DMN이 크게 억제된다는 것을 의미한다. DMN이 활성화되면, 다른 두 개의 실행 신경망은 있을 수 있는 위협이나 새로운 자극에 대한 현출성 신경망 신호가 나타날 때까지 억제된다. 삶의 전반에 걸쳐 안전하고 고요한 순간을 통해 외부 세계로부터 물러나서 은신을 위한 내적 공간을 구축하고 활용함으로써 침해에서 벗어나 자유로운 자기성찰과 상상을 할 수 있게 한다. 치료사는 내담자가 자신의 증상, 생각, 이야기를 넘어 다른 세계와 존재의 방식을 상상할 수 있는 안전한 내적 공간을 만들고, 활용하고 그곳에서 자양분을 받을 수 있도록 치료에서 최선을 다한다. 이것이 치료적 관계 내에서 만들어진 양자관계의 장bipersonal fields에서 작동하는 사회항상성 메커니즘이 변화의 강력한 매트릭스가 될 수 있는 이유이다.

연구에 따르면, DMN과 다른 두 실행 시스템의 역상관 특징이 늘 완전한 것은 아니다. 즉, 과업 수행 능력을 향상하기 위해 두 가지 혹은 세 가지 실행 시스템이 결합해야만 한다. 내측 전전두피질 영역은 과업 지향 신경망과 함께 편도체를 억제하여, 후측 대상피질과 두정엽이 내적 사고와 3차원 작업 공간을 제공하는 플랫폼을 제공할 수 있도록 한다. 이를 통해 이미지를 내면화하고 처리하고, 대인관계 시나리오를 실행하고, 어려움 없이 감정을 처리할 수 있다. 또한, 현재와 과거 기억과 미래에 관한 생각을 작업 기억 속에 나란히 놓고 시간 여행을 경험하는 가능성을 제공한다. 마음의 표류mind wandering와 공상 또는 백일몽이라고 부르는 것은 창의성의 토양일 수도 있고, 세상에서 기능하는 데 도움이 되는 기초적인 처리과정일 수도 있다.

심리치료는 인지를 모니터링하고 촉진하거나 인지에 영향을 주기 위해 내부와 외부에 초점을 두는 것에 좀 더 미묘한 균형을 유지할 필요가 있다. 전두엽-두정엽 신경망과 DMN 사이의 협력은 외부의 어떤 것에 집중을 유지하면서도, 연이어서 일어나는 내면의 생각을 유지하는 데 필수적일 수 있다. 내적 처리과정과 외적 처리과정 사이의 이 상호작용 지점은 자서전적 기억이 현재 경험에 미치는 영향의 경로가 될 수 있다. 이는 현재에 과거의 영향을 받는 투사 처리과정projective processes

과 다른 영향들의 근간이 되는 핵심 신경 메커니즘이다. 전두엽-두정엽, 즉 외부 상호작용 동안에 DMN 참여는 전이 반응을 경험하고 동시에 전이 반응이 일어나고 있음을 알아차리는 내담자의 능력에도 영향을 준다.

초기 DMN은 생후 2주부터 발견되지만, 대부분의 아이는 부모로부터 독립된 별개의 존재라는 감각을 갖기 시작하는 7세 무렵에야 일관된 신경망이 형성된다. DMN은 아동기에는 미성숙한 상태로 남아 있지만, 초기 성인기 동안 기능적으로 일관성을 갖게 된다. 동시에 전두엽의 내측과 외측 영역도 내적 경험과 외적 경험을 더 잘 분리하는 방법을 배우면서 정상관 관계에서 역상관 관계로 전환된다. 생애 초기 트라우마가 있었던 여성은 DMN 내에서 기능적 연결성이 감소하는 것으로 나타났다. 실제로 어린 시절 학대를 받은 성인의 DMN 연결성은 건강한 7~9세 아동에게서 관찰되는 패턴과 유사하며, 이는 트라우마가 DMN의 발달을 저해한다는 사실을 강하게 시사한다.

나는 PTSD의 핵심 요소는 DMN의 지속적인 억제이며, 피해자가 자기 자신과의 연결, 집단 마음the group mind과의 연결이 끊어지는 현상이라고 생각한다. 심리적, 사회적, 신경적 통합은 정상적인 건강한 기능이 서로 연관되고 상호 의존하는 과정이다. 세 가지 실행 시스템 사이의 적절한 억제와 조정은 타인과 계속 연결을 유지하고, 심리적 통합을 이루며, 자신에 대한 온전감과 연결감을 느끼기 위해 필요하다.

겁에 질린 아이

사랑은 이해와 오해의 도무지 알 수 없는 조합을 수반한다.

- **다이안 아버스**(Diane Arbus)

신경학적인 것과 심리학적인 것 사이의 유사점들이 정확하게 들어맞지도 않고 아직도 배워야 할 것이 많이 있지만, 이제 우리는 그 둘이 의미 있는 방식으로 연결되어 있다고 말할 수 있을 만큼은 충분히 안다. 심리적 건강은 다양한 신경학적 능력의 발달에 달려 있으며, 최적의 기능을 위해서는 신경망 간 의사소통, 조정, 통합이 필요하다는 사실이 명백하다. 가장 좋은 예는 인지적, 사회적, 정서적 능력을 통합해야 하는 최적의 실행 기능이다. 이와 반대되는 상태의 예는 PTSD에서 발견되며, 다양한 심리 능력의 억제와 해리를 반영하며 기능과 웰빙 모두를 약화시킨다.

내가 신경 통합의 개념에 대해 생각하기 훨씬 전에 해리를 이해하는 데 도움이 되는 경험을 했었다. 내가 10살이었을 때, 부모님은 이혼 분쟁 중이었고 대부분 격렬함과 싸움을 피해서 보호를 받을 수 있었지만 가족과의 이별, 재정적 불안정, 안전한 교외 지역에서 겁이 나는 도시로 이사하는 것은 내가 겪어야 했던 직면해야 했던 대가의 일부였다. 어머니의 불안, 우울, 초조 등과 결합한 이러한 스트레스 요인들은 나의 세상을 송두리째 뒤흔들었다. 나는 새로운 이웃의 위험을 탐색하면서 간신히 학교에 갈 수 있거나 학교에 가더라도 주의집중을 할 수 없는 나 자신을 발견했다. 두통과 복통을 동시에 겪었고, 그 원인은 심인성이 확실했다. 학교에서 집중할 수 있는 능력과 학습을 할 어떤 동기도 존재하지 않았다. 재미도 없고, 미래에 대한 감각도 없었고, 내가 동원할 수 있었던 약간의 에너지는 불안을 대처하고 하루를 버티는 데 써버렸다.

스트레스가 최고조에 달하고 정서적으로 텅 비어 있는 상태에서, 운이 없게도 부모님 사이의 언쟁을 우연히 듣게 되었다. 비명, 욕설, 울음 등은 나를 어떤 감정적인 한계로 내모는 결과를 가져왔다. 내 안의 무언가가 한순간에 무너졌고, 침대에 쓰러져 온몸이 떨리고, 정신은 텅 비어 아무 생각도 할 수 없었다. 어지러움을 느꼈고, 통제할 수 없는 광경과 소리에 둘러싸여 압도당했다. 마치 환각제를 맞은 것 같았다. 수년 후에 정서 치료 세션이 진행되는 동안, 나는 그것의 모든 감각적, 정서적, 인지적 기억과 함께 이 경험에 다시 내던져졌다. 다시 10살이 되었고, 공포에 압도되었고, 무슨 일이 일어나고 있는지 설명하거나 묘사할 수 있는 단어조차 없었다. 치료사와 나는 실시간으로 내 주변과 내 안에서 펼쳐지는 장면을 속수무책으로 지켜봤다.

지난 40년 동안, 나는 피해자로부터 어린 시절의 학대에 관한 이야기를 들어왔다. 그 이야기는 나를 울게 만들고 마음을 아프게 했으며, 인간에 대한 믿음은 거의 무너질 뻔했다. 내가 힘들었을 때 겪었던 일은 다른 많은 사람들에 비하면 아무것도 아니었다. 나는 지속적인 성적 및 신체적 학대의 파괴적인 영향을 단지 상상만 할 수 있을 뿐이다. 이러한 사례와 비교했을 때 상대적으로 아무것도 아닐 수 있지만, 나의 경험은 트라우마와 해리를 훨씬 더 넓은 범위에서 이해할 수 있는 개인적인 작은 창을 제공해주었다. 내가 겪은 생각의 억제, 감각의 홍수, 신체생리의 활성화는 많은 내담자에 의해 묘사되었다. 몇 년 후, '자극 장벽을 뛰어넘는surpassing of the stimulus barrier' 경험이라는 Freud의 트라우마에 대한 정의를 읽었을 때, 내 인생의 그 순간이 Freud가 언급하고 있는 것의 예일 수 있겠다고 생각했다. 그때는 자극의 장벽이 무엇인지는 몰랐지만 내 안의 무언가를, 나를 지탱할 수 있게 해주던 무언가가 무너졌다는 것은 알고 있었다.

Freud와 많은 사람이 한 세기 전에 의존해야 했던 가설의 정신적 과정에 대한 추측은 신경 구조와 신경역동 과정으로 빠르게 대체되고 있다. 이제 지속적인 스트레스와 트라우마 경험의 신경화학 작용이 즉각적인 생존을 지원하는 방식으로 지각과 인지를 왜곡한다는 사실을 알고 있다. 또한 이러한 신경화학 상태가 지속되면 현실 검증과 기능적 능력이 저하된다. 우리가 피해를 입는 동안 고통을 견디게 하고 몸 밖에 있는 것처럼 느끼게 하는 엔도르핀은 위협이 지나가고 나면 기억력, 문제 해결 능력 그리고 사회적 연결성을 손상시킬 수 있다.

내가 경험했었던 높은 각성 상태는 2차와 3차 실행 시스템이 거의 완전히 억제된 것처럼 보일 정도로 1차 실행 시스템을 활성화시켰다. 나에게 일어나는 일을 이해하거나 처리할 수도 없었고, 내 몸과 감정을 조절할 방법이 없었고, 다른 사람들과 완전히 단절된 느낌을 받았다. 나는 실제로 자극 장벽을 넘어버렸다. 트라우마는 심리적 통합과 신경학적 통합의 붕괴를 보여주는 극적인 예에 속한다.

신경계의 견고함에도 불구하고, 우리는 특히, 신경 및 심리적 통합 실패에 취약하다. 이는 주로 뇌의 엄청난 복잡성 때문이고, 자연선택의 수많은 우여곡절 속에서 상호보완적으로 진화가 일어났기 때문이다. 적응의 어려움으로 촉발된 신경 해리가 미치는 많은 영향은 광범위한 심리적 고통을 초래할 수 있다. 우리가 해리에 취약한 것은 우리 뇌가 수많은 특수 기능을 수행하기 위해 어떻게 진화했는지, 그리고 그 기능들이 의식적인 경험을 조직하기 위해 어떻게 결합되어 왔는지에 대한 역사에 기초하고 있다.

2부

임상에
신경과학 적용하기

8

신경과학과 심리치료

생물학의 중요한 도전 중 하나는 무의식적이고 의식적으로 처리하는
지각, 감정, 공감 등에 대한 뇌의 처리 과정을 이해하는 것이다.
- **에릭 캔들**(Eric Kandel)

불과 몇십 년 전만 해도, 대부분 심리치료사는 한 가지 이론을 중심으로 수련했고 같은 이론적 견해를 가진 사람끼리만 교류했다. 치료사는 전문적 협회라기보다 종교의 종파처럼 활동하였고, 가르치는 선생은 학생이 자신의 개인적인 신념 체계를 가질 수 있도록 노력했다. 해를 거듭하면서, 심리치료 수련은 점차 새로운 이론과 치료법에 개방적이면서 더 절충적인 방식으로 진행되었다. 이러한 목적으로, 심리치료 분야는 신경과학을 심리치료의 지식 기반에 적절하고 꼭 필요한 것으로 판단하고 수용하기에 이르렀다. 현재 임상적 논의는 신경과학을 포함하

고 있기 때문에, 향후 뇌-행동 관계성의 기초에 대한 논의가 더 풍성해질 것으로 기대된다.

신경과학적 연구가 특정한 형태의 치료 혹은 어떤 신경심리치료만 지지하지 않는다는 것을 이해하는 것이 중요하다. CBT, 정신역동, 내담자 중심, 변증법적 행동치료[DBT], 실존적 인본주의 등과 같은 모든 주요 학파는 사람들에게 도움이 된다. 신경과학적 관점에서 볼 때 어떤 치료법이 효과가 있다는 것은 치료사가 내담자의 뇌에 존재하는 가소성과 긍정적 변화를 자극하는 데 성공했기 때문이다.

신경유능성 갖기

나는 배우는 것을 좋아하지는 않지만, 늘 배울 준비는 되어 있다.

- 윈스턴 처칠(Winston Churchill)

내가 가장 많이 받는 질문은 '신경과학적 지식을 내담자의 사례 개념화, 평가 및 치료 작업에 어떻게 통합할 수 있을까?'라는 것이다. 달리 말하면 '어떻게 하면 임상 수련에서 신경과학의 개념과 언어를 유창하게 사용할 수 있을까?'이다. 나는 내담자의 문화적 배경을 이해하면서, 이론적인 수준에서 내담자에게 적절하게 적용할 수 있는 신경과학적 문제에 관심을 둔다. 나는 내담자 개개인이 독특하다고 가정하고, 그들이 자기 자신과 세상, 그리고 치료 과정을 어떤 방식으로 경험하는지 질문하여 그 내용을 나에게 알려주도록 한다. 이러한 방식은 내담자가 자신의 문화를 나에게 교육할 수 있도록 시간을 주고, 나는 그들의 경험에 적응할 수 있도록 최선을 다한다. 이러한 과정을 통해, 나 또한 내담자의 뇌가 삶의 초기에 어떻게 형성되었는지, 내담자가 정보를 어떻게 처리하는지에 대한 아이디어를 개발하고, 그들의 신경 발달과 통합의 특징에 대한 일반적인 이해를 얻는다.

임상 수련에서의 신경유능성 1 | 어떤 특정한 신경심리치료만 효과가 있다고 말할 수는 없지만, 모든 형태의 치료적 성공 여부는 신경가소성을 자극하는 것에 있다.

물론, 신경과학과 문화는 서로 연결되어 있다. 왜냐하면 뇌는 사회적 적응 기관으로 경험을 통해 만들어지고, 모든 인간의 경험은 특정한 문화적 맥락 안에서 발생하기 때문이다. 문화와 신경과학에 대한 지식은 내담자의 역사, 증상의 적응적 가치, 전체 경험을 이해하는 데 영향을 미친다. 문화의 문제, 특히 내담자와 치료사 사이의 문화적 차이를 다룰 때는 긍정적인 치료 관계와 치료 동맹을 맺는 것이 중요하다. 문화적 배경이 어떤 내담자에게는 별로 중요하지 않을 수 있지만, 어떤 내담자에게는 중요한 문제가 될 수 있다. 뇌 기능을 이해하는 것도 이와 마찬가지다. 문화적 다양성과 신경과학, 이 두 가지 이슈는 치료 장면에서 활용하는 언어와 기술의 전략적인 변화에 영향을 준다.

더불어, 뇌가 어떻게 작동하며 이 지식을 평가와 치료에 어떤 방식으로 사용할 수 있는지 내담자와 공유한다면, 내담자는 수치심을 덜 느끼면서 변화를 위한 치료 전략을 치료사와 함께 개발할 수 있게 된다. 또한, 신경과학은 심리학적 이론의 틀 안에서 치료 작업을 하지 않는 다른 여러 분야 출신의 건강 관리 전문가 사이에서 공통어 역할을 할 수 있다. 여기에서 핵심은 기존 증상에 대해 새로운 사고를 하고, 다른 방식으로 이해할 수 있고, 치유를 위해 새로운 전략을 수립하는 것에 신경과학이 도움이 된다는 점이다.

임상적 사례 개념화와 의사결정에 신경과학을 활용하는 것이 비교적 최근 일이라는 점을 고려한다면, 치료사 중 소수만이 뇌에 대한 체계적인 이론을 포함하는 임상적 슈퍼비전을 받은 적이 있을 것이다. 하지만, 오늘날 수련하는 대부분 치료사는 생물심리사회적 모델을 알고 있고, 자신의 사고를 그 모델로 통합하기를 희망한다. 나는 내담자의 심리적 증상이 육체적 질환과의 공존, 약물 부작용, 사회적 또는 경제적 불공정과 억압에 따른 결과일 수 있다는 가능성을 전혀 고려하지 않는 사례 발표를 들을 때마다 항상 놀라움을 금치 못한다. 이러한 제한적인 사고는 정체된 전문성과 지식의 독점에 따른 재앙적 결과이다.

임상 수련에서의 신경유능성 2 | 긍정적 변화를 이끄는 데 사용된 치료 전략과 기술이 신경가소성을 자극한다면 어떤 형태의 심리치료라도 성공할 수 있다.

이 새로운 임상적 통합에 대해 아직까지 확립된 방식은 없지만, 재활의학이나 신경정신과에서 처음 시도한 몇 가지 관련 사례는 있다. 이 두 분야의 임상가는 평가와 치료에서 뇌, 마음, 사회적 관계를 늘 고려해야만 했다. 임상의가 외상성 뇌손상 환자와 치료 작업을 할 때, 특정한 기능적 결함은 치료 개입을 선택하고 수행하는 데 고려되어야 한다. 예를 들어, 언어 이해의 어려움은 치료의 특성, 속도, 유형 등에 영향을 미칠 것이다. 반대로 발작 장애seizure disorder를 치료하기 위해 사용되는 약물은 사회적, 정서적, 인지적 후유증을 남기고, 이러한 후유증은 치료에 영향을 준다.

임상 수련에서의 신경유능성 3 | 신경유능성은 협소한 심리학적 이론으로 설명할 수 없는 내담자의 경험적 측면을 강조함으로써 문화적 감수성과 함께한다.

좀 더 요약해서 설명하자면, 순전히 심리적인 것으로 생각되는 몇몇 정신 장애가 상당한 정도의 신경생물학적 상관관계가 있다는 것을 발견했다. 예를 들면, 경계선 성격장애나 복합 PTSD의 경우, 뇌의 발달과 신경 기능에서의 유의미한 변화와 관련이 있다는 확실한 증거가 있다. 질환의 인지적 증상, 기억, 정서적 증상이 함께 변화하는 것은 이러한 질환의 정신역동과 신경역동이 서로 얽혀있고 상호의존적이라는 것을 의미한다. DBT와 EMDR과 같이, 어떤 특정한 증상을 표적으로 하는 개입이 많은 내담자에게 매우 성공적인 이유는 그 치료법이 특정 내담자 집단의 뇌 기능에서의 차이를 상쇄시켜주기 때문인 것으로 보인다. 이와 유사하게, 치료사가 내담자의 신경역동에 대해 더 많이 배울수록 보다 성공적인 형태의 치료법을 만들 수 있을 것이다.

과학의 융합

인류를 구원할 유일한 길은 협력뿐이다.

- 버트란드 러셀(Bertrand Russell)

언뜻 보기에도 심리치료와 신경과학의 주목할만한 융합은 조금 놀라운 일일 수 있다. 많은 치료사가 처음에는 심리학에 매력을 느낀다. 그 이유는 심리학이 딱딱한 자연과학을 거부하고 실험용 쥐나 어려운 사실보다 사람과 관계된 것을 선호하기 때문이다. 심리학의 이러한 차이는 여러 면에서 문화적 편견과 파편화된 대학 학과에 의해 생겨난 것이다. 대부분 사람은 Freud가 신경과 전문의로 시작했다는 사실을 전혀 몰랐거나 잊어버리곤 한다. 그의 최종 계획은 뇌와 마음을 연결하는 과학적 심리학을 만드는 것에 있었다. 또한 신경과학에 대한 탐구가 치료사를 진화론과 후성유전학 분야로 직접 이끈다는 것을 알게 된다면 놀랄지도 모른다. 이러한 깊은 연관성은 최근까지 분리된 채 남아 있던 여러 과학 분야의 융합을 촉진하는 원동력이기도 하다.

임상 수련에서의 신경유능성 4 | 점진적 이완 훈련과 EMDR과 같은 기법은 정서 조절과 기억 재공고화(reconsolidation)를 촉진하기 위해 어떤 형태의 심리치료에도 적절하게 활용될 수 있다.

생물학자인 Theodosius Dobzhansky가 썼듯이, "생물학에서 어떤 것도 진화론의 범주에서 벗어나 이해될 수 없다." 우리는 심리치료 분야에서 발생하고 있는 것을 더 깊이 이해하기 위해서 다른 분야와 다른 사고방식을 포함해야만 한다는 것을 배우고 있다. 이제는 Dobzhansky의 주장에 기초하여 "후성유전학의 도움 없이는 조기 양육의 영향에 대한 어떤 것도 이해될 수 없다" 혹은 "신경망의 통합을 이야기하지 않고는 PTSD에 대한 어떤 것도 이해될 수 없다"와 같은 가설을 세우는 것이 타당해졌다. 이러한 가설은 통섭consilience에 대한 개념을 받아들일 필요가 있다고 말한다. 통섭은 전통적인 학제 간의 구분에 대한 반대 운동이다. 통섭은 과학이 근원적으로 통일성과 일관성을 가지고 있어서 다양한 관점과 전략을 통해 탐구되고 이해될 수 있다는 신념에 기초한다.

나는 생물학과 동물행동에 관한 많은 연구가 인간 경험에 대한 더 깊은 통찰력을 제공하는 것에 늘 감명받아 왔다. 그러한 연구는 언어, 문화, 그리고 자아에 깊이 내재하고 있어 볼 수 없던 사각지대를 볼 수 있도록 도와준다. 내가 자주 언급하는 사례 중 하나는 뉴런의 성장과 사회적 동물 사이의 유사성과 관련이 있다. 마치 사람처럼, 각각의 뉴런은 생존을 위한 다윈주의적 생존 경쟁에 참여한다. 자연선택을 통한 다양성, 과출산, 적응과 같은 핵심 진화 전략은, 종들species이 자신의 자연 서식지에서 적응할 수 있도록 하듯이, 뇌가 사회적 환경에 적응하도록 한다. 뇌는 정글이나 사바나에 사는 동물처럼 단지 살아남기 위해 경쟁하는 수백만 개의 뉴런을 가진 생태계 그 자체이다.

우리는 필요로 하는 것보다 훨씬 더 많은 뉴런을 가지고 태어난다. 뉴런은 엄지손가락을 빨고 새로운 단어를 배우거나 발걸음 소리를 익숙한 사람의 등장으로 연결하는 등의 여러 기능을 중심으로 유대감을 형성하고 의사소통을 할 수 있도록 서로 자극하면서 생존한다. 뉴런은 신경계의 전기적 신경망 안에서 발생하는 흥분과 자극을 통해 살아있게 된다. 따라서 연결이라는 것은 생명과 같은 것으로, 연결이 결핍되면 뉴런은 죽게 된다. 이러한 이유로, 뉴런은 짧은 시간 동안 살 수 있을지는 몰라도 자연계에서 개별적으로 존재하지는 못한다. 실험실의 모의 실험에서 뉴런이 다른 뉴런으로부터 자극을 받으면 생존할 수 있게 된다. 다른 뉴런에 의해 고립된 뉴런이 기능적 관계로 적절히 협력하지 못하면, 신경 다윈주의에서 말하는 세포 죽음, 즉 세포자연사 한다.

이러한 과정을 통해 뇌 발달의 척도가 되는 뉴런의 수는 감소한다. 역설처럼 들릴지 모르지만, 뇌가 커지면서 실제 뉴런의 수는 감소한다. 죽은 뉴런의 제거로 넓어진 공간은 생존한 뉴런의 성장과 연결성을 증가시키는 역할을 한다. 뇌는 성장하면서 점점 더 커진다. 왜냐하면 살아남은 뉴런들이 점점 더 커지기 때문이다. 이러한 뉴런 소멸의 적응 과정은 '세포자연사'라고 불리는 반면, 질병이나 신체적 트라우마로 인한 정상적인 뉴런의 소멸은 '신경증'이라고 일컬어진다. 부적절한 세포자연사는 비정상적인 뇌 발달로 이어지고 자폐증에서 발견되는 많은 신경발달의 이상 증상 중 하나가 된다.

임상 수련에서의 신경유능성 5 | 연결성은 뉴런에서부터 모든 사회적 동물에 이르기까지 생물학적 생존의 핵심 과정이다. 연결은 적응 및 생존과 동격이다.

전자현미경을 통해 하나의 뉴런이 축삭돌기를 뻗어 자신의 에너지를 확장하는 것을 볼 수 있다. 그러한 모습은 마치 필사적으로 연결점을 찾는 것처럼 보인다. 뉴런은 사회적 창조물이고, 연결을 가장 우선한다. 이를 의인화하여 표현하자면, 물에 빠진 사람이 구조대원의 손에 닿으려고 필사적으로 몸부림치는 장면을 떠올리게 한다. 그리고 이는 연결하는 데 실패한 뉴런이 에너지가 고갈되어 죽음에 이르게 되는 절박한 상황이다. 생존은 뉴런에게 있어 초기 중요한 시기에 초를 다투는 경쟁을 하는 것과 같다. 뉴런은 물에 빠진 사람처럼 보이기도 하지만, 혼자되고 낯선 사람과 마주하고 있다는 것을 깨달은 아이처럼 보인다. 여기서 뉴런은 매우 위험하다는 것을 느끼고 생사의 갈림길에서 벗어나기 위해 온몸으로 반응한다.

연결을 향한 추동

꽃은 햇빛 없이는 피울 수 없고, 사람은 사랑 없이는 살 수 없다.
- **막스 뮐러**(Max Muller)

이러한 과정에서, 우리는 복잡성을 수행하는 개별 뉴런에서 각 사회적 동물에 이르기까지 연결성이라는 진화 전략을 목격한다. 뉴런과 마찬가지로, 유아는 먼저 양육자에 대한 애착 능력에 이어서 자신을 둘러싼 사회적 세계에 대한 애착 능력에 의존한다. 인간도 뉴런과 마찬가지로, 가족이라고 불리는 기능적 단위의 일부가 되기 위해 노력하는 사회적 동물이다. 많은 생존 문화에서 고아가 된 아동과 노인은 그들에게 필요한 자원이 부족의 생존에 위협되기 때문에 죽음에 처하게 된다. 사회는 자원을 모으거나 아니면 잃어버리기 때문에, 자원에 기여할 수 없는 사람은 보살핌을 받거나 추방당하게 된다. 뇌와 가족 양쪽 모두에서도, 하나의 뉴런이나 개인의 가치를 판단하는 근거는 전체의 생존에 대한 기여도에 달려 있다고 볼 수 있다.

정말로 인간이 세포자연사와 비슷한 사회적 과정을 가지고 있다고 말할 수 있을까? 타인과 지속해서 연결하지 못했을 때, 그로 인해 촉발되는 세포자연사와 유사한 자기파괴 기제를 갖고 있을까? 그 답은 '그렇다'이다. 한 세기 전 보육원의 높은 사망률 때문에, 의사는 보살핌을 받은 건강한 아동의 사망 원인을 규명하기 위해 수녀와 사회복지사를 지도부 자리에 앉혀 놓았다. 사망 원인이 감염에 있다고 보고, 의사는 아동을 서로 떼어놓고 보살피는 직원의 손길을 최소한으로 유지했다. 불행하게도 이렇게 효율성을 높이려는 방안이 시행되는 동안, 보육원에 들어오는 아동과 사망에 이르는 아동은 증가하였고 사망률은 동일하게 지속되었다. 초기 애착을 연구하는 사람이 아이를 안아주고, 흔들고, 서로 소통할 수 있도록 허용해 주자고 제안하고 나서야 보육원과 다른 시설에서의 생존율이 향상되기 시작했다.

임상 수련에서의 신경유능성 6 | **우울, 불안, 두려움, 공포 등으로 나타나지만, 인간 문제 대부분은 결속, 애착, 관계 유지의 어려움에서 비롯된다.**

René Spitz는 세계 2차 대전 동안 런던 폭격 잔해에서 구출되어 시골 보육원으로 옮겨진 아동을 연구했다. 그는 아동이 침대에서 몸부림치고 울부짖으면서 다시 부모에게로 돌아가기 위한 저항을 어떻게 겪었는지 기록했다. 이 몸부림치는 저항의 시기가 지난 후, 그들은 점차 조용해지면서 기운을 잃고 멍한 시선을 갖게 되었다. 이와 같은 유형이 또 다른 연구자에 의해 발견되었는데, 이 연구에서는 장기 입원하여 일주일에 한 시간만 부모의 방문을 허락받은 아동을 연구했다. 초기 저항의 시기가 지난 후 아동은 조용해지고 무기력해지면서 종국에는 타인에 대해 무관심해졌다. Spitz는 버림에 대한 이러한 비극적인 반응을 '의존성 우울증anaclitic depression'이라고 불렀고, 이 비슷한 과정을 현재는 '반응성 애착 장애reactive attachment disorder'라고 부른다.

침대의 난간을 마구 흔들고, 몸을 비틀고 소리를 지르는 저항 단계에 있는 아동의 영상을 보면, 필사적으로 다른 뉴런과 연결하려고 애쓰는 뉴런의 모습이 떠오른다. 특히 매우 어린 경우, 뇌와 몸이 성장하고 유지할 수 있는 자극이 필요하고, 그런 자극을 받기 위해서는 타인과의 연결성에 의존해야 한다. 연결성, 바로 그 연결성이 없으면, 아이와 뉴런 모두 죽는다. 이러한 현상은 일정 부분 평생 지속된다. 사회적 연결성, 신체와 정신건강, 그리고 장수 사이의 상관관계를 보여주는 수많은 연구에서 이에 대한 증거를 확인할 수 있다. 외롭게 독방에 있을 때 혹은 동료 사이에서 체면을 잃었을 때 느끼는 고통 또는 가정과 가족으로부터 소외되는 처벌에서 그러한 현상을 확인할 수 있다. 자살 사고나 자살 행동과 같은 자기파괴 프로그램의 가장 분명한 표현은 분리, 방임, 다른 형태의 사회적 상실에 대한 감정에 의해 촉발되기도 한다. 세상에 혼자 있다는 느낌은 정서 및 육체적으로 모두에게 고통을 주고, 다시 연결되고 싶다는 절박함을 느끼게 한다. 뉴런은 심리적 고통을 경험할 수는 없지만, 분리되는 동안 경험하는 괴로움은 진화적 측면에서 세포자연사와 직접 연결되어 있음이 분명하다.

임상 수련에서의 신경유능성 7 | **어린 시절의 학습은 이후의 모든 의식적인 사고, 감정, 행동을 안내하는 암묵적 기억 시스템을 형성한다.**

뉴런은 함께 발화하고 서로를 자극하고 서로 연결될 때 생존, 성장 및 확장에 필요한 에너지를 얻는다. 동시에, 사람 간 접촉은 신경 회로가 성장하도록 자극하고 유전자 전사를 촉진하며 뇌를 발달시킨다. 뇌 발달에서 초기 상호작용의 중요성은 신체적이고 정서적인 연결이 결핍된 시설에 수용된 아동의 사망률을 설명하는 데 도움을 준다. Spitz가 말한 의존성 우울증은 세포자연사와 유사하다. 본질적으로 상호 자극이 없을 때 에너지는 고갈된다. 진화에서 애착은 뉴런과 인간 모두에게 생사의 갈림길 역할을 한다. 애착을 갖게 되면 살아남을 것이고, 그렇지 못하면 소멸하게 될 것이다. 많은 아동과 성인은 분리, 방임, 상실 등으로 촉발된 심각한 불안으로 인해 고통받는다.

의식의 구성

기억은 어떤 지형의 네 번째 차원이다.
- 자넷 피치(Janet Fitch)

뇌는 하나의 단일 구조로 되어 있는 것이 아니라, 각 영역이 고유한 진화 역사, 발달 궤적, 기능적 역할을 가진 시스템이 모인 복잡계이다. 이러한 방식으로 뇌를 이해하는 것은 뇌의 복잡성과 신경역동 장애에 대한 취약성 모두를 파악할 수 있도록 해준다. 많은 정신적 고통은 더 높은 수준의 작업을 수행하기 위해 각 영역의 기능을 통합하는 신경망 간의 신경 연결이 결핍된 것으로 보는 이론 틀에서 이해될 수 있을 것이다. 이것은 기억이 한 형태로만 있는 것이 아니라, 다른 많은 종류의 기억이 동시에 작동한다는 사실에 의해서 확인된다. 서로 다른 기억 시스템은 서로 통합되거나, 서로 단절 혹은 해리되거나, 동시에 활성화되어 플래시백처럼 큰 혼란을 겪을 수도 있다.

예를 들어, 만약 친구와 함께 자전거를 타면서 시험공부에 관해 이야기하는 경우, 여러 개의 기억 시스템을 동시에 활용하게 된다. 이때는 아마도 어릴 때부터 배운 자전거 타기와 관련 있는 운동 학습과 평형을 잡는 전정vestibular 학습이 포함된 절차적 기억 시스템을 사용할 것이다. 어릴 때 형제자매와의 경쟁했던 경험을 저장한 정서적 기억 시스템을 갖고 있고, 그러한 시스템이 촉발되어 동기생보다 높은 점수를 받기 위해 더 열심히 공부하게 된다. 이 두 기억은 모두 암묵적이다. '암묵적'이란 말은 언어나 의식적 알아차림 없이도 저장되고 활성화된다는 것을 의미한다. 자전거 타는 법을 어떻게 배웠는지 기억을 하지 못할 수도 있고, 친구와 경쟁하고 있다는 것을 부인할 수도 있고, 자신이 정말로 그렇다고 믿는다. 자기를 이해하고 통찰하는 수준에 따라, 매 순간 의식적 경험을 형성하고 의식적 경험에 영향을 주는 기억의 흐름을 어느 정도 인식할 수 있게 된다.

만약 어떤 기억이 두려움과 관련이 있다면, 그 기억이 활성화될 때 생리적인 반응, 심지어 투쟁-도피-얼음 반응을 촉발할지도 모른다. 만약 기억이 촉발되는 것을 의식적으로 알아차릴 수 있다면, 그러한 기억은 과거 트라우마와 관련된 '침습적 기억'이라고 한다. 만약 공포 반응을 유발하는 기억을 의식적으로 알아차리지 못한다면, 그 반응을 '공황발작'이라고 부르기도 한다. 이런 것들은 이유 없이 아무 곳에서나 나타나고 완전히 통제 불능의 상태로 만들기 때문에 더 무섭기도 하다. 만약 적어도 자신의 두려움을 실제로 현재 상황이 위험한 것으로 인식할 수만 있다면, 자신이 미쳐가고 있는지 아닌지에 대해 훨씬 덜 걱정스러울 것이다. 이것을 설명하는 또 다른 방법은, 의식적 알아차림으로 통합하거나 의식적 알아차림으로부터 해리하는, 둘 중 하나를 선택하는 편도체 기능으로 설명하는 것이다. 뇌가 해리되고 편도체가 활성화되었을 때 두려움에 떨게 된다. 하지만 왜 그런지 우리는 알 수 없다.

편도체의 많은 기능 중 하나는 현재 상황을 과거의 무서운 경험과 유사한 것으로 해석하여 일반화하는 것이다. 트라우마 전문가가 플래시백이라고 하거나 Freud가 퇴행이라고 불렀던 것은 과거 유사한 경험에 편도체가 활성화되는 암묵적 기억을 가리키는 것으로, 현재 순간에 자신을 보호하기 위해 투쟁-도피-얼음 반응을 일으키도록 설계된 것이다. 모든 영장류에게 있어 직접적인 눈 맞춤은 잠재적인 위협 신호를 포함하고 있기에 편도체의 활성화를 촉발한다.

임상 수련에서의 신경유능성 8 | 편도체의 가장 원시적인 기능은 지금까지 경험했던 모든 부정적이고 위험한 경험을 기억하고, 과거에 고통이나 공포를 불러왔던 것과 막연히 닮은 어떤 것이라도 찾는 데 있다.

사회적 불안감을 가진 많은 사람은 통제하기가 너무 어렵다고 느끼기 때문에 어떤 수를 써서라도 눈을 마주치는 것을 피한다. 치료사 또한 갈등과 분노를 회피할 수 있고 심지어 두려워할 수도 있다. 치료에 필요한 친밀감이 치료사의 공포 시스템을 촉발하고, 내담자를 화나게 할까 봐 무서워서 내담자와 함께 탐색해야 할 영역을 피하거나 심지어 모른 척하게 만든다. 내담자를 힘들게 하는 갈등에 직면하는 것이 적절하다면, 모든 치료사는 그렇게 해야만 한다. 만약 치료사가 중요한 문제에 대해 내담자와 마주하는 것을 회피한다면, 치료는 친근한 정기적 만남으로 변질될 수도 있고, 내담자는 이러한 방식을 치료라고 착각할 수 있다. 이것이 바로 가장 빈번하게 발생하는 역전이다.

의식적 알아차림의 많은 부분이 기억에 의존하기 때문에, 많은 기억 시스템이 진화를 거쳤다는 사실을 알게 되면 왜 심리적이고 신경학적 해리가 발생하는지 이해할 수 있게 된다. 심리학적 수준에서 생각, 감정, 행동, 그리고 의식적 알아차림 사이에 어떤 해리가 있을 수 있다. 너무 고통스러운 것을 기억하지 않거나 기억을 왜곡해서 좀 더 받아들이기 쉽게 만드는 것을 선택할 때 '동기화된 망각motivated forgetting'에 빠질 수 있다. 어릴 때 성적 학대를 당했던 성인은 그 일을 잊어버리거나 타인에게 일어난 일로 착각해서 기억하는 경우가 간혹 있다. 몇몇 고통스러운 기억이 억압되어 있을 수 있고, 수십 년이 지난 후에 나타나거나 전혀 나타나지 않을 수도 있다. 신경학적인 수준에서, 소매틱 경험과

의식적 알아차림과 관련된 신경망 사이에 연결이 끊기거나 서로 소통되지 않을 수 있고, 감정표현불능증처럼 신체와 감정에서 무슨 일이 일어나고 있는지 알아차리는 것이 불가능하게 될 수도 있다. 이것은 좌뇌와 우뇌가 외과수술로 분리되었을 때 어떻게 두 개의 다른 자아를 경험하는지와 유사한 것이다.

신념은 사실을 능가한다

마음은 신을 믿도록 진화되었다. 생물학을 믿도록 진화되지는 않았다.

- **에드워드 윌슨**(E. O. Wilson)

사회심리학, 정치학, 경제학 분야뿐만 아니라 신경과학으로부터 배울 수 있는 확실한 교훈은 뇌와 마음이 세상을 정확하게 인식하도록 진화되지 않았다는 것이다. 시각 시스템은 좁은 범위의 빛 주파수만을 처리하도록 진화되었고, 귀는 특정한 소리의 주파수만을 듣도록 만들어졌듯이, 뇌와 마음은 세상에 적응하는 데 도움이 되는 방식으로 현실을 조작하게끔 되어 있다. 그래서 친구를 다른 누구보다 우선시하는 경향이 있고, 자신의 실수를 타인의 탓으로 돌리는 경향이 있고, 자식이 다른 어떤 아이보다 뛰어나다고 생각한다. 사람은 자신의 실수를 최소화하고, 자신의 강점을 부풀리고, 불쾌한 현실을 부정한다. 왜냐하면 이러한 왜곡이 절망과 자포자기로부터 자신을 보호해주기 때문이다. 심지어 일부 사람은 우울증이 적절하게 부인하지 못한 것의 결과라고 생각하기도 한다.

임상 수련에서의 신경유능성 9 | 마음은 정보를 합리적으로 평가하기보다는 믿도록 진화되었다. 신념은 개인을 집단으로 조직하고 부족의 생존을 지원하는 방식으로 행동하도록 이끈다.

인간의 뇌는 이용할 수 있는 정보에 대한 이성적 평가가 아닌 믿음을 위한 진화에 의해 형성되어 온 것이 분명하다. 정서적으로 추동되는 인지는 집단이 더 응집력을 갖도록 하고, 선사시대에 부족의 생존에 강하게 이바지했을 것이다. 이것이 과학의 탄생과 과학적 방법이 문명사에서 매우 중요하게 여겨지는 이유이다. 문명은 지난 수천 년 동안 발달해왔지만, 인간의 뇌는 기본적으로 그렇게 발달하지 못했다. 정치인은 일반 유권자가 사실보다는 믿을 만한 명확하고 단순한 해결책, 즉 좋은 사람과 나쁜 사람, 우리 대(vs) 그들, 그리고 '그들'을 소외시키는 장벽에 더 많은 관심을 가진다는 것을 알고 있다.

치료사도 인간이기에 보통 인간이 걸려들기 쉬운 함정에 빠진다. 인간 경험의 복잡성과 심리치료의 엄격함에도 불구하고, 많은 치료사는 만병통치의 치료법을 찾고, 그것이 모든 것을 설명해준다고 믿게 된다. 죄지은 사람이 예수에게 간 것처럼, 치료사는 주말 세미나에 참석해서 천 가지 치료법 중 어떤 하나를 배우고 난 후, 마치 정신건강에 대한 비밀을 발견한 것처럼 느낀다. 바로 그렇다. 치료법이 효과가 있다고 믿게 되었을 때 치료사에게도 위약 효과가 발생한다. 이 모든 것은 복잡한 세상에서 더 자신감 있고, 덜 불안하고, 덜 방황하도록 하는 무언가를 믿게 하는 정서적 필요성으로 귀결된다. 이것이 '문명화된' 생명체 안에서 작동하고 있는 원시적인 뇌-마음이다.

많은 왜곡 중에, 마음은 의식적 경험이 현재 순간에 발생하고 무언가를 선택하고 세상을 탐색하는 데 필요한 모든 정보를 포함하고 있다는 착각을 한다. 일상 경험의 중요한 측면은 인간이 자유로운 주체로서, 활용할 수 있는 정보에 기초하여 결정을 내리고, 자유의지를 지니고 있다는 것이다. 인간은 독립성, 자율성, 자유의지에 기초해서 사회를 조직했고 교육, 정부, 법률 시스템을 만들었다는 착각 속에 있다.

뇌-마음을 깊숙이 들여다볼수록, 행동하고 느끼고 생각하는 것의 많은 부분이 반사적이고 매우 자동적 처리 과정의 결과라는 것을 알게 된다. 정신분석학자 또는 신경과학자로부터 세상 속에서 경험하고 행동하는 것들이 어린 시절의 경험으로부터 많은 영향을 받는다는 것을 알게 되었다. 애착 연구는 어릴 때 관계가 암묵적 기억 속에 스며드는 무의식적 도식을 만들고, 그러한 도식이 친밀한 관계에서 어떻게 행동할지 결정한다는 것을 알려준다. 사회심리학은 수천 가지 방법으로 지각과 의사결정이 잠재의식 속의 메시지에 의해 영향을 받을 수 있다는 것을 실험적으로 증명하였다. 신경학 문헌에 나와 있는 수천 가지의 사례는 특정 뇌 부위의 뉴런 손실이 어떻게 한 남성이 아내를 모자hat라고 착각하게 할 수 있는지를 보여주었다.

Freud는 어릴 때의 트라우마 경험이 부적절하게 해결되었을 때 생각, 감정, 행동에 어떤 결과를 낳고, 그러한 결과가 성장한 후 사랑하고 일하는 능력을 어떻게 방해하는지 탐색한 사람이다. 그는 모든 트라우마를 해결하거나 각각의 신경증을 치료하는 데 별 관심이 없었다. 그는 고통받는 사람이 타인과 긍정적인 관계로 다시 연결하고 그들의 노력이 생산적일 수 있도록 하겠다는 실용적 목표를 가지고 있었다. Freud의 경우, 인간은 자유의지를 가지고 있지만, 이 자유의지는 지각을 왜곡하고 활력을 제한하며 잠재력에 부응하는 것을 방해하는 무의식적인 과정에 의해 제한된다고 주장했다.

광고주는 성별, 지위, 성공을 위해 나아가는 우리의 원시적인 욕구를 이용한 광고 전략으로 우리를 조종하였다. 그리고 이런 것들의 상징과 짝을 지어 자신들의 제품을 판매함으로써 자유의지의 한계를 이용해왔다. 키 큰 맥주 한 병을 비정상적으로 입을 크게 벌리고 있는 아름다운 어린 소녀의 얼굴과 나란히 놓거나, 위스키 잔의 얼음 조각이 파충류의 이미지를 담고 있도록 그렸다. 담뱃재를 비우고 있는 카우보이 모습이나 낙타가 담배를 피우는 만화는 어린 소비자를 유혹한다. 광고주의 관심을 끄는 Freud가 말한 무의식과 암묵적 기억 시스템은 소비자도 모르는 사이에 경험과 행동에 영향을 미친다. Freud의 경우, 무의식과 암묵적 기억이 초기 트라우마를 초래해서 우리에게 장기간 영향을 준다. 반면 광고의 경우, 무의식과 암묵적 기억은 우리에게 이익이 되지 않는 방식으로의 조작에 취약하게 만들기도 한다.

임상 수련에서의 신경유능성 10 | **심리치료의 핵심 원리는 선택할 수 있는 자유가 암묵적 프로그래밍에 내재한 편향을 얼마만큼 인식할 수 있느냐에 달려 있다.**

경험이 얼마만큼 착각인지에 대한 이해가 깊어지면, 다행히도 생각하고 믿는 것에 대해 좀 더 겸손한 자세를 갖게 된다. 신념은 사실이라기보다는 확률적 진술에 가깝기 때문에, 믿는 것이 객관적으로 진실이라고 결코 확신할 수 없다. 심지어 자기 자신에 대해 믿고 있는 것은 더 사실적으로 느낀다. 왜냐하면 현재의 자신보다 더 잘 보이려고 하는 노력은 지각과 판단 모두를 왜곡하기 때문이다. 관심을 끄는 또 다른 분야는 법정에서의 목격자 증언이다. 법률 시스템의 많은 부분이 범죄를 목격한 증언을 신뢰하는 것에 의존하고 있지만, 특히 매우 감정적인 상황에

서 기억의 많은 부분은 왜곡된다. 또 다른 핵심 쟁점은 치안과 형사 사법 제도 둘 다가 지닌 암묵적 편견과 관련이 있다. 심지어 자신이 편견에 사로잡히지 않았다고 믿고 말하는 것도 실험적인 환경에서는 유지되지 않는다. 암묵적 편견은 타인을 어떻게 판단할 것인지, 어떤 사람이 범죄를 저지를 것인지 아닐 것인지, 누군가의 손에 있는 모호한 물체가 무기인지 음료수 캔인지를 결정한다.

무엇이 자유의지이고 무엇이 자유의지가 아닌가? 실재와 착각이 뒤섞여 있어서 자유의지를 구분하기가 어렵다. 인간이 반사적이고 자발적인 생각과 충동을 갖지 않는다는 것은 불가능하다. 인간이 포유류인 한, 이러한 욕구는 가지고 있을 수밖에 없다. 인간에게는 이러한 생각과 감정을 의식하는 능력이 있고, 그런 욕구에 대한 반사적 행동을 억제하고, 만약 그것들이 부적절하다면 욕구에 따라 행동하지 않기로 결정하는 능력이 있는 것처럼 보인다. 다양한 압박감으로 가득한 도시보다 사바나 지역에서의 부족 생활에 더 적합한 구석기 시대의 뇌를 가진 인간은 그러한 뇌를 어떻게 사용할지에 대해 더 많은 책임을 져야 한다. 인간은 모든 것에 대한 정답을 알고 있다는 착각에서 벗어나야만 한다. 뇌와 마음이 반사적으로 의식으로 담아내는 것이 정확하거나 자신을 비롯하여 함께 사는 사람에게 이익된다는 생각에서도 벗어나야 한다. 바로 이러한 회의적이고 호기심 많은 자세를 갖는 것이 심리치료를 가장 효과적으로 만든다.

무언의 연결

잘 듣는 것은 대화를 잘하는 것만큼이나
강력한 영향력을 미치는 의사소통 수단이다.
- **존 마샬**(John Marshall)

뇌는 진화를 통해 매우 복잡한 사회적 기관으로 만들어졌고, 최적의 기능을 위해 발달하고 통합에 필요한 시스템들의 정부로 구성되어 있다. 뇌는 매우 복잡해서 소통, 조절, 통합의 붕괴에 매우 취약하다. 다행히도, 신경 복잡성은 대인관계를 통해 우리에게 치유할 수 있는 수단을 제공한다. 심리치료는 이러한 대인관계 중 하나에 속한다. 임상 훈련 시 초점을 둬야 할 부분은 심리치료에서 말로 표현되는 것과 대부분 관련이 있지만, 어떤 사례는 관계 속에서 조용히 실연되는 것이 말로 표현되는 것만큼이나 동등한 가치가 있다.

사회적 시냅스는 무언의, 무의식적인 의사소통 수준을 포함하는 넓은 대역폭을 가지고 있기 때문에, 인간은 사회항상성 조절을 지원하는 메시지를 서로 주고받을 수 있게 된다. 여러 내담자가 치료 회기 때마다 치료사를 매우 다르게 느끼도록 이끄는 것과 같은 방식으로, 치료사 역시 긍정적인 방식과 부정적인 방식으로 치료에 영향을 미칠 수 있는 내담자의 뇌와 마음의 상태를 만들 수 있다. 치료사의 자세, 목소리 톤, 표정, 손동작, 호흡 속도 등과 같은 이런 몇 가지 요소는 자동으로 사회적 시냅스를 통해 전달된다. 내담자는 이러한 신호를 거울 뉴런, 자율신경, 미주신경, 애착 체계를 통해 처리하고 해석하며, 치료 회기에서의 경험을 무의식적으로 처리한다. 만약 치료사가 자신이 보내고 있는 신호를 인식한다면, 내담자의 능력, 즉 감정을 조절하고, 신뢰감과 취약성을 경험하고, 상호 관계 속에서 경청하고 이익을 얻을 수 있는 능력을 활용할 수 있게 된다.

만약 치료사가 내담자가 무엇을 듣고 있는지, 어떻게 반응해야 하는지에만 주의를 기울인다면, 적어도 내담자가 주는 정보 중 활용할 수 있는 정보 반 이상을 놓치게 된다. 내가 심리치료를 배우고 가르친 수십 년 동안, 말에만 집중할 수 있는 치료사는 자신의 내면세계와 몸의 경험에 거의 접근하지 못하는 경우가 늘 있었다. 내가 보기에, 이것은 심리치료 훈련에서 볼 수 있는 많은 실패 중 하나로 치료의 효과를 전반적으로 감소시킨다. 신경유능성을 가진 치료사가 된다는 것은 과학을 아는 것만으로 끝나지 않는다. 내담자와 함께 치료실에서 과학을 적용하는 것을 필요로 한다.

과학은 인간이 수백만 년에 걸쳐서 형성된 사회적 동물이고, 과학과 언어는 긴 인류 역사 속에서 최근 짧은 시간 동안에 생겨났다는 것을 보여준다. 치료사는 서로 연결하고 영향을 주는 원시적인 방법을 알아야 할 필요가 있고, 이 지식을 내담자에게 도움이 될 수 있도록 활용할 필요가 있다. 치료사가 흥분하거나, 중심을 잃어버리고, 화가 나거나 혹은 어떤 식으로든 조절곤란의 상태에 있을 때, 치료사는 이 모든 에너지를 상담실로 가져와서, 그러한 상태를 인식하든 아니든 혹은 그러한 상태가 발생한다고 믿든 아니든, 그것을 치료 회기의 일부로 만든다. 이러한 통찰력 부족은 조절곤란의 자녀를 도와달라고 요청하면서 상담소를 찾아온 부모가 부부간 싸움과 사건, 별거 등이 자기 자녀에게 영향을 주지 않는다고 믿는 것과 비슷하다. 심지어 자녀 앞에서 절대 싸우지 않으면 부모의 감정이 자녀에게 영향을 주지 않을 것이라고 믿고 싶어 한다. 정확히 같은 방식으로, 치료사는 자신의 개인적 갈등과 감정은 치료 회기에 영향을 주지 않을 것이라고 믿고 싶어 한다. 문제는 인간은 그런 방식으로 행동하지 않는다는 것이다.

9

임상적 평가와 신경과학

인간의 뇌는 허블 우주 망원경이 지금까지 만들어 낸 만큼의
많은 데이터를 30초 안에 만들어 낸다.
- 코나드 코딩(Konard Kording)

치료사는 내담자의 말을 경청하고 더 깊은 의미와 상징적 가치를 추측하여, 내담자가 현재 증상과 갈등을 표현할 수 있도록 연결하고 시도할 수 있도록 수련받았다. 치료사는 내담자가 이야기하는 것에, 이야기하는 방식에, 그리고 의식하지 못하는 것에 주의를 기울인다. 치료사는 전달 방식, 태도, 몸짓, 자세, 표정으로 드러나는 양자 간의 상호작용 과정을 관찰한다. 그리고 치료사는 내담자 자신과 타인에 대한 신념과 태도뿐만 아니라 신념을 얼마나 확고하게 유지하는지에 대한 호기심을 가진다. 결국 핵심은 내담자의 모든 것이 잠재적으로 고려해야 할 중요한

정보라는 것이다.

시간이 흘러 신경계에 대해 더 많이 알게 되면서, 내담자의 뇌에서 무슨 일이 일어나고 있는지 궁금하지 않을 수 없었다. 이 장에서는 내담자의 뇌가 어떻게 발달하고 조직되었는지 추측할 수 있는 다양한 연구 분야를 탐색한다. 이러한 아이디어와 방법은 다른 형태의 평가를 대신하기 위한 것이 아니라, 연구 결과를 활용하여 임상 경험을 기초로 한 가설을 만들고 시험할 수 있도록 한다.

각성 조절 능력

고요함 속에서 배우는 것이 있고, 혼란 속에서 배우는 것이 있다.

- 윌라 캐더(Willa Cather)

무엇보다도 편도체의 활성화와 편도체를 조절하는 회로를 반영하는 내담자의 생리적 각성을 이해하는 것이 중요하다. 이러한 핵심 회로는 신체 건강에서부터 학습과 애착에 이르기까지 모든 것에 영향을 미친다. 각성을 안정시키고 정서를 조절할 수 있는 내담자의 능력은 유전적 유산과 초기 발달 경험을 알 수 있는 일종의 창이다.

심리치료가 효과가 있으려면, 내담자와 치료사에게 상당한 정서적 조절이 필요하다. 양쪽의 각성 조절은 최적의 연결, 조율, 신경가소성 및 긍정적인 변화를 위해 꼭 필요하다. 나는 너무 흥분해서 자리에 앉아 있을 수도 없거나, 한 가지 생각에 집중할 수도 없거나, 서로의 대화를 계속 추적할 수도 없는 내담자를 만난다. 많은 사람이 너무 오랫동안 매우 높은 수준의 각성으로 고통을 받아서 타인에게 각성을 숨기는 법을 배웠고, 그들 자신도 각성을 인식하지 못하게 된다. 치료사가 알 수 있는 유일한 단서는 주의산만, 신체적 흥분, 혹은 잠을 잘 수 없거나 일에 집중할 수 없다는 보고일 수 있다. 내담자는 불안에 관해 그 이상으로 이야기하지 않기 때문에, 치료사는 내담자의 불안에 대한 것을 보고에만 의존할 수는 없다.

심리치료에 심상화, 요가나 명상을 사용할 경우, 이러한 훈련이 불안에 떠는 내담자를 치료하는 작업으로 보이지 않을 수도 있다. 나는 많은 내담자가 생각을 명확히 하거나 호흡에 집중하도록 지시하는 것이 흥분, 두려움 그리고 통제할 수 없다는 사고를 담고 있는 판도라 상자를 열어준다는 것을 발견했다. 고요히 앉아 있으면 내담자가 의지하던 산만함은 사라지고 자신을 옭아매는 불안과 두려움에 직면하게 된다. 고요한 순간에서 풀려난 유령은 평소 불안과 흥분 상태보다 훨씬 더 내담자의 상태를 악화시킨다. 이러한 내담자의 경우, 기분 전환용 약물이나 오피오이드 성분이 함유된 진통제를 복용한 후에 부정적이고 심지어 두려운 경험을 보고하곤 한다. 불안과 정서 장애, 조증 방어, 또는 어릴 때의 스트레스와 트라우마를 겪은 내담자는 각성에 너무 민감한 뇌를 가지고 있어서 자신의 뇌를 진정시킬 수 있는 마음의 힘이 부족한 것이 사실이다.

신경유능성 평가 원칙 1 | **내담자의 각성 수준과 각성 조절 능력을 이해하고 평가하는 것은 모든 심리치료의 핵심이다.**

1차 실행 시스템 활성화, 즉 높은 기저 수준의 각성을 가진 내담자는 2차와 3차 실행 시스템을 만성적으로 억제한다. 치료사가 치료 기술을

사용하기 위해 접근해야만 하는 이 두 가지 시스템에는 추상적인 사고, 문제 해결, 그리고 자기성찰 능력이 필요하다. 본래 더 높은 수준의 실행 기능을 활용할 수 없는 사람은 자신 또는 타인과 어떠한 위로 관계를 맺지 못하고 있는 자신을 발견한다. 이러한 내담자에게 유용한 심리치료 작업을 하기 위해서는 치료 시 피질이 활성화될 정도까지 각성을 성공적으로 낮추는 약물치료와 함께 시작할 필요가 있다. 어떤 사람은 에어로빅, 식이요법, 사회적 상호작용과 같은 생활 방식에 변화를 줘서 자신의 각성을 하향 조절하곤 한다. 치료사가 알아야 할 중요한 점은 과대각성hyperarousal을 성공적으로 다루기 위해서 반드시 일반적인 심리적 문제를 먼저 다루어야만 한다는 것이다.

내담자의 각성 조절 능력을 평가하는 데 도움이 되는 한 가지 방법으로는 '전기 피부 반응galvanic skin response[GSR]'을 측정하는 간단한 바이오피드백 장치를 활용하는 것이 있다. 온라인에서 75달러 정도면 살 수 있는 그것은 오래된 컴퓨터 마우스처럼 생겼는데 맨 위에 두 개의 은색 줄무늬가 있고 자율신경 각성과 관련 있는 땀샘 분비물의 미세한 변화를 측정한다. 바이오피드백의 기본 아이디어는 내담자가 자신의 긴장감을 인식하고 몸과 마음을 더 쉽게 이완하기 위해 신호의 강도를 사용한다는 것에 있다. 작동하는 방식에 익숙해지기 위해서, 각성을 조절할 때 변화되는 신호의 강도를 직접 경험하는 것이 좋다. 이를 통해 자신에게 유용한 이완 기술을 익힐 수 있고, 생리적 각성이 이완의 의식적 경험과 얼마나 잘 일치하는지 관찰할 수 있다.

만약 내담자와 함께 GSR을 활용하기로 했다면 가능한 한 내담자가 편안한 자세를 취할 수 있도록 한다. 그런 다음, GSR 장치 위에 잘 쓰지 않는 손을 얹고 검지와 중지가 두 개의 은색 줄무늬 위에 놓이도록 한다. 사용자가 편안한 자세를 취하고 움직이지 않은 채 장치에 손을 얻을 수 있게 되면 신호 강도를 중간 수준으로 조정한다. 한 번에 5초씩 긴장과 이완을 번갈아 느끼도록 해서 긴장 수준에 따른 신호 강도를 경험할 수 있도록 한다.

신경유능성 평가 원칙 2 | 적당한 수준의 각성을 만들고 유지하는 능력은 신경가소성, 학습, 긍정적인 치료적 변화를 위해 필요하다.

일반적으로 내담자는 바이오피드백의 경험이 흥미롭다고 생각하고 도전한다. 치료 회기마다 내담자는 자신의 호흡, 근육 긴장, 그리고 생각이 어떻게 신체적 긴장에 영향을 미치는지 배운다. 여러 내담자를 만나면서 나 자신이 중심을 회복하고 더 이완할 필요가 있을 때, 특히 어려운 회기를 마쳤거나 살면서 어려움에 부닥쳤을 때, 그 장치를 사용하곤 한다. 대부분 사람은 10~15분 동안 각성 강도를 낮추는 법을 배울 수 있다. 내담자는 가끔 자신이 얼마나 많이 이완될 수 있는지를 경험한 후 놀랐다고 말한다. 심지어 어떤 내담자는 집과 직장에서 사용하기 위해 GSR을 주문한다. GSR 장치의 이점을 활용할 수 있는 내담자의 능력이나 그렇지 못하는 능력을 평가함으로써, 치료사는 내담자의 실행 시스템의 신경역동을 알 수 있게 된다. 좀 더 구체적으로 말하자면, 치료사는 2차 및 3차 실행 시스템을 활용하여 1차 실행 시스템의 편도체를 억제하고 조절할 수 있는지를 알 수 있게 된다.

이와는 대조적으로, 다양한 불안 장애로 고통받고 있는 내담자는 오랫동안 열심히 노력해도 바이오피드백 장치의 신호 강도를 바꿀 수 없다. 건강 상태, 약물 부작용, 또는 아침 식사로 에너지음료를 먹는 정도 등 설명할 수 있는 많은 가능성이 있기 때문이다. 하지만 바이오피드백 장치로 각성 강도를 변화시킬 수 없다는 것은 일반적인 성찰 기법contemplative technique으로는 치료에 실패할 가능성이 크다는 것을 의미한다. 나의 경험에 따르면, 이런 내담자는 통찰 지향 치료로부터 효과를 보기 전에 편도체 활성화를 하향조절하는 생화학적 개입이 필요하다.

다미주신경의 변화

법을 어겨야 한다면 권력을 잡기 위해 그렇게 하라.

- 줄리어스 시저(Julius Caesar)

각성을 조절한 후의 다음 단계는 앞 장에서 논의된 사회적 유대 시스템 혹은 다미주신경계에 관한 것이다. Porges는 각성에는 세 가지 상태가 있다고 주장한다. 첫 번째는 철수, 수치심, 셧다운과 관련 있는 배측dorsal 미주신경이 활성화되는 상태이고, 두 번째는 활성화, 동기화, 투쟁-도피와 관련 있는 교감신경이 활성화되는 상태, 그리고 세 번째는 접근, 연결, 자기성찰, 애착과 관련 있는 복측ventral 미주신경이 활성화되는 상태이다. 절망감과 부동화immobilization에 빠진 내담자는 능력을 발휘하지 못하고 분노를 표현하지 못하며 자기주장을 하지 못하게 된다. 배측 미주신경에 고착되는 경우 접근과 연결의 복측 미주신경에 연결하고자 노력하지만, 그렇게 하는 것을 매우 두렵게 느낀다. 그들은 부동화와 심한 수치심으로 고통을 받는데, 이는 행위에 대한 것이 아니라 바로 존재에 대한 것이다.

연결감을 느끼기 위해서는 먼저 교감신경계를 활성화하고 분노를 경험하고 자신의 힘을 발견하고 건설적이고 온전히 접촉하는 방식으로 표현하는 법을 배울 필요가 있다. 인간은 진정으로 타인과 친해질 수 있을 만큼 충분한 안전감을 느끼기 위해 자신의 힘에 접근할 필요가 있다. 대부분 치료사를 포함한 많은 사람은 타인의 분노에 대한 과거 경험 때문에 자신의 분노와 힘을 두려워한다. 이것 때문에, 많은 사람은 그들 자신 및 타인과의 관계를 맺는 동안 강한 감정을 회피하려고 노력한다.

이러한 내담자는 종종 경계 설정과 유지 그리고 자기관리에 어려움을 겪으며, 원인도 모르는 많은 신체 증상을 갖고 있다. 이 경우 아무것도 하지 않는 상태에서 활동적이고 적극적이며 자신의 힘에 접촉하는 것으로 변화할 수 있도록 돕기는 쉽지 않다. 치료 관계를 통한 조율과 연결을 위해 교감신경계와 복측 미주신경 모두 활성화될 수 있도록 해야 한다. 가소성과 학습은 안전감에 의존하기 때문에, 배측 미주신경에서 복측 미주신경으로 각성의 변화는 심리치료에서 긍정적인 결과를 얻고 이러한 결과를 자기 삶으로 통합하는 데 필수적이다.

이러한 변화를 만들기 위해서는 내담자가 자기관리에 초점을 맞춘 삶을 살게 하고, 위협적이라고 생각하는 사람 앞에서도 적극적으로 자기 주장을 하는 실험으로 구성된 세심한 치료 작업이 필요하다. 무술, 경쟁 스포츠, 힘든 운동은 우울증에서 사회와의 재결합으로 나아가기 위한 중간 단계의 역할을 한다. 자기 자신과 사랑하는 사람으로부터 애착과 보호를 받지 못할 때 느끼는 분노가 심리적 경계를 발달시키는 데 필요한 소매틱적 토대가 된다는 것을 내담자에게 안내하는 것은 매우 중요하다. 우선 3차원 공간에서 경계를 설정할 필요가 있다. 이는 나중에 대인관계 속에서 발달하는 심리적 경계를 설정하는 일종의 전초 역할을 한다.

좌-우반구 역할

이중 구조로 되어 있는 뇌는
'분리된 것처럼 보이지만 하나로 통합된 기관'인가?
- 헨리 모즐리(Henry Maudsley)

대부분은 누군가와 잠시 이야기를 나눈 후, 그 사람이 주지적인 관점에서 말을 하는지 감정적인 관점에서 말을 하는지 알게 된다. 이성적으로만 말하는 사람을 만났을 때, 그 사람이 감정적인 반응에 일정한 거리를 유지하고 있고 몸은 상호작용에서 배제되어 있다는 것을 알 수 있다. 우리는 말하는 사람이 자기 말을 어떻게 느끼는지 혹은 무엇을 느끼는지에 대해 질문하고 싶은 충동을 느낀다. 지루해하거나 화내지 않으면서 주의를 기울이기 위해서 고군분투한다. 그것이 무엇인지 알지 못하더라도 뭔가가 잘못되고 있다는 것을 알게 된다. 이러한 유형의 의사소통은 근본적으로 감정과 해리되어 있고 의사소통의 감정적 측면을 처리하는 신경망이 억제되어 있을 가능성이 크다. 이러한 시스템은 좌측 전두피질에 편향된 것으로 추측할 수 있다.

신경유능성 평가 원칙 3 | **우반구와 좌반구의 균형과 통합 수준은 개인마다 다르고, 양쪽 뇌 기능과 협력의 불균형은 태도와 방어, 그리고 감정 및 인지적 처리 과정 사이의 단절을 반영한 것이다.**

이와 반대로, 과도하게 감정적으로 표현하는 사람은 감정을 분출하는 일련의 이야기로 치료사를 압도할 수도 있다. 몸은 이러한 사람에게 방어적인 자세를 취한다. 왜냐하면 뒤로 물러서거나 경직되거나 말하는 사람에게 논리적인 틀을 강요함으로써 감정의 맹공으로부터 자신을 보호하려고 하기 때문이다. 치료사는 이러한 내담자가 자신을 구성할 수 있도록, 다시 말해 내담자가 분열된 감정을 일관성 있는 서술로 구성할 수 있도록 돕기 위해 노력한다. 애착 및 일관성의 관점에서 본다면, 이러한 사람 대부분은 불안 애착 유형에 속하고, 1차 실행 시스템인 편도체가 더 활성화되고 우뇌 편향의 특징을 가진 신경역동을 갖고 있다. 반면 앞에서 언급한 과도하게 주지화되는 경향을 가진 내담자는 회피 애착 유형에 속하고 우뇌 활성화가 억제되어 있거나 막혀 있고, 업무 지향의 2차 실행 시스템을 많이 활용한다.

이러한 경향 중 하나에 편향된 의사소통 방식은 논리적이고 선형적이면서 조절 기술의 특징을 지닌 좌뇌와 정서적이고 비선형적인 처리 과정의 특징을 지닌 우뇌와의 신경적 통합 수준이 낮다는 것을 반영한다. 대부분의 치료 형태는 내담자의 기능이 최소화되어 있거나 활용하지 못하는 기능을 더 많이 활용할 수 있도록 도와줌으로써 불균형을 다룰 수 있게 되어 있다. 이러한 상황에서, 내담자는 자신의 뇌를 통합하기 위해서 치료사의 통합된 뇌에 의존한다.

이야기의 일관성

자신에 대한 너무 많은 말은 자신을 숨기려는 의도일 수 있다.
- 프리드리히 니체(Friedrich Nietzche)

일관성 있게 이야기를 하는 것, 즉 이해할 수 있고 공감대를 형성하면서 이야기하는 것은 뇌의 가장 큰 기능 중의 하나이다. 그것은 인지, 감정,

운동, 사회적 기술을 담당하는 모든 뇌 영역에서 많은 신경 회로가 통합되고 성공적으로 발달해야만 가능한 일이다. 이야기를 만드는 과정이 매우 복잡하기에, 발달하는 동안 스트레스와 트라우마에 취약하기도 하다. 이러한 이유로, 내담자 이야기의 일관성이나 비일관성은 어린 시절과 애착 관계, 그리고 뇌 발달에 대한 귀중한 정보를 제공한다. 일관적인 의사소통에 관여하는 뇌에 필요한 것이 무엇인지 잠시 생각해 보자.

1. 언어적 의사소통을 하고 이해하는 좌반구의 수용성receptive[4] 및 표현성expressive[5] 언어 신경망
2. 말에 담긴 톤, 운율, 느낌을 제공하는 우반구의 정서적 언어 중추
3. 무엇을 아는지 모르는지, 무엇을 이해할 수 있는지를 생각하면서 듣는 마음 이론
4. 듣는 사람의 표정, 몸짓, 자세, 말에 대한 반응 등을 관찰할 수 있도록 하고, 타인과 조율하고 연결할 수 있도록 돕는 거울 신경계
5. 내적 및 외적 자극에 의한 정서적, 인지적 산만함을 조절 및 억제하고(1차 실행 시스템), 선형적이고 의미 있는 담론을 만들고(2차 실행 시스템), 그리고 말하는 자신과 듣는 사람을 인식할(3차 실행 시스템) 수 있도록 도와주는 잘 발달한 통합된 실행 시스템

---

4) '수용성 언어 신경망'이란 언어적 의미를 수용하고 이해하는 과정과 관련이 있는 신경망을 말한다(역자 주).

5) '표현성 언어 신경망'이란 어휘, 몸짓 또는 언어적 신호의 생성과 연관이 있는 신경망을 말한다(역자 주).

6. 충분히 명시적이며 자서전적 기억을 저장하고 인출하는 건강한 측두-해마 기억 신경망

어떤 사람은 말을 할 때 습관적으로 여러 가지 상황과 사람에 대해 이야기하면서도 정작 이해할 수 있는 필요한 정보를 주지 않는다. 또 어떤 사람은 여러 이야기를 하면서 별 관련 없는 내용을 연결하여 갑자기 이야기가 옆길로 새면서, 듣는 사람을 혼란스럽게 하거나 무관심 혹은 감정적으로 무감각하게 만든다. 이런 식으로 담론이 일관적이지 못하다는 것은 내담자의 발달사와 의식적으로 자서전적 기억을 할 수 없는 신경 기능에 대한 단서를 제공한다는 점을 잠시 생각해 보자. 다시 말해 이처럼 치료사가 내담자의 이야기를 이해할 수 없다는 것은, 처음 적응했던 사회적 환경과 가장 어렸을 때의 삶에서 내담자의 뇌가 어떻게 형성되었는지에 대한 단서를 제공한다. Mary Main과 동료는 어린 시절 관계 경험을 묻는 개방형 질문으로 구성된 성인 애착 면접 질문지를 개발했다.

신경유능성 평가 원칙 4 | **이해할 수 있는 이야기를 만들어내는 것은 매우 복잡한 과정으로, 인지와 정서 및 실행 신경망의 발달과 통합을 반영한다.**

Main과 동료는 내담자의 반응을 조사하는 대신, 듣는 사람이 이야기를 이해하고 믿는 것이 얼마나 쉽거나 어려운지를 평가하는 '언어적 일관성 척도'를 사용했다. 이 분석 방법은 정서적 및 경험적 자료의 통합, 기억과 정보의 간극, 표상의 전반적 질을 고려한다. 일관성 분석coherence analysis은 다음과 같은 'Grice의 원칙'에 기초한다. (1) 질quality: 진실하

고 충분한 근거의 발언, (2) 양quantity: 필요한 만큼의 발언, (3) 관련성relevance: 주제와 관련성 있는 발언, (4) 태도manner: 명확하고 질서정연하고 간명한 발언. Main과 동료는 안정 혹은 불안정한 애착 도식을 가진 사람이 서로 다른 형태의 이야기를 만들어내는 것을 발견했고, 이러한 형태는 심리적, 사회적, 신경생물학적 발달이 서로 얽혀있다는 속성을 반영한다.

안정 애착/이야기의 일관성

안정적으로 애착을 경험한 아이의 부모는 생생하고 상세한 기억과 함께 일관성 있게 이야기한다. 안정 애착의 자녀가 표현하는 감정과 사용한 형용사는 자신이 이야기한 내용과 일치하고 그 이야기를 뒷받침한다. 그들은 부모의 현실적이고 균형 잡힌 관점을 대변했고, 감정적으로 압도당하지 않으면서도 부정적인 감정을 표현할 수 있었다. 이러한 유형의 일관성 있는 성인 내담자가 겪는 현재의 어려움은 어린 시절 이후의 경험에서 비롯된 것일 가능성이 더 크고, 앞에서 언급한 6가지 신경계가 온전하게 발달하여 통합되었을 가능성이 있다는 것을 의미한다. 치료에서 볼 수 있는 이러한 내담자의 문제는 보통 관계의 어려움, 스트레스 경험 혹은 성격 유형과 관련한 특정한 약점과 관련이 있다.

성장하면서 안정적 애착을 경험한 유아는 자기대화self-talk에 참여하고 자기반성self-reflection을 하게 된다. 2차와 3차 실행 시스템이 필요한 이러한 심리 과정은 정서 조절, 인지적 통찰, 그리고 일관성 있는 담론을 증가시킨다. 이러한 능력을 반영하는 인지적, 감정적, 신경적 통합은 스트레스와 트라우마 경험을 좀 더 잘 처리할 수 있게 하고 치료적 효과를 얻을 수 있도록 한다. 당연히 자기 정서를 통찰하고 활용하는 부모의 능력은 자녀가 감정을 활용할 수 있도록 하는 능력으로 드러난다. 사람과 상호 소통하는 감각이 있다는 것은 3가지 실행 시스템이 실시간으로 연결되어 있고 잘 통합되어 있다는 것을 의미한다.

회피 애착/이야기의 비일관성

부모의 두 번째 집단은 회피성 경향의 자녀를 가진 사람들로, 이들은 아동기의 주요한 사건에 대한 기억에 상당한 공백이 있는 이야기를 한다. 그들이 가졌던 기억은 종종 가족사진과 타인이 들려주는 이야기를 바탕으로 구성된다. 나는 이 집단이 아동기 만성적 스트레스로부터 고통을 받았다고 가정한다. (1) 일화적 기억의 공고화, (2) 측두-해마 기억 시스템의 발달, (3) 3차 실행 시스템에 문제가 있다고 생각한다. 자녀에 대한 부모의 무시적dismissive 태도는 자기 부모와의 관계 경험과 일반적으로 유사했을 것이다.

그런 사람의 방어는 부정, 회피, 주지화 경향이 있고, 좌뇌 중심적이고 종종 분석적이면서 감정을 멀리하는 경향이 있다. 타인과 상호작용하는 것에 상당한 불편함을 느끼고, 대인관계에서 부담감을 느끼곤 한다. 전이는 치료사의 능력에 대한 신뢰와 치료 동기가 부족할 때 발생한다. 왜냐하면 그들은 상대와의 관계를 탐색하는 데 자신의 규칙에 크게 의존하고, 그 규칙에 어긋나는 사람에게는 부정적인 반응을 강하게 드러낸다. 무시적 부모의 흑백적 사고와 기억 회상의 어려움은 신경망이 단절되어 일관성 있게 통합되지 못했다는 것을 반영한다.

신경유능성 평가 원칙 5 | 자서전적 기억을 세부적으로 기억하지 못하는 내담자는 무시/회피 애착 유형의 경향이 있고, 어릴 때 높은 각성과 정서적 기능의 어려움을 경험했을 가능성이 있다.

불안 애착/이야기의 비일관성

세 번째 집단은 불안감과 혼란스러움을 느끼는 사람으로, 이들은 이야기할 때 내용이 연결되지 않고 사고는 이탈되어 감정에 빠지는 경향이 있다. 마치 자신이 하는 말에 의해서 동요되는 것처럼 보인다. 자신이 무슨 말을 하고 있는지 자기관찰self-monitoring과 자기알아차림이 부족하고, 마음속으로 듣는 사람의 관점에서 듣지 못한다. 만성적으로 높은 수준의 불안은 2차와 3차 실행 시스템을 억제하고 외부 세계에서 문제를 해결하는 데 어려움을 겪게 하고 자신과 타인으로부터 단절되는 경험을 갖게 한다. 과거와 현재 사이의 경계가 명확하지 않고, 지속해서 부모에게 의존한다.

이러한 내담자는 대인관계에서 경계를 유지하는 데 어려움을 겪으며, 너무 많은 말을 한꺼번에 쏟아 놓아 대화를 불가능하게 만들곤 한다. 이때 치료사가 직면하는 초기 어려움은 내담자가 흥분과 불안을 줄일 수 있도록 돕는 방법을 찾는 것이다. 이후 이어지는 어려움은 내담자가 두서없이 말하는 양을 줄이고 더욱 정확하게 말할 수 있도록 돕고, 감정을 느끼고 생각할 수 있도록 하고, 과거에서 현재로 집중할 수 있도록 돕는 것이다.

신경유능성 평가 원칙 6	이야기가 지나치게 포괄적이고 논점에서 벗어나는 내담자는 불안 애착 도식을 지니고 있으며 감정을 조절하는 데 어려움을 겪는 경우가 있다.

혼란 애착/이야기의 비일관성

마지막 집단은 정서적 침습과 파편화된 정보에 의해 어려움을 겪는 경우로, 매우 일관성이 없는 이야기를 한다. 이러한 이야기는 제대로 거르지 않은 내용이 넘쳐나는 것이 특징이다. 정서적 조절곤란의 상태는 조절을 더욱 어렵게 만드는 말을 하도록 이끌고, 말이 많아지고 속도가 빨라지는 다변증pressured speech의 결과를 불러온다. 어린 시절의 이야기 내용은 해결되지 않은 트라우마와 슬픔에 대한 것이고, 어린 시절을 회상하면서 스트레스를 받을 때는 자신의 이야기를 제대로 구성할 수 없게 된다. 특히 이 집단에 속하는 사람은 초기 스트레스, 실행 기능의 발달, 일관성 있게 이야기하는 능력 사이의 관계를 매우 생생하게 보여준다.

결과적으로 애착 관련한 연구는 애착 도식이 세대 간 전수된다는 점을 강조하고, 성인이 되어서 일관성 있게 말하는 것은 애착 도식뿐 아니라 초기 스트레스와 뇌의 조직 상태를 반영한다는 점을 강조한다. 본질적으로 이야기의 일관성은 '신경 일관성neural coherence'과 유사하다고 생각될 수 있다. 이 가정이 어느 정도 사실인지와 관계없이, 애착 관련한 연구 결과는 심리치료에서 내담자의 뇌와 마음을 평가하는 데 잠재적으로 적용될 수 있다. 명시적 기억의 내용은 변하기 쉽고 왜곡되기 쉽지만, 신경생물학적으로 내재하여 있는 어린 시절의 기억은 변화에 대한 저항력이 강하다. 치료사와 내담자 사이에 진행되는 이야기의 속성과 특징은 초기 경험을 평가할 수 있는 가장 좋고 정확한 척도 중 하나일 수 있다.

어린 시절 학대와 언어 손상

부모가 하는 모든 말과 표정, 몸짓이나 행동은
자녀에게 자기 가치에 대한 어떤 메시지를 준다.
- 버지니아 사티어(Virginia Satir)

후성유전학 연구는 어린 시절 트라우마와 학대가 수용성 및 표현성 언어 시스템의 발달에 부정적인 영향을 미칠 수 있다고 한다. 이는 직업과 대인관계에서 학습의 어려움과 손상을 보고하는 것과 일치하는 것으로, 대화 시 중요한 단서를 놓치고 잘못된 의사소통에 기초한다. 또한, 내담자의 언어 능력이 특별하게 다른 지적 능력보다 훨씬 낮아서 더 쉽게 단서를 놓치게 되면, 대화 치료로 치료적 혜택을 얻기가 쉽지 않게 된다.

이와 같은 내담자와 치료 작업을 할 때, 치료사는 단어 선택과 말의 속도 그리고 치료사의 말을 이해하지 못하거나 헤매고 있다는 징후를 내담자의 표정을 통해 관찰하는 것에 특히 신중해야만 한다. 수용성 언어 장애를 지닌 사람은 치료사의 말을 놓쳐서 머리가 텅 빈 것처럼 되고, 치료사의 말을 이해하지 못하면서도 이해하고 있다고 말하기도 한다. 치료에서 서로의 말을 따라갈 수 있는 능력에 대해 솔직하게 대화하는 과정을 거친다면, 의사소통의 어려움을 함께 극복할 수 있도록 돕고, 더 나아가 더 많은 것을 개방할 수 있게 된다.

신경유능성 평가 원칙 7 | 트라우마를 경험하고 지속해서 스트레스를 받는 내담자는 수용성 및 표현성 언어 사용에 어려움을 겪을 수 있다.

초기 스트레스가 신경 발달에 미치는 영향 외에도, 현재의 스트레스는 브로카Broca 부위의 억제로 이어져, 일시적인 실어증을 보이거나 PTSD의 '말문 막히는 공포speechless terror' 증상을 보인다. 이러한 현상은 말의 유창성과 이해의 어려움이 내담자의 현재 각성의 상태뿐만 아니라 초기 스트레스와 트라우마를 보여주는 징후일 수 있음을 시사한다.

정치적이고 초자연적인 신념

자신이 우월한 부족에 속해 있다는 믿음은
늘 위대한 생존의 가치였다.
- 에드워드 윌슨(Edward Wilson)

신경과학에 대한 나의 관심과 다르게, 정치와 초자연적인 것은 항상 내 마음 한구석을 차지하고 있다. 이 두 가지 이슈가 얼마나 골치 아픈 문제인지는 뇌의 연결 방식에 대한 답을 고대 사유에 의존하고 있다는 점에서 확연하게 드러난다. 먼저 정치적 관점에서 살펴보면, 많은 연구에서 보수와 진보 이념을 가진 사람의 신경생물학적 차이가 탐색되었다. 지금까지의 연구에 따르면 진보주의자의 경우, 의사결정과 관련 있는 전측 대상피질이 더 활성화되고 더 많은 회색질을 지니고 있다. 반면 보수주의자의 경우, 좌측 뇌섬엽이 더 크고 우측 편도체가 더 활성화되며 더 많은 회색질을 지니고 있다.

신경유능성 평가 원칙 8 | 보수적인 혹은 진보적인 정치적 신념을 가진 사람은 신경해부학적 활성화와 사고 패턴에서 차이가 있다. 이것은 치료사가 내담자를 이해하고 소통하고 치료하는 데 도움이 될 수 있다.

이런 차이점을 기초로 살펴보면, 보수주의자는 위험에 대한 혐오 반응을 더 많이 경험하고 낯선 것과 미지의 것에 대한 두려움에 더 민감하다는 것을 예상할 수 있다. 사회심리학 연구에 따르면, 보수주의자는 사고방식에 있어 좀 더 흑과 백으로 구조화하고 고집이 세어 새로운 정보에 영향을 덜 받는다. 정치 전략가는 이러한 경향에 대해 알고 있으며 이것을 선거 운동 중에 활용한다. 편도체의 더 높은 활성화는 3차 실행 시스템의 기능을 억제하여 마음 이론 능력을 줄이고, 보수적인 사람을 불안하게 하는 흉악범, 테러리스트, 이민자 등에 대한 동정과 공감을 감소시키고, 더 강한 국방력과 더 튼튼한 국경 장벽과 같은 외부 위협에 대한 보호를 요구한 것에 잘 반응하는 것과 관련이 있다. 이와는 대조적으로 진보주의자의 경우, 보살피는 역할과 관련이 있는 전측 대상피질이 더 활성화되고, 공정성이나 포용성 그리고 적을 친구로 만드는 정치적 메시지에 잘 반응한다.

따라서 어떤 한 내담자의 정치적 성향을 통해 세 가지 실행 시스템, 자기성찰 능력, 모호함과 알지 못하는 것을 인내할 수 있는 능력 등에 대한 상대적 균형의 정도를 고려할 수 있다. 이러한 정보는 구조화된 개입 혹은 비구조화된 개입을 선택하는 데 도움을 준다. 보수주의자는 좀 더 구체적이고 지시적인 형태의 치료로부터 혜택을 받을 가능성이 크고, 진보주의자는 통찰 지향적이고 관계적 치료 접근에 더 적합할 수 있다. 보수주의자는 치료 초기에 신뢰를 구축하고 관계를 쌓는 데 더 긴 시간이 필요하지만, 일단 관계가 잘 확립되면 치료사와 더 많이 연결하고 치료에 헌신적이다. 강경한 투로 말하는 보수주의자의 이면에는 알지 못하는 것으로부터의 위험에 대한 두려움이 내재한다. 반면 진보주의자는 개인적 경계를 설정하거나 동반 의존적 관계를 맺고 적절하게 자기를 관리하는 데 더 많은 어려움을 겪을 수도 있다.

나는 초자연적인 경험과 믿음을 보고하는 사람, 즉 자신을 심령술사라고 주장하고 유체 이탈, 시간 여행, 텔레파시 등을 믿는 많은 내담자를 만났다. 이들 대부분이 정신질환자는 아니었지만 모두 불안과 우울 증상을 겪었으며 어릴 때 만성적인 스트레스와 트라우마를 겪었다고 보고했다. 나는 이러한 일관된 패턴 때문에 초자연적인 믿음과 실천이 내담자의 발달 과정 동안 경험한 스트레스와 트라우마의 영향에 대한 잠재적인 정보라는 것을 알게 되었다.

아동기의 트라우마성 스트레스에 대한 생화학적 관점은 뇌가 발달하는 동안 편도체는 더 크고 활동적으로 되고, 해마는 더 작고 기능이 떨어지며, 평상시 코르티솔, 아드레날린, 도파민, 내인성 오피오이드의 수준이 더 높다는 것을 보여준다. 이러한 변화는 현실 검증력과 문제 해결 능력의 감소와 함께 더 큰 수준의 두려움과 불안으로 이어진다. 이러한 요소는 피해자를 1차 실행 시스템과 아동기의 '일차적 사고 과정 primary process thinking'[6]으로 이끈다. 이러한 사람은 성장하면서 과장되고 왜곡되고 압도되는 경험을 이해하기 위해 좀 더 쉽게 초자연적인 설명을 받아들이고 만들어낸다.

초자연적인 신념을 강하게 가지고 있던 나의 내담자 중 대부분은

6) 외부 세계에 대한 고려 없이 표현된 비조직적이고 비합리적인 사고(역자 주).

어린 시절에 겪었던 어려움과 연관이 있었다. 사회불안 장애가 있는 것으로 보이는 한 남자는 시간을 여행할 수 있다고 믿었다. 그의 어머니는 유아기부터 매일 그를 때렸고, 14번째 생일에 이제 그만하라고 요구할 때까지 자신을 폭행했다. 그녀는 "알았어! 난 네가 그걸 좋아하는 줄 알았어"라고 대답했다. 텔레파시 능력이 있다고 확신하는 30대 여성의 내담자는 8살 때 남동생 옆 소파에 앉아 있다가 총소리를 들었고 TV가 부서지는 것을 봤다고 했다. 정신을 차린 후 동생을 보았을 때, 벽을 뚫고 들어와 TV를 부서트린 총알이 동생의 작은 머리를 산산조각 낸 것을 보았다. 그녀는 성인이 된 이후에도 불안, 공황 발작, 광장 공포증, 그리고 타인의 마음을 읽고 미래를 볼 수 있다는 믿음으로 고통을 받았다.

신경유능성 평가 원칙 9	**성장하는 동안 겪은 트라우마와 지속적인 높은 수준의 스트레스는 신경해부학적 및 생화학적 발달에 불균형을 초래하여, 어릴 때 마술적인 생각을 하게 하고 이후 삶에서까지 초자연적인 경험과 신념을 지속함으로써 더 취약하게 만든다.**

시간 여행을 하거나 압도적인 상실감 앞에 영매와의 연결을 유지함으로써 학대를 피하는 것은 분명히 상징적 가치가 있다. 방어는 여러 형태로 드러나지만, 초자연적인 믿음과 경험은 뇌 발달의 수준을 반영하고 내담자의 과거를 알 수 있는 창을 제공한다. 많은 문화권에서는 어떤 사건을 초자연적으로 설명하는 것이 사회적으로 큰 영향을 발휘하고, 초기 트라우마의 증거가 아닐 수도 있다는 점을 명심해야 한다. 하지만 어릴 때 트라우마는 거의 모든 문화에서 발생하는 현상이고, 초자연적 설명에 대한 내담자의 집착은 어릴 때의 삶에 대한 가치 있는 정보를 제공한다.

자기성찰 능력과 내적 세계

광기 속에서도 침착함을 찾아야 한다.

- 루피타 뇽오(Lupita Nyong'o)

자기성찰 능력은 복잡한 진화와 발달 과정에서 성취된 것이다. 그러기 위해서는 마음 이론, 감정적 및 소매틱 상태에 대한 자기알아차림, 자신을 타인처럼 볼 수 있는 자기객관화 능력 등이 필요하다. 또한, 불안을 가라앉히는 방어 능력과 자신을 있는 그대로 볼 수 있을 만큼의 감정 조절 능력에 의존한다. 내적 세계를 갖는다는 것은 많은 의미가 있다. 첫째, 시간의 흐름 속에서 지속적인 자기감을 가지는 것이다. 나이가 들어도 과거의 자신이 연속되고 있다는 느낌을 유지할 수 있다. 둘째, 마음과 몸을 일정 기간 고요하게 유지할 수 있고 현재 순간에 '긴밀감sense of coherence'[7]을 경험할 수 있다. 셋째, 내적 심상 세계를 창조하고 접근할 수 있으며, 일상으로부터의 전략적 도피처로 활용하여 조금 떨어진 곳에서 자기 삶을 숙고할 수 있다. 내적 세계의 핵심은 침착하게 자기를 조절하고 자기를 알아차림 할 수 있는 능력이고, 자기 삶의 최고 경영자가 될 수 있는 능력이다.

이러한 능력을 일찍부터 발달시킨 사람은 자연스럽게 자기성찰 능력과 내적 세계를 갖는 것이 보편적이라고 생각했었다. 그러한 능력이 전혀 없는 사람이나 자녀에게 그 능력을 공유한다는 생각을 한 번도 해본 적이 없는 사람에게 둘러싸여 성장한 사람이 그러한 능력을 발달시

7) 현존하거나 잠재된 자원을 활용하여 스트레스에 대항하고 건강을 증진할 수 있는 능력(역자 주).

킬 수 없다는 것을 깨닫기까지는 나에게 시간이 필요했다. 여전히 사람은 스트레스, 트라우마, 뇌 손상의 영향으로 인해 자신으로부터 유배된 삶을 산다. 내적 자기감은 선천적인 것이 아니라 오랜 시간에 걸쳐 만들어지는 것이다. 자신이 무엇을 생각하고 느끼고 경험하고 있는지에 대한 호기심을 표현하고, 내적 세계를 가지고 있는 존재로 대하는 가족이나 문화 속에서 성장할 때, 내적 자기감이 생기기 시작한다. 자기애적 부모의 자녀의 경우, 자기감은 거의 없고 타인감만을 가진 채 성인기로 접어드는 경우가 있는데 이러한 현상은 흔하다. 이는 자녀에게 호기심을 갖지 않고 부모 자신의 욕구를 충족하는 연장선상에서 자녀를 취급하는 양육자에 의해 발생한다.

신경유능성 평가 원칙 10 | 안전하고 조용한 내적 세계를 창조하여, 내적 세계를 방문하고 재방문하는 능력은 정동 조절, 자기정체성, 상상력, 문제 해결, 창의성 등의 원천이 된다.

자기감이 없는 내담자는 대체로 완벽주의 형태로 자기를 통제하려 하거나 산만함과 중독을 통해 자기를 망각하려고 시도하면서 강한 수치심을 경험한다. 그들은 자신이 무엇을 어떻게 느끼는지, 무엇을 좋아하는지, 무엇을 하고 싶은지 알아차리지 못하곤 한다. 자기 견해가 없거나, 자기주장을 하지 못하거나, 자기를 드러내지 않는 법을 배웠다. 이러한 내담자는 종종 우울증, 불안, 육체적 질병 등으로 배측 미주신경에 고착된 상태에서 치료를 받으러 온다. 자기성찰이 아닌 타인의 눈치를 보면서 살고, 자신이 그런 것처럼 타인도 그렇게 하는 것을 두려워한다. 이러한 내담자의 경우, 임상 장면에서 신경역동은 1차 실행 시스템의 지배 아래 있게 되면서 성찰과 내면성을 키우는 데 필요한 다른 두 개의

실행 시스템의 발달을 저해한다. 2차 실행 시스템을 통해 외적 세계를 잘 탐색할 수 있어야 하고, 필요한 경우 그 세계로부터 단절할 수 있어야 한다. 그런 다음에야 3차 실행 시스템을 통해 자기감과 내적 세계를 자유롭게 발달시킬 수 있다.

치료사는 내담자가 자신을 비롯한 대인관계나 일상 경험을 얼마나 잘 이야기하는지 혹은 그렇지 않은지 살펴봄으로써 내담자의 내적 세계를 평가할 수 있다. 자신을 도외시하고 사는 사람들은 외부에 편향된 동기와 관심이 있고, 대인관계와 직장 생활을 설명할 때 주관적인 경험을 이야기하지 않는다. 나는 내담자에게 회기 중에 침묵할 때 무슨 생각을 하고 있는지 묻거나, "조용한 일요일 오후에 혼자 있을 때 어떤 생각이 떠오르나요?"와 같은 질문을 종종 한다. "그런 일은 한 번도 없어요"와 같은 이야기를 하면, 약간 힘을 주어 몇 가지 다른 방식으로 같은 질문을 한다. 이때 치료사는 그들이 불안과 우울을 회피하기 위해 활동적이고 산만함에 머물러야만 하고, 혼자 있을 수 있는 능력이 부족하다는 것을 알게 된다.

어떤 내담자가 주관성이 없고 내적 세계가 결핍된 것처럼 보인다면, 치료사는 내담자가 능력을 갖추는 데 도움이 되는 어떤 하나를 가질 수 있도록 도움을 주고 싶을 것이다. 이때 나는 내담자의 자기알아차림 능력을 증가시키기 위해 신체 작업에 중심을 둔 치료로 시작한다. 그런 다음, 내담자와 함께 휴식과 이완을 할 수 있는 상상 속의 안전 공간을 만드는 치료 작업을 한다. 이러한 치료 작업이 도움이 되는지 아닌지는 앞으로 드러나게 될 불안과 두려움을 관리할 수 있는 내담자의 능력과 상상력, 그리고 삶 속에서 실험하는 방법을 고안할 수 있는 치료사의 창의성에 달려 있다.

10

사례 개념화

의학은 불확실성의 과학이자 가능성의 예술이다.

- 윌리엄 오슬러(William Osler)

생물심리사회적 모델이 수십 년 동안 있었음에도, 생물학적 개념은 심리치료 수련과 훈련에서 제대로 활용되지 못했다. 사례 보고서에서 생물학적 개념은 신체 질환, 약물 사용, 알려진 신경학적 손상에 초점을 두고 있는 의학사의 한 영역으로만 늘 제한되었고, 이러한 경향은 지금이나 반세기 전이나 근본적으로 동일하다. 이러한 경향을 반세기 동안 진행된 사례 개념화와 치료법에 관한 다양한 연구와 비교해 보자. 문화적 배경, 문화변용acculturation[8], 편견과 불평등이 심리에 미치는 영향

8) 두 문화 간의 상호작용으로 일어나는 문화변동(역자 주).

등과 같은 이슈는 좋은 사례 개념화를 위한 필수적인 요소가 되었다.

나는 생물심리사회의 세 가지 요소, 즉 진화, 뇌 발달, 신경과학, 유전학의 기여라는 생물학적 관점이 심리치료 분야에 대한 더 넓은 이해와 평가 그리고 통합을 가져올 것이라는 희망을 품고 있다. 이러한 사고방식이 자리를 잡게 된다면, 앞으로 많은 탐색과 실험이 있게 될 것이다. 여기서 중요한 것은 뇌-행동 관계에 대한 지식을 일상에서 이해하고 활용할 수 있는 심리적이고 사회적 개념으로 통합하는 방법을 알게 된다는 점이다. 심리치료를 생물학적 관점으로 더 깊이 탐구하기 전에, 먼저 과학적으로 통합될 수 있도록 사례 개념화를 폭넓은 관점에서 검토해보자. 이러한 사례 개념화는 이미 치료사의 훈련에 핵심적인 부분이라고 생각하기에, 초점을 맞추고 있는 생물학적 요소를 확장하기 위한 맥락으로 아래에 최소한의 개요를 제시하고자 한다.

균형 잡힌 사례 개념화를 위한 10단계

1. **이론적 지향**: 사례 개념화는 어떤 하나의 이론(CBT, 정신역동, 인본주의/실존주의 등)을 지향하면서 만들어진다. 이러한 이론은 정신건강과 정신질환에 대한 이론 그리고 개념화에서 드러나는 긍정적 변화에 대한 이론으로 내담자에 대한 치료사의 이해를 체계화한다.
2. **주 호소 문제**: 주 호소 문제는 내담자의 현재 문제로, 내담자가 보고하거나 회기 중에 드러난 증상의 어려움과 치료적 초점이 될 수 있는 여러 문제를 포함하고 있다.
3. **생물학적 문제**: 이 부분에서 신경유능성이 등장하는데 뇌 발달과 통합, 언어의 생성과 일관성, 실행 시스템의 질과 균형, 트라우마나 방

임 혹은 만성적인 불안과 관련된 잠재적인 신경 발달 문제 등에 초점을 맞춘다. 또한 의학적 문제, 약물 부작용, 뇌 손상의 이력을 포함한 전통적인 생물학적 고려 사항도 이 부분에 포함된다.

4. **심리적 문제**: 이 부분에는 증상, 방어, 대처 전략, 핵심 신념, 태도, 영적 신념, 의미, 영감의 원천, 회복력, 감정 등이 포함된다.
5. **사회적 문제**: 이 부분에는 사회 기술 및 참여, 지지, 애착 유형, 문화, 문화변용, 가족 역동, 선입견, 사회적 태도 등이 포함된다. 또한 평가 및 치료에 다른 사람(배우자, 친구, 형제, 부모 등)이 참여하는 것도 내담자에게 도움이 될 수 있다.
6. **평가**: 심리적, 인지적, 신경심리적, 의학적 평가를 위해 도움이 되는 것은 무엇인가? 이미 활용할 수 있는 정보로부터 무엇을 더 배울 수 있을까? (11장 참고)
7. **협업**: 어떤 다른 전문가와 비전문가(만약 있다면)를 치료 팀에 합류시켜야 하는가? 여기에는 친척, 후원자, 교사, 코치, 종교 지도자, 전문 치료사, 친구 등이 포함될 수 있다.
8. **관계성**: 이 부분에는 내담자와 치료사의 개인사에 기초한 전이 및 역전이를 비롯하여 인종, 성격, 문화, 태도, 나이, 성별 등 치료사와 내담자 간의 차이점이 포함된다.
9. **치료 목표**: 내담자와 치료사가 합의한 단기 · 중기 · 장기 목표가 있다. 치료사는 초기 치료 목표에 도달한 후에 내담자와 논의해서 다른 목표를 정할 수도 있다.
10. **전략 및 기술**: 치료 전략은 치료를 위한 가장 중요한 치료적 실행 계획이다. CBT의 경우, 부정적인 핵심 신념을 발견하고 수정하는 것을 치료 전략으로 한다. 이에 비해 게슈탈트 치료사는 사고, 느낌, 감각에 대해 알아차림을 확장하는 것을 치료 전략으로 한다. 치

료 기술은 전략을 구현하는 데 사용되는 특정 개입 기법이다. CBT 치료사는 부정적인 핵심 신념에 대해 합리적으로 질문하는 기술을 사용할 것이다. 반면에 게슈탈트 치료사는 내담자가 자기 경험의 다른 부분으로 알아차림을 확장할 수 있는 빈 의자 기법을 사용할 것이다.

이 모든 요인을 고려한 다음 단계는 각 범주가 다른 범주에 어떤 영향을 미칠 수 있는지 고려하는 것이다. 예를 들어, 지적 방어와 좌반구를 주로 사용하는 경향을 가진 내담자는 인지 지향 치료법에 더 편안함을 느낄 수 있지만, 소매틱 형태의 치료로부터 더 많은 혜택을 얻을 수도 있다. 소매틱 치료는 내담자의 불안감을 더 조성하기도 하지만, 정동과 인지와 관련 있는 신경 시스템의 통합과 알아차림을 확대할 기회를 준다. 또 다른 예로, 만약 치료사가 다른 문화권의 내담자를 만나고 있다면, 그들에게 적절하지 않을 수도 있는 심리학적 평가를 하는 것보다 그들의 문화에서 자신의 증상이 갖는 의미와 배경에 대해 더 많이 알아보는 것을 평가에 포함할 필요가 있다. 치료사는 내담자의 증상을 문화적 맥락에 포함하는 적절한 방법을 알고 있는 전문가와의 협업이 필요할 수도 있다. 문화는 뇌를 만들고, 마음은 이 둘 다로부터 생겨난다.

생물심리사회의 세 가지 요소

사람은 매우 복잡한 존재이다.

- 대니얼 카너먼(Daniel Kahneman)

뇌를 환경에 적응하는 사회적 기관으로 생각한다면, 발달하는 뇌를 생물심리사회적 모델로 구성할 수도 있다. 인간의 뇌는 어느 하나의 문화 속에서 관계를 통해 만들어지고, 마음의 출현과 심리적 경험이라는 결과로 이어진다. 만약 생물심리사회적 모델을 심리치료라는 맥락에서 새롭게 생각할 수 있다면, 한 세기 동안 진행된 이론과 연구 그리고 훈련에 기초한 심리적이고 사회적 관점에 대한 어떤 공통된 가정을 가질 수 있게 된다. 사회적 관점에서 경험을 이해할 때는 다세대 가족의 역사, 애착 관계, 문화적 맥락, 계속 이어지고 있는 사회적 착근성 embeddedness[9]과 사회적 지지 등에 초점을 맞춘다. 심리적 관점은 성격, 핵심 신념, 자존감, 방어, 대처 전략, 증상 등에 중점을 둔다. 생물심리사회적 모델은 인간의 경우 이 세 개의 축이 서로 연결되어 있다고 보기에, 인간의 마음이 이러한 범주를 넘나든다고 해서 놀라워야 할 필요는 없다. 따라서 치료사는 이 세 가지의 축 혹은 범주에 주의를 기울일 필요가 있다. 아래의 표는 범주별로 내담자 삶의 몇 가지 측면을 간략히 나열한 것이다.

사례 개념화에 포함되어야 할 내담자 삶의 생물심리사회적 관점

생물	심리	사회
각성과 정서 조절	성격	가족력
자기반성과 공감	핵심 신념	애착 도식
실행 기능 통합	대처 전략	가족 역동
이야기 일관성	방어	사회적 착근성
트라우마 적응	증상	사회적 지지
사회적 위치	자존감	문화 및 문화변용

9) 문화나 기업 등이 사회에 뿌리내리고 있는 정도(역자 주).

행동에 대한 생물심리사회적 모델

복잡성에는 아름다움이 있고,
다양성에는 관대함과 활기가 있다.
- 애니 딜러드(Annie Dillard)

치료사에게 당면한 과제는 임상적 상호작용의 맥락 속에서 내담자의 뇌에 대한 정보를 얻을 수 있는 아이디어와 이를 진단과 치료에 어떻게 활용할지 결정하는 과정에서 시작하는 것이다. 이 문제를 이론적으로만 설명하는 것보다, 내담자 Michael과의 치료 작업으로 설명하는 것이 좋을 것 같다. 마치 슈퍼비전을 위한 사례 개념화를 하듯이 Michael의 사례를 소개할 것이다. 이러한 방식으로 내 생각을 소개하고 임상적이고 과학적 원칙을 공유할 것이며, 내담자를 평가할 때 나의 아이디어와 원칙을 어떻게 접목하는지 전달하고자 한다. 이미 앞에서 언급했듯이, 나는 Micheal과의 치료 관계를 형성하기 위해 Rogers의 원칙을 고수하면서 일반적인 정신역동 관점으로 접근한다.

Michael로부터 듣고 알게 된 것을 발달적 관점에서 생각하고 현재의 적응, 행동, 증상 등을 어린 시절 경험과 연관 지어 탐색할 것이다. 애착 이력과 초기 경험이 뇌에 어떤 영향을 주었는지, 초기 경험이 현재 세상 속에서 인식하고 상호작용하는 방식에 어떤 영향을 주었는지 생각할 것이다. 그가 말하는 내용을 경청하는 것 외에도, 과거 권위자에 대한 경험이 나와의 관계에서 어떻게 드러나는지 보여주는 전이를 통해 대인관계 과정을 평가할 것이다. 또한, 그의 실행 시스템의 발달과 통합 정도와 어떤 기능이 손상되었는지를 확인하기 위해 이야기의 일관성 정도를 파악하면서 그의 말을 들을 것이다.

나와의 관계에서 드러나는 어려움뿐만 아니라 불안, 스트레스, 부정적인 각성을 줄여서 신경가소성 능력을 높이고 긍정적 변화의 장을 단계적으로 마련하는 것을 목표로 하여, 그와 함께 삶 속에 적용할 수 있는 실험을 할 것이다. 내담자는 치료 작업 속에서 실험하고 이를 세상 속에서 실천하며 실험의 긍정적 효과를 일반화하고 공고히 할 수 있다. 이러한 실험은 습관, 불안이나 지식의 결핍으로 회피해왔던 것과는 다른 행동과 사고방식, 그리고 새로운 행동에 참여하는 것으로 구성된다. 이런 실험의 목표는 행동 레퍼토리를 확장할 수 있는 경험을 내담자에게 제공하고, 자신의 불안과 회피가 현재 삶에서는 더 이상 필요하지 않다는 것을 안내하는 데 있다.

마이클

요람을 흔드는 어머니의 손이 세상을 지배한다.
- 윌리엄 로스 월리스(William Ross Wallace)

처음 만났을 때 Michael은 30세의 미혼 남성으로 석사과정의 심리치료 프로그램 훈련생이었고, 매주 실시되는 집단 슈퍼비전에 참여하는 8명의 학생 중 한 명이었다. 평범하지 않은 외모에도 불구하고, 전혀 눈에 띄지 않으려는 노력으로 인해 오히려 다른 사람보다 더 눈에 잘 띄었다. 구부정한 자세와 눈 맞춤을 회피하는 것은 모든 사람의 시선에서 벗어나려는 최선의 노력으로 보였다. 그는 과도하게 공손했고, 기회가 있을 때마다 사과했으며, 자신을 완전히 드러내지 않은 것을 더 좋아한다는 인상을 주었다. 이런 그에게 어떤 사람은 관심을 보였고 어떤 사람은 별로 신경을 안 쓰는 것 같았지만, 그는 자신에 대한 정보를 스스로 개방하지 않았으며 수업이 끝나도 사회생활을 하지 않았다. 이러한 비밀스러운 생활로 인해, 동료는 그를 일컬어 마치 러시아 요원 같다고 말하곤 했다.

곧바로 그가 임상 치료 작업을 힘들어하고 있다는 것이 명백하게 드러났다. 내담자를 관리하는 데 어려움을 겪고 있었고 자신과 함께하는 내담자를 다루는 것을 힘들어했다. 나는 Michael에게 도움이 되는 기술을 여러 번 제안했지만, 이러한 도전이 본질적으로 그에게 전혀 효과적이지 못하다는 것이 그를 포함한 모든 이에게 분명하게 드러났다. 그는 내담자의 문제를 이해하고 치료 계획을 세우는 데 매우 뛰어났지만, 자신에게 있어 어려운 과제는 내담자와 이야기하는 것임을 알게 되었다. 그의 회기를 촬영한 비디오를 보는 것은 모든 사람에게 고통스러운 일이었고, 그는 모든 회기가 두려웠다고 말했다. 유능한 치료사가 되기 위해 정서적 어려움을 해결할 필요가 있다는 것은 그에게 고통스러운 일이지만 해야만 하는 일임은 분명했다.

치료사로서 Michael의 문제는 내담자에 대한 두려움에 집중되어 있다는 것이다. 그는 사실 너무 두려워서, 내담자와 마주 앉아 있을 때 거의 말을 할 수 없었다. 내담자가 말을 할 때 너무 혼란스럽게 들려서, 교수 중 한 명은 그가 마치 사고장애를 앓고 있는 것 같다는 말까지 했다. 그는 어머니가 과거에 조현병을 앓은 적이 있다고 수업 시간에 이야기했기 때문에, 조현병을 하나의 가능성으로 염두에 두었다. 하지만 서른 살인 그는 학문적 작업에서의 사고는 매우 분명했고 어떤 정신증 증상도 보이지 않았기에, 나는 초기 가설로 그가 말을 하지 못하는 것은 두려움과 과대각성으로 인한 '일시적 실어증transient aphasia'의 한 종류 때문일 것이라고 보았다. 신경과학적 연구에 기반을 둔 이론에 따르면, 그의 증상은 사고장애나 정신병 과정이라기보다 평소의 좋은 인지 처리 과정을 방해하는 트라우마를 겪은 후의 반응으로 보는 것이 더 적절해 보였다.

말하기 어려움 이외에도 Michael은 자신이 매우 혼란스러움을 느끼고 있다는 것을 알게 되었다. 그는 강의실에서 수업을 듣는 어떤 누구보다 지적이었지만, 상담실에서는 추상적으로 생각하거나 문제를 해결하는 능력을 완전히 포기한 것처럼 보였다. 그는 자기 경험을 마치 뇌가 꺼진 것처럼 느낀다고 말했고, 그러한 상태에서는 무엇을 해야 할지 생각하고 슈퍼비전 시간에 논의되었던 것을 기억하는 것이 어렵다고 말했다. 더 높은 수준으로 사고하거나 말하는 것이 어려운 경우는 대뇌 피질의 언어 영역과 실행 신경망을 억제하는 공포 회로와 관련이 있을 수 있다. 편도체는 1차 실행 뇌의 정점에 위치하면서 실제 혹은 상상의 스트레스와 위험에 대한 공포 반응을 통제한다. 이러한 1차 실행 능력은 또 다른 실행 신경망, 즉 언어, 문제 해결, 고차적 사고와 관련 있는 두정-전두 실행 신경망을 억제한다. 이러한 현상은 시험 불안이 편도체를 촉발하고 피질의 신경망을 억제할 때, 시험을 볼 때 배운 것을 활용할 수 없게 되는 이유와 같다.

슈퍼비전을 받고 있던 어느 날, Michael은 격양된 채로 나에게 다가왔다. 그는 자신이 슈퍼비전을 받고 있을 때는 무엇을 해야 할지 알고 있었지만, 회기 중에 일어났던 일은 어떤 것도 기억하지 못하는 이유를 이해할 수 없었다. 그는 "제가 잘 몰랐다면 뇌졸중에 걸린 것으로 착각했을 거예요"라고 말했다. "정신역동 이론에 몰입해 있는 학생인 Bruce는 저의 상태가 '스스로가 성공할만한 가치가 없다'라고 생각하기 때문이라고 말했습니다. 선생님은 어떻게 생각하세요?" 잠시 후 나는 "그럴 가능성은 별로 없는 것 같아요. 마음은 너무 복잡해서 단순한 한 마디로 설명하는 것은 무척 어려운 일입니다"라고 대답했다. 이때 그는 감사의 미소를 지었다. 그는 슈퍼비전 시간 동안 점차 나를 믿게 되었고, 졸업 후 내담자 경험을 부탁했다. 그의 치료를 시작하기 전, 나는 그의 뇌에 어떤 일이 일어나고 있는지, 그것이 그의 행동과 어떻게 연관되어 있는지에 대한 가설을 세우기 시작했다. 이 장에서 치료 초기에 진행된 치료적 상호작용을 설명하고, 치료가 발전함에 따라 진행되는 내 생각과 사례 개념화에 관해 이야기하고자 한다.

치료 시작

문을 엿보다가 뒤로 물러섰던 어린아이는 더 이상 보이지 않았다.
- **월트 휘트먼**(Walt Whitman)

첫 번째 회기에서 Michael이 18살에 대학에 가기 위해 집을 떠났다는 것을 알게 되었다. 성공한 학생이었지만, 그는 자신을 다른 사람과 함께 있으면 편안함을 느끼지 못하는 '사회적 실패자'라고 표현했다. 교우 관계를 맺으려는 몇 번의 시도는 실패로 돌아갔고, 자신은 본질적으로 호감이 가지 않는 사람이라고 믿게 되었다. 2학년이 되었을 때 고립된 일상에 빠졌고, 4년 동안의 대학 생활을 '몽유병에 걸린 사람'처럼 생활했다고 표현했다. 그는 대학에 대한 기억이 거의 없었다. 사실, 자신의 과거에 대한 상세한 기억을 이야기하는 것이 어렵다는 것을 알았다. 자신이 원했던 것은 분명했지만, 기억을 떠올릴 때 대부분 텅 비어 있다고 말했다.

Michael은 30세가 되어서도 친밀한 관계를 맺지 못했으며 자기 성적 취향에 대해서도 전혀 알지 못했다. 그의 유일한 성적인 경험은 대학 시절 매춘부와 함께한 것이었는데, 당시 그는 너무 불안정해서 여성에 대한 자신의 매력을 의심하게 되었다. 졸업 후, 그는 집으로 돌아오라는 부모의 제안을 거절하고 로스앤젤레스로 이사했다. 여러 차례의 면접에 실패한 후, 그는 임시직으로 취업했고, 결국 정규 사무직원으로 채용되었다. 그는 5년 동안 '몽유병과 같은 일상'을 보냈고, 아무 데도 갈 곳이 없다는 것을 깨닫고 나서 학교로 다시 돌아가기로 결심했다. 마침내 그는 내가 교수로 있던 치료 훈련 프로그램에 등록했다. 그는 "치료사가 된다면 최소한 부모님을 이해하는 데는 도움이 될 것입니다"라고 말했다. 자신을 치료한다는 생각은 전혀 없었던 것으로 보였다.

Michael의 어머니는 가정주부로 그와 함께 집에 있었고, 아버지는 석유 사업 관련 엔지니어였다. 그는 그의 아버지를 규칙에 따라 사는 사람으로 표현했다. 아버지는 매일 오전 7시 45분에 회사로 출발했고 정확히 오후 5시 25분에 집에 도착했다. 어머니는 그에게 "너는 아버지를 시계처럼 여기면 돼!"라고 말하곤 했다. 그는 마음에 상처를 준 아버지에 대해 이렇게 말했다. "아버지는 아들보다 일을 더 중요시합니다." 그는 대학을 다니면서 깨달은 것이 있었다. "저는 아버지처럼 살고 있어요. 아버지의 문제점은 그대로 저의 문제점이 되어 있었습니다. 그러니 아무도 날 좋아하지 않는 게 당연하지요!"라고 말했다.

Michael은 아버지가 일 이외에 어떤 감정을 표현하거나 대화를 나눈 기억이 전혀 없었다. 그들은 식사 중에만 서로 볼 수 있었고, 식사 후 아버지는 책상에 가서 잠자리에 들 때까지 일만 했다. 잡다한 일에만 몰두했던 어머니는 가끔 몇 시간씩 그에게 일방적으로 말하곤 했다. 그는 이러한 대화를 다음과 같이 표현했다. "나는 어머니가 무슨 말을 하는지 도대체 이해할 수가 없었어요. 전 그저 얼어붙은 로봇처럼 앉아만 있었어요. 어머니가 화를 내고 다시는 저에게 말을 걸지 않을까 두려워서 움직일 수도 없었고 어떤 말도 할 수 없었어요." 어머니는 어떤 식으로든 화가 나면, 며칠 동안 아무 말도 하지 않았던 것 같다. 그가 치료사가 되겠다고 결심하는 것은 놀랄만한 일이 아니다. 수련을 시작하기 전, 그는 이미 수십 년 동안 부모의 생각과 감정을 읽고 그에 반응해왔었다. 얼어붙은 로봇의 이미지가 나의 마음속에서 떠올랐고, 그가 내담자와 대면할 때 겪은 일이 바로 그런 것이 아닌가 하는 생각이 들었다.

고통스러운 역사

트라우마가 사실일 수 있겠지만, 모든 삶 속에서 그럴 필요는 없다.

- **피터 레빈**(Peter Levine)

어린 시절의 대부분, Michael의 가족은 아버지의 일에 따라 중동부 지역을 중심으로 자주 이사를 했다. 비록 가족이 집에서 함께 살았지만, 가장 기억에 남는 것은 가족에게서 떨어져 마치 '벽 뒤에서' 사는 느낌이었고, 집은 늘 그에게 '지옥보다 더 비참한' 곳이었다. 그는 벽 뒤에 숨어서 형제, 또래 혹은 친밀한 가족 없이 자랐다. "어머니는 너무 이상한 사람이라서 저는 친구를 사귈 수 없었고, 아버지는 제가 무엇을 원하는지 전혀 몰랐습니다." 그는 전반적으로 고립된 생활을 하였고 부모 이외에 외부와 어떤 접촉도 하지 않았다. 그는 가족의 이상하고 고립된 세상으로 인해 실제 세상을 제대로 경험할 수 없었다.

그는 특히 어린 시절에 가족의 일상을 배우는 것이 너무 고통스러웠다. 아버지가 일하러 나간 후, 어머니는 그의 장난감을 모아 자신의 방으로 가져가서 방문을 걸어 잠그곤 했다. 그는 어머니가 방안에서 누군가에게 말하는 것을 들을 수 있었지만, 무슨 말을 하는지 알아들을 수 없었다. 그는 온종일 장난감이나 TV도 없이 그냥 시간을 보냈다. 어머니는 그를 학교에 보내지 않고 홈스쿨링으로 가르쳤다. 어머니는 아버지가 집에 오기 몇 분 전에 방에서 나와 장난감을 제자리에 갖다 놓았다. 아버지가 귀가했을 때, 그녀는 아버지에게 Michael과 함께 학교 숙제와 게임을 했다고 강조하면서 말했다. 그는 매우 슬프고 혼란스러웠고, 무엇을 믿어야 할지 몰라 저녁 시간을 침묵 속에서 보냈다. 그는 낮에 있었던 일을 아버지에게 말했다가 거짓말한다고 벌을 받았고, 그 사건 이후 어머니는 일주일 동안 그에게 한마디도 하지 않았다. 그는 "아버지는 너무 이상한 사람이라서, 어머니가 정상이 아니라는 것을 알아볼 수 없었어요"라고 말했다.

어머니는 입원해야 할 만큼 몇 번의 심각한 정신병 삽화가 있었고, 조현병과 관련된 증상으로 지속적인 고통을 겪었다. 망상적 신념과 환각이 어머니의 일상적인 의식을 지배하고 있었던 것 이외에도, 그는 매일 어머니의 사고이탈, 언어적 압박, 세상으로부터의 철수 등을 목격해야 했다.

Michael은 오랫동안 위안을 찾으려고 얼마나 간절하게 끊임없이 노력했는지를 말했다. 때로는 맹렬한 더운 날씨에도 불구하고, 집 안에서의 심심함으로부터 벗어나기 위해 밖으로 나가 차 밑에 누워있기도 했다. 실제 장난감 없이도 그는 집에 있는 물건으로 장난감을 만들었고, 시간을 보낼 수 있는 게임을 생각해냈다. 만약 어머니가 그가 만든 장난감을 발견한다면, 매일 아침 어머니의 장난감 정리함에 포함될 것이기에, 자신이 만든 모든 장난감은 비밀로 해야 한다는 것을 알게 되었다. 영혼을 짓누르는 어려운 상황에서도 그의 회복력과 창의력은 매우 놀라울 정도였다.

세 번째 회기에서 그는 자신의 어린 시절을 이야기하면서 얼굴에 온화한 미소를 띠었다. 왜 웃는지를 물었더니, "벽돌 하나가 생각난다"

라고 대답하며 마음속의 한 장면을 계속 떠올리고 있었다. 장난기 가득한 웃음을 지으면서 벽돌로 만든 인형으로 어머니를 어떻게 속였는지 이야기했다. “저는 욕실에서 작은 수건 한 장과 부엌 서랍에 있는 매직 마커펜 한 개를 들고 뒷마당으로 갔어요. 저는 길가에 있는 벽돌 하나를 가져와서 깨끗이 씻은 다음, 마커펜으로 벽돌에 얼굴을 그려서 수건으로 감싸서 인형처럼 만들었어요.” 인형을 어떻게 만들었는지 설명하면서 보여주는 어조, 단어, 표정 등은 마치 어린아이처럼 순수하게 보였다. 이러한 장면은 어린 시절의 기억으로, 아동기의 순수함을 보여주는 진실의 창과 같았다.

Michael은 ‘아기 인형’을 몇 시간 동안 안아서 흔들어주고 아기에게 이야기했는데, 이러한 행동은 자신에게 꼭 필요한 것들이었다. “저는 아기 인형에게 안전하다고 말해주었고, 언젠가는 모든 것이 잘 될 것이라고 말해주었어요.” 어쩌면 돌봐야 할 아기 인형이 있다는 것이 그에게 효능감을 주었고, 언젠가는 미래가 현재보다 더 나아질 것이라고 느낄 수 있도록 했을 것이다. 이것은 그의 중요한 대처 전략, 즉 자신에게 필요한 것을 부정하고, 타인을 돌보고, 앞으로 나아질 것이라는 확신하고 기다리는 것이었다. 오후가 되면 아기 인형에게 잘 시간이라고 말하고 곧 만날 것이라는 약속을 했다. 그런 후 벽돌에서 수건을 풀고 얼굴 부분을 아래로 한 후 원래 있던 곳에 두었고 수건과 마커펜을 다시 제자리에 갖다 놓았다. 어머니는 그리 똑똑한 사람이 아니었다. “아버지는 자신의 일정으로 바빴고, 어머니 역시 나름대로 바빴고, 저 역시 저 나름의 일정으로 바쁘게 보냈어요.” 벽돌 아기 인형과의 관계는 인간관계 형성을 위한 도전과 놀라운 생존 본능 모두를 보여주는 상징이었다.

뇌 기반 사례 개념화

과학에서 중요한 것은 새로운 사실을 얻는 것이 아니라
새로운 사고방식을 발견하는 것이다.
- 윌리엄 로런스 브래그 경(Sir William Lawrence Bragg)

지금까지 우리가 배운 것으로 사례 개념화를 시작할 수 있다. 사례 개념화는 정신건강과 정신질환의 가설적 원인과 치유 과정에 대한 특정한 이론의 작용 기제를 포함한다. 심리역동 치료사로서 나의 개념화는 Michael의 발달 문제와 생각, 정서, 관계, 행동 등에서 차선의 적응 전략 그리고 그로 인한 증상에 초점을 맞출 것이다.

Michael이 상담실에서 보인 내담자에 대한 반응은 증상의 핵심이었다. 비록 내담자와의 관계에서 큰 어려움을 겪고 있었지만, 동료와의 행동을 보면 해결하기 어려운 고립된 문제가 아님을 확신할 수 있었다. 사회불안과 빈약한 사회 기술 그리고 무시/회피 애착 유형으로 고통을 받고 있다는 것은 분명해 보였다. 고려할 만한 뚜렷한 문화적 이슈는 없었지만, 그는 동료와 함께하는 것을 어려워했고, 슈퍼비전을 통해 그가 보편적으로 이해되는 문화에 참여하지 못한다는 것을 알았다. 마치 자신이 속한 문화에 익숙하지 않은 것 같았다. 어떤 면에서 그는 자신만의 은밀한 삶을 산다기보다 문화적 정체성이 없는 것처럼 보였다.

심리적

두려움을 직면하는 경험은 힘과 용기 그리고 자신감을 준다.
- **엘리너 루즈벨트**(Eleanor Roosevelt)

정신역동적 개념화는 아동기의 부정적 정서 경험을 성인기의 증상과 연관시키려고 한다. 이러한 관점에서 볼 때, Michael의 아동기는 특이하면서도 극단적인 특징을 갖고 있다. 성인기에 보여주는 그의 회피 애착은 아마도 부모에게서 멀어지고, 무시당하고, 부모와의 기이한 상호작용 등에 적응하기 위한 어릴 때의 반복적인 행동이었을 것이다. 그는 또래 혹은 어른과의 긍정적인 사회화 과정이 거의 없었고 부모님, 특히 어머니와의 상호작용에서 매우 많은 불안을 경험했음이 분명하다. 내담자와 마주 앉아 있을 때, 공황 같은 반응을 어머니와의 힘들고 스트레스 많은 대화의 암묵적 기억에서 촉발된 일종의 역전이로 간주하는 가설은 타당하다. 치료사가 되겠다는 그의 의식적 목표는 아마도 어머니를 치유하고, 자신을 치유하고, 안전한 치료 관계 내에서 타인과 연결하는 법을 배우고자 하는 자신의 욕구 때문일 것이다.

암묵적 기억의 신경망을 형성했던 그의 발달 이력은 고착된 채로 남아 있었다. 본질적으로, 그의 초기 경험은 세상을 이해하고 탐색하기 위해 의지하고 있는 현재 뇌 시스템의 구조를 형성했을 것이다. 치료사가 접수 양식지에 불안, 우울증, 관계 문제와 함께 공황 증상 등을 기술하더라도, 그러한 증상은 발달 과정에서 서로 얽혀있다. 이 모든 증상이 순간순간 경험의 상호작용 매트릭스 안에 존재하기 때문에, 모든 증상이 서로를 강화하고 있는 것으로 이해하는 것은 그를 이해하고 돕는 데 필수적이다.

생물학적

마음의 생물학은 자연계에 관심이 있는 과학과
인간 경험의 의미에 관심이 있는 인문학의 교량 역할을 한다.
- 에릭 캔들(Eric Kandel)

Michael 같은 경우, 그의 모든 조절 시스템이 최적이 아닌 방식으로 작동한다는 가설로 시작할 수 있다. 세상으로부터 철수하는 방식은 각성을 감당할 수 있는 수준으로 유지하기 위한 일종의 일반적인 회피 전략일 수 있다. 자신을 스스로 다독이고, 급우와 어울리는 것을 피하고, 심지어 자신이 보고한 몽유병 환자와 같았다던 대학 생활조차도 생물학적, 심리적 취약성을 보완하기 위한 행동 전략을 반영하는 것일 수 있다.

생물심리사회적 모델의 생물학적 관점에 따르면, 그는 전반적으로 건강했고, 어떤 약물 복용이나 의학적 질병을 보고하지 않았다. 조현병과 자폐증의 잠재적인 유전적 위험을 고려해야 하지만, 현재로서는 이 둘 중 하나가 중요한 문제가 되기에는 정보가 충분하지 않다. 스트레스를 받으면 언어와 실행 기능이 억제되고 회피 애착 유형과 관련된 자서전적 기억이 결핍되는 것을 포함하여, 관련이 있을 수 있는 몇 가지 생물학적 과정을 앞에서 언급했다. 치료 시 고려해야 할 점은 (1) 각성 증가의 지표로써 언어적 유창성의 억제, (2) 치료 시간에서 논의된 내용을 치료 밖의 경험에 적용하는 것에 대한 어려움, (3) 전이 관계에서 나타나는 복잡한 문제 등이 포함되어야 한다.

신경역동 관점은 유아기, 아동기, 청소년기를 거치는 동안 뇌가 사회적, 물리적 세계에 적응하는 과정에서 어떻게 형성되었는지 탐색한다. 적응으로 인한 생물학적 및 신경해부학적 결과는 성인기까지 지속되고 경험의 질과 특성으로 드러난다. Michael의 경우, 초기 애착 문제는 생화학적 설정값과 사회적 뇌 시스템의 발달 그리고 실행 시스템의 균형과 통합에 영향을 미치는 후성유전적 과정의 스펙트럼 안에서 발생한다. 예를 들어, 그는 정상보다 높은 아드레날린과 코르티솔 수치로 인해 고통을 받고 있는데, 이는 스트레스 상황에서 불안과 두려움으로 반응할 가능성을 크게 만든다.

내담자에 대한 Michael의 공황 반응은 사람과의 접촉에 대한 고통으로부터 자신을 보호하려는 뇌의 시도로 발생하는 것이다. 빠른 시스템과 느린 시스템 사이의 시간 차이는 많은 사람이 변화하려는 의식적 노력에도 불구하고 오래되고 비효율적인 행동 패턴을 계속하는 이유를 설명하는 데 도움이 된다. 의식적 경험의 상당 부분이 무의식적 뇌 처리에 기반을 두고 있다는 사실은 마음이 사실이라고 가정하는 잘못된 인식과 잘못된 정보에 극도로 취약하게 만들고, 반복적이고 고정된 패턴으로 행동하게 만든다.

Michael의 관점에서 볼 때 어린 시절의 경험에 근거한 조건화는 더 이상 의존적인 아이가 될 필요가 없었다는 것을 제외하고는, 어린 시절의 고립과 두려움을 지속하게 했다. 지금에 와서는 자율적인 성인으로 성장하면서 스스로 고통을 만들어내고 있었다. 이런 식의 통찰은 불교만의 영역이 아니다. 합리적 정서 치료, CBT, 그 외 다른 많은 치료법과도 잘 부합한다. 그의 뇌와 마음은 어린 시절의 고통을 기억하고 현재에도 재현하고 있었다. 이것은 과거 부모가 그랬던 것처럼 타인을 위험한 사람으로 경험하도록 그를 속였다. 이를 침습적 기억, 무지 혹은 괴로움 등 무엇이라고 부르든 간에, 이것이 가져오는 결과는 다르지 않다. 그는 더 이상 존재하지도 않는 현실에 지배당하고 있었다. 불교 개념으로 설명하자면, 그는 환상에 시달리고 있었다. 신경과학자는 통합되지 않은 암묵적 기억에 속고 있다고 말할 것이다. CBT 치료사는 부정확한 핵심 신념에 의해 통제당하고 있다고 설명할 것이다.

11

심리치료와 신경유능성

인류 역사의 발전은 자연, 사회, 인간 자신 안에 있는
맹목적 힘에 대한 의식의 승리로 요약될 수 있다.
- 레온 트로츠키(Leon Trotsky)

무엇보다도, 심리치료는 사람 간 연결과 과학적 탐구가 섬세하게 혼합된 것이다. 따뜻하고 신뢰감 있고 지지적인 관계를 맺는 과정에서, 치료사는 정보를 수집하고 가설을 세우고 검증하며, 긍정적인 변화를 뒷받침할 개입을 개발한다. 치료사의 머릿속에는 자신이 하는 일에 대한 과학적 지식, 과학과 관련한 정보와 아이디어가 들어있지만, 내담자와 의사소통은 지혜의 맥락 안에서 만들어진다. 정보는 사실과 아이디어로 이루어져 있다. 그리고 지혜는 양육과 발달 그리고 치유를 위한 이해와 공감으로 둘러싸인 그 어떤 것이다.

슈퍼비전에서 치료로 전환하면서, Michael과의 관계는 점차 새로운 치료적 틀로 정착되었다. 그는 개방적이고 정직해지는 것이 자기 경력에 부정적인 영향을 미칠 것이라는 걱정을 더 이상 하지 않았고, 나는 그의 임상 성과를 평가해야 하는 의무에서 벗어날 수 있었다. 이로써 나는 따뜻함과 지지 그리고 조건 없는 긍정적 관심을 온전히 가질 수 있게 되었다. 상담실이라는 사적인 공간에서 함께 치료를 진행할 수 있게 된 것이다.

훈습

세상은 괴로움으로 가득하지만, 그것을 극복한 사람으로도 가득하다.

- **헬렌 켈러**(Helen Keller)

오랫동안 Michael과 많은 시간을 함께했고, 그 시간은 힘들었지만 보람차기도 했다. 그의 방어 형태는 지적인 경향이 있었기 때문에, 심리역동 이론이나 감정을 표현하는 치료보다 CBT 용어와 개입에 훨씬 더 개방적이었다. 초기에는 이완과 정서 조절에 초점을 둔 전략과 기법으로 치료 작업을 시작했다. 치료는 바이오피드백(9장 참고) 훈련으로 시작되었고, 시각적 심상과 호흡 기법 훈련으로 이어졌다. 이와 같은 치료 기법은 그가 내담자와 만났을 때 자신을 조절하는 데 도움이 되었지만, 치료 시간에 더 많이 현존하고 더 많은 정서 표현을 할 수 있게 되면서, 곧바로 치료에도 도움이 되었다. 여러 회기 동안, 치료사와 내담자의 역할 바꾸기를 매번의 회기마다 5~10분 정도 진행했고, 이완 기술을 연습하고 임상적으로 사고할 수 있도록 훈련했다.

몇 회기 동안 그의 기능적 신경 통합을 증진하기 위해, 나는 하이브리드 방식, 즉 치료사와 슈퍼바이저 역할을 동시에 하면서, 정서 조절과 인지(느낌과 사고, 우반구와 좌반구, 피질과 변연계) 사이를 왔다 갔다 했다. 이러한 방식은 각성이 문제를 해결하고 추상적으로 생각하고 타인과 연결하는 능력에 어떤 영향을 주는지 생물학적 맥락에서 자신의 불안 증상을 이해한다면 치료에 효과적이다. 세 가지의 실행 시스템에 대한 설명은 당시 치료 작업에서 매우 중요한 역할을 했다. 그는 이러한 기술을 내담자에게 적용하는 방법을 배우면서, 회기 동안 내담자를 판단할 수 있는 능력이 점점 향상되는 것을 깨닫게 되었다. 이러한 점진적인 성공이 자신을 고무시키고 있다는 것을 발견했고, 치료 시간 이외의 곳에서도 의미 있게 변화할 수 있다는 희망을 품기 시작했다.

Michael과 함께 치료 작업을 한 지 한 달쯤 되었을 때, 그는 우울한 생각과 절망감 그리고 동기부여 결핍으로 힘들어하고 있다는 것이 분명하게 드러났다. 정신과 의사의 조언으로 웰부트린wellbutrin이라는 항우울제를 처방받았다. 이 특별한 약은 세로토닌과 도파민에 긍정적인 영향을 미쳐 기분과 활력 모두를 높여준다는 이유로 처방되었다. 몇 주가 지난 후, 그는 우울감이 25% 정도 개선되었다고 보고했는데, 무엇보다도 활력과 동기부여가 증가했다는 것에 가장 큰 인상을 받았다. 많은 내담자가 약물 복용을 주저하지만, 나는 약물이 어린 시절 제대로 조절되지 않았을지 모르는 뇌의 생화학을 다시 조절하는 기회를 준다고 내담자에게 이야기한다. 대부분 내담자가 겪는 어려움 중 하나는 문제가 성격 결함의 결과이고 약물 없이 더 좋아져야 한다는 문화적 가정을 극복하는 것에 있다. 그는 긍정적 결과를 경험한 후, "어린 시절에 생존을 위해 했던 일 때문에 남은 인생을 고통받는 것은 정말 쓸데없는 일이라고 생각해요"라고 말했다.

치료 작업을 통해 그의 효능감은 매우 증가하였고, 내담자와의 새로운 성공 경험은 자기 경력이 마침내 궤도에 올랐다는 어느 정도의 확신을 가져다주었다. 내담자와 관련된 두려움과 불안은 기대했던 것보다 빠르게 해소되었고, 그는 치료 기술을 선택하고 전략을 개발하기 위해 배운 것을 자신의 임상 작업에 사용하는 것을 즐기게 되었다. 다음으로 초점을 맞춘 것은 사회생활을 확장하는 것으로, 그가 일대일이나 집단 상황에서 피질의 활성화 상태를 유지하도록 돕기 위해 긍정적인 심상화 작업과 센터링이나 호흡 훈련과 같은 집중 및 이완 기술을 사용했다. 여기에 3차 실행 시스템을 활성화하고 발달시키는 데 도움이 되는 신체에 집중하고 마음챙김 하는 훈련을 추가하였고, 이에 따라 건강한 내적 세계와 신체 알아차림을 높일 수 있었다. 그는 서서히 혼자만의 시간을 친숙함과 안정감의 원천으로 활용할 수 있게 되었고, 현재 삶에서 도전적인 상황에 대한 두려운 기억이 떠오를 때 그러한 원천을 자기위안으로 삼을 수 있게 되었다.

이러한 작업을 진행한 이후, 그는 어린 시절의 트라우마 일부를 처리하는 것이 좋을지 물었다. 치료 작업의 성공과 전문가로서의 미래에 대한 낙관은 다른 도전을 할 수 있는 자신감의 원천으로 작용하였다. 타인을 위한 더 나은 치료사가 될수록, 과거와 일상에서 오는 두려움을 극복할 수 있도록 도와줄 수 있는 그 무언가가 자신 안에 있다는 것을 깨닫게 된다. 그의 힘과 용기의 일부는 부모의 침습에 대항하여 확실한 경계를 발달시킬 수 있었다는 것을 알게 된 데서 비롯되었다. 또한, 그러한 앎은 어린 시절을 재경험하고, 여전히 함께하는 겁에 질리고 고립된 아이를 구할 때 느끼는 감정적 어려움에 직면해야 한다는 것을 깨닫게 했다. 이러한 치료 과정 동안, 그는 다른 치료사와의 EMDR 회기에 참여하여 트라우마 기억을 활성화하고 재처리했다. 이것은 그에게 도움이 되었고, 나와 치료 작업을 함께 하는 데 중요한 역할을 제공하였다.

몇 달이 지나서, Michael은 취약한 과거와 점점 자율적으로 변해가는 현재 사이의 차이점을 더 많이 인식하게 되었다. 나는 그가 자신의 두려움과 불안이 주변 곳곳에 존재하는 위험으로부터 자신을 보호하는 편도체의 표현 방법이라는 것을 이해할 수 있도록 도왔다. 이를 직접 경험하기 위해, 그와 나는 일상에서 할 수 있는 일련의 실험을 만들었다. 이러한 실험은 치료 중에 드러나는 통찰에 기초하여 새로운 사고, 느낌, 행동 방식을 시험하기 위한 것으로 내담자에게 일종의 도전이 될 수도 있다. Michael의 경우, 이러한 실험에는 감정을 표현하고, 필요한 것을 말하고, 자신의 흥미를 높이는 내용 등이 포함되어 있었다. 그는 이미 치료사로서 이러한 실험에 대한 성공 경험이 있었기 때문에, 그러한 실험을 지인과 친구가 될 만한 사람과 함께 수행할 것에 어느 정도 자신감이 있었다.

Michael의 실험은 타인과의 관계에 자신을 노출하고, 도망가지 않고, 현재의 감정에 머무는 것으로 구성되었다. 가끔 우리는 역할을 바꾸곤 했는데, 나는 직장이나 파티에서 만나는 사람으로 연기를 하면서 그가 배운 이완 기법을 학습할 수 있도록 격려하였다. 이러한 훈련을 통해 그는 사회적 상황에서 피질을 온라인 상태로 유지하기 시작했고 내담자와 함께하는 성공 경험을 쌓을 수 있었다. 그는 자신이 대화를 끝까지 들어줄 수 있는 사림인지를 확인할 때까지, 자신이 흥미로운 대화 상대인 것처럼 행동했다. 그는 자신에게 말을 걸면서 말을 못 하게 하거나 도망도 못 가게 하는 어머니와 같은 누군가에게 느끼는 불안을 조절했다. 그에게 힘들 때 대화를 중단하는 방법을 훈련하면서, 즐겁게 웃으면서 치료 시간에 반복해서 연습했다. 뇌가 보내는 위험의 메시지를 피할 수 없는 것이 아니라 하나의 가능성으로 받아들이고, 때때로 누군가에게 "꺼져버려!"라고 말하면서 자신의 뇌와 내적 대화를 할 수 있도록 그를 도와주었다.

Michael이 불안정한 애착만을 형성했다고만 말하는 것은 과도하게 표현한 것일지도 모른다. 심지어 어떤 치료사는 그의 애착 도식을 혼란형 애착으로 설명할 수도 있을 것이다. 그는 내담자와 마주 앉아 있을 때 어린 시절의 암묵적 트라우마 기억에 압도되었다. 내담자에 의해 초래된 매우 높은 각성은 뇌를 어릴 때의 시간과 장소로 가게 했고, 문제해결 능력을 억제하고, 자신을 스스로와 타인으로부터 단절시켰다. 예상되는 불합리함, 거부감, 무관심으로부터 자신을 보호하기 위해, 깊은 연결 욕구가 있음에도 친구 관계는 피상적이고 형식적이었다.

Michael이 치료사가 되기로 결심한 것은 어느 정도 통제감을 느낄 수 있는 공간에서 안전하고 친밀한 관계를 맺고자 하는 욕구가 일정 부분 작용했기 때문이다. 심지어 50분이라는 한정된 시간 동안 타인과의 상호 작업이 제한된다는 점이 그에게는 매력적으로 다가왔다. 그는 치료 밖에서 그러한 제한을 할 수 있을지 확신할 수 없었다. 그는 내담자와 맺는 관계를 통해 외로움을 덜 느끼고 '다양한 사람들'과 더 많이 연결되는 데 도움이 되기를 희망한다고 솔직하게 털어놓았다. 그의 역전이 반응이 특이하지는 않았지만, 너무 과한 반응이었다.

자녀를 돌보지 않은 부모의 자녀가 청소년이나 어른이 되었을 때, 타인에 대한 배려가 과도해질 수 있다. 그 그림자 속에는 낮은 자존감과 완벽주의 그리고 박탈감의 형태로 어린 시절의 잔상이 숨어 있다. 그들은 자신이 어떠한 보살핌이나 관심을 받을 자격이 없다고 느끼며 타인의 보살핌을 받아들이는 것이 어렵다는 것을 알게 된다. 신경학적 관점에서 볼 때, 돌봄에 관련된 기술을 습득하는 신경망과 자기알아차림과 자기정체성과 관련한 신경망 사이에는 단절이 있다. 이런 유형의 해리된 보살핌의 성격을 가진 사람을 일컬어 '암에 걸리기 쉬운 성격cancer-prone personality'이라고 부르기도 한다. 종양학자는 이러한 내담자를 치료하는 것에 있어 가장 어려운 측면 중 하나는 힘들어하고 있다는 것을 표현하게 하는 것이고 필요한 도움을 요청할 수 있도록 하는 것이라고 한다. 이러한 사람은 남을 도와주는 전문직, 즉 어린 시절의 방어를 활용할 수 있는 직업에 매력을 느낀다.

뇌와 마음에 대한 회의론자 되기

우리는 서로에 대해 아는 것이 별로 없으며,
어떤 그림자를 끌어안고 어떤 꿈을 그린다.
- 얄마르 쉐데르베리(Hjalmar Soderberg)

Michael이 정기적으로 부모를 만난 지는 수년이 흘렀지만, 여전히 부모가 만들었던 세상 속에서 살고 있었다. 뇌는 평생 가소성을 지니고 있지만, 어릴 때의 초기 경험은 암묵적 기억 시스템을 형성하는 데 불균형적인 영향을 미친다. 이를 또 다른 관점으로 본다면, 뇌는 환경에서 살아남을 수 있도록 만들어졌다는 것이다. 그가 가족을 떠났을 때, 더 이상 같은 방어를 쓸 필요가 없었지만, 두려움 때문에 방어를 멈출 수가 없었다. 다른 많은 사람과 마찬가지로, 그는 부정적인 상황에서 벗어나기 위해 큰 노력을 했음에도 불구하고, 뇌와 마음은 가는 곳마다 부정적인 상황을 재현한다는 것을 깨달았다.

이런 식으로 어릴 때 형성된 프로그래밍에 기초하여, 마음은 100만분의 1초 단위로 현재로 위장한 과거를 그의 앞에 펼쳐놓는다. 뇌는 의식적으로 인식하기 전 0.5초 이내에 신경 처리 과정을 수행하기 때문에, 그는 세상을 다른 방식으로 볼 수가 없었다. 실제로 타인과 연결될 많은 가능성이 있다는 것을 알기보다, 그의 뇌는 꼭 필요하지 않은 접촉으로부터 자신을 보호하기 위해 불안과 두려움을 느끼게 하였다. 심지어 내담자를 두려워하게 했다. 이러한 모든 경험은 자신을 당혹스럽게 만들었다. 그렇게 오랫동안 공부하고 수업도 잘했는데, 배운 것을 적용할 때 어떻게 그런 식으로 멍해질 수 있었을까? 그는 어떤 누구에게도 해가 되는 일을 한 적이 없음에도 불구하고, 자신의 무가치함과 수치심으로 온전하지 못한 사람이 된 것처럼 느꼈다.

Michael의 많은 도전 중 하나는 가족과 관련된 감정, 생각, 행동 등이 현재 상황에 대한 정확한 정보가 아니라 단지 과거 트라우마 기억이었다는 것을 배우는 것이었다. 이것이 바로 '자신의 마음에 회의론자가 되어야 한다'라는 내 주장의 의미다. 그는 충동적인 생각과 감정을 멈출 자유의지가 없을 수도 있지만, 뇌의 속임을 관찰하고 자유의지를 사용하는 법을 배울 수 있다. 이러한 방법에는 자기 생각과 감정이 기억일 뿐 현재 상황과 관련이 없다는 점을 스스로 상기시키는 말을 자신에게 하는 것이 있다. 아니면, 강의가 끝나면 바로 교실을 떠나거나, 이를 억제하거나, 한두 명의 다른 학생과 어울리면서 이야기를 나누고 싶은 신체적인 충동을 알아차림 할 수도 있다. 어떤 전략이든 간에, 그 첫 단계는 이러한 충동이 부적절한 상황에서 촉발된 기억이라는 점을 배우는 것이다.

인간은 내면세계에 대한 지식 없이 태어나며, 경험을 통해 그러한 지식을 습득하게 된다. 내면의 경험을 공유하고 내면에 관해 묻는 사람과 함께 성장할 때, 내면의 경험에 주목하고 표현하는 법을 배우게 된다. Michael은 그런 도움을 받지 못했다. 그는 외로움과 두려움, 절박함에서 비롯된 고통스러운 자기성찰을 통해, 다른 많은 정신적 충격을 받은 아동이 그러하듯이 자신의 내면세계를 알게 되었다. 상담 초기 그에게 눈을 감고 자신의 내담자와 함께 방에 있다는 상상을 해보라고 했다. 나는 그의 몸이 즉시 굳어지는 것을 볼 수 있었다. 그런 다음, 그에게 슈퍼비전 동안 함께 논의했던 해석 중 하나를 내담자에게 적용하는 것을 상상해보라고 말했다. 그의 몸은 얼어붙었고 재빨리 대답했다. "저는 두려워요. 내담자가 저에게 멍청하다고 소리치면서 상담실을 뛰쳐나가거나 쌀쌀맞게 대하는 게 보여요." 그가 눈을 뜨고 나를 바라보았을 때, 나는 두려움에 찬 얼굴과 심장이 빨리 뛰는 모습을 확인할 수 있었다. 그는 이러한 일들이 일어날 가능성이 매우 낮다는 것을 어느 정도 알고는 있었다. 하지만 의식적으로 알고 있는 것과는 상관없이, 그의 뇌와 몸은 마치 자신이 위험에 처한 것처럼 반응했다.

치료 초기에 Michael은 "어린 시절 내내 어머니가 무슨 일을 하실 것인지가 두려웠어요. 저에게는 어머니가 하는 말 한마디 한마디가 잠재적인 위험이었어요"라고 말했다. 이 시점에서 그는 그러한 경험과 소위 '치료 공황therapy panic'이라고 부르는 것 사이의 연관성을 찾을 수 없었다. 몇 달 후, 어머니와 내담자에 대한 두려움 사이의 연관성에 초점을 맞춘 몇 가지 해석을 한 후에야, 그는 "치료 작업을 할 때 내담자가 아무 말 없이 가만히 있기를 원했습니다. 내담자가 무슨 말을 한다고 생각할 때, 내담자가 화를 내지 않을까 하는 두려움이 있습니다. 내가 하는 말이 내담자를 화나게 하지 않을까 하는 두려움이 늘 있었어요. 그래서 내담자를 바라만 보면 얼어버린 채로 앉아만 있었어요. 머릿속이 하얘지고 가슴에 통증을 느끼게 됩니다"라고 말했다. 마침내 그는 트라우마 기억과 현재의 현실을 구별하는 데 도움이 될 수 있는 연결고리를 만들었고 마음먹은 대로 하지 못하는 이유를 알게 되었다.

인간은 모든 행동을 마음먹은 대로만 할 수 없다. 하지만 Micheal이 직면한 많은 딜레마는 현재의 현실감에 근거하여 이해하지 못하고 있다는 것에서부터 기인했다. 대부분 사람이 비이성적으로 행동하면 혼란스러워하듯이, 그 역시 혼란스러웠다. 모든 행동은 유전적 역사와 과거의 경험에 바탕을 두고 있으며, 매일의 일상생활에 깊이 스며들어 작동하는 내적 논리에 기인한다. 이렇게 숨겨진 이야기를 밝혀내고 이해하게 되었을 때 비로소 행동을 논리적으로 예측할 수 있게 된다. 대부분 사람은 과거로부터 형성되었고 마음 깊이 스며들어 있는 이야기를 지니고 있다. 삶 속에서 무언가를 인식하고 분석하고 결정을 내리는 데 이 이야기를 사용한다. 이러한 논리가 얼마나 무의식적이고 저항할 수 없냐에 따라 자유의지의 사용 정도가 결정되는 것이다.

내담자와 치료사 모두에게 필요한 심리치료의 중요한 요소는 모든 것을 가정으로 여기고, 신념을 의심하고, 결론에 의구심을 갖는 법을 배우는 것이다. 이러한 제안은 일종의 교묘한 수법이다. 왜냐하면 신념은 혼란스럽고 간혹 두려움을 주는 세상에서 확신이라는 환상을 주기 때문이다. Michael의 경우, 초기 경험이 만성적인 단절 상태에 가두어버리는 애착 도식, 행동, 신념 등을 만들었다. 이와 비슷하게 치료사도 명백한 증상이나 질문 그리고 개입을 놓치게 하는 사고 패턴에 고착될 수 있다. 안전한 치료 관계가 필요한 이유 중 하나는 자신이 보호받는다고 느끼게 하는 방어에 더 이상 묶여 있을 필요가 없다고 판단할 정도의 충분한 안전감을 주는 공간을 만드는 것이 중요하기 때문이다. 치료사가 상당한 자기탐색과 치료 작업에 참여해야 하는 이유 중 하나는 자신이 꼭 옳지 않아도 된다는 용기를 길러주기 때문이다. 내담자와 치료사 모두가 호기심을 갖고 불확실함에 머물면서 함께 탐색할 수 있을 정도의 충분한 안전감을 느껴야 한다.

Michael이 처음 어머니가 장난감을 모으는 것을 이야기했을 때, 나는 화가 났고 장난감을 되찾아 돌려주기 위해 어머니 방의 문을 부수고 들어가는 상상을 했다. 그리고 그의 아버지에게 증거로 제시할 수 있도록 카메라를 설치하여 그녀의 행동을 녹화하는 장면을 떠올렸다. 처음에는 이러한 상상을 나 혼자만 간직하고 그에게 말하지 않았다. 왜냐하면 그는 여전히 가족의 세계관에 잠식되어 있었기 때문이다. 몇 달 동안 치료 관계 형성이 된 후, 마음속에 간직하고 있던 생각들이 그에게 도움이 된다고 느꼈을 때, 나의 반항적인 상상에 대해 그에게 말했다. 어머니에게 '반항'하기 위한 나의 전략은 그를 웃게도 울게도 했다. 그는 나의 분노에 놀라, 처음에는 발끈하면서 그녀를 변호하기 위해 노력했다. 하지만 내 반응이 얼마나 정상적이었는지 어머니를 보호하기 위해 얼마나 화를 참아왔는지 스스로 깨닫는 데 오랜 시간이 걸리지 않았다. "저는 화를 낼 생각을 전혀 못 했어요. 왜냐하면 그녀가 어떻게 반응할지 너무 두려웠기 때문이죠. 어머니는 내 전부였기에 함께 있어야 할 필요가 있었어요." 자신의 감정을 표현해도 안전할 수 있다는 것을 느끼기 위해서 먼저 나의 화를 느낄 필요가 있었다고 그에게 말했다. 이와 같은 상호작용에서 치료사의 인간애가 가장 필요하고 유용할 수 있다. 모든 역전이 반응을 부정적으로만 여길 필요는 없다.

사례 개념화 방법

직관은 생각하는 마음에 다음에 보아야 할 곳을 알려줄 것이다.

- 조너스 소크(Jonas Salk)

10장으로 되돌아가서, 지금까지 언급한 Micheal의 내용을 바탕으로 초기 사례 개념화를 위한 몇 가지 생각을 정리하는 방법을 떠올려 보자.

1. 이론적 지향

나의 이론적 지향은 주로 정신역동에 중심을 두며, 대인관계 관점은 Rogers 이론의 틀 안에 있다. Micheal의 일차적인 갈등이 대인관계 트라우마에서 비롯되었다는 점에서, 안전한 치료 관계는 친밀감에 대한 자신의 감정과 생각을 더 잘 알아차릴 수 있게 한다. 치료 목표는 그가 이러한 통찰을 사용하여 치료 시간 외 일상에서 실험을 할 수 있도록 하는 데 있다. 그가 신뢰와 관련한 문제를 가지고 있기에, 현존하면서 내가 할 수 있는 한 최대한 적절하고 진실할 수 있도록 부단한 노력을 기울여야 할 것이다. 불편함의 비언어적 신호에 매우 민감하게 반응하고, 어떻게 거리를 유지할 것인지 주의 깊게 관찰하며, 나의 실수를 확인하고 인정하는 자세가 매우 중요할 것이다.

또한, 치료적 접근의 상당 부분은 심리교육으로 구성될 것이다. Micheal이 내면 깊이 스며있는 자신의 이야기를 바꿀 수 있도록 도와주면서, 뇌가 어떻게 진화했고 발달하는지, 기억이 어떻게 작동하는지 이해할 수 있도록 도울 것이다. 그는 자신이 정신질환자가 아니라는 것을 배울 필요가 있지만, 매우 비정상적인 환경에서 생존하기 위해 형성된 뇌와 마음으로 삶을 살아가고 있다는 점을 이해할 필요가 있다. 어린 시절부터 생긴 복종하는 습관이 스스로 만들고자 한 삶에 전혀 도움이 되지 않는 적응 형태라는 것을 수용할 필요가 있다. 그의 지적 방어를 고려할 때, 이러한 정보가 치유에 필요한 정서적 처리 과정의 대체물이 되지 않도록 조심해야 할 것이다. 나는 치료 목표가 사랑하고 일하는 것이며, 심리교육을 통한 지식적 이해는 부차적인 일임을 거듭 강조할 것이다.

2. 주 호소 문제

Michael의 핵심 증상은 어린 시절부터 겪어 왔던 범불안, 사회불안, 복합 PTSD에 해당한다는 가설을 세울 수 있다. 이러한 증상과 사회적 기술의 결핍 및 사회적 고립은 초기 애착 트라우마에서 비롯되었다고 추측된다. 그가 내담자와 함께하는 상담실에서 불안감을 드러냈기 때문에, 나는 이 문제에 초점을 맞추는 것을 시작으로 비전문적인 방식의 상호작용으로 옮겨갔다. 그 외에도 Micheal은 집단치료와 사회적 기술을 훈련하는 사회단체에 참가함으로써 치료 효과를 얻을 수 있을 것이다.

3. 생물학적 문제

현재 의학적 상태나 약물 남용, 약물 부작용은 확인되지 않았다. 증상학 관점에서 볼 때, 어릴 때부터 지속된 스트레스는 기억 처리, 실행 기능, DMN 능력 등에 영향을 미친다. 그의 경우 공부는 잘했지만, 특히 감정적으로 민감한 문제를 다루는 이전 회기를 활용하고 기억하는지 점검할 필요가 있다. 만성적으로 높은 수준의 스트레스는 해마의 발달과 기능에 영향을 미칠 수 있으며, 스트레스를 받는 동안 단기 기억과 기억 처리에 문제가 발생할 수 있다. 치료 초기에는 자율신경 각성과 반응에 초점을 맞추어 신경 조절과 통합의 토대를 마련하고 치료와 치유의 여러 측면에서 성공을 거둘 수 있도록 할 것이다.

4. 심리적 문제

Micheal의 주요 증상은 불안, 우울, 의심, 사회적 고립이다. 그의 방어 전략은 고립, 해리, 주지화를 중심으로 한다. 이러한 방어가 갖는 의미와 암시의 기원이 어디 있는지 아직 모르지만, 그의 생존 본능이 매우 강하다는 것에는 의심의 여지가 없다. 그의 애착 도식은 분명히 회피적이며, 이것은 아마도 삶에서 일어났던 사건에 대한 회상의 어려움과 가까운 관계를 무시하는 태도와 관련이 있을 것이다. 이러한 태도는 대부분 방임과 수치심에 대한 방어이고, 이러한 문제를 훈습을 통해 다루는 것이 치료의 장기적인 목표가 될 것이다.

Micheal이 '몽유병'이라고 묘사한 것은 일종의 해리성 방어를 암시하는 것으로, 이러한 방어는 감정을 차단하여 공포와 불안을 감소시키고, 삶으로부터 멀어지게 하고, 삶을 비현실적으로 느끼게 한다. 이러한 경험은 우뇌의 처리 과정에 대한 좌뇌의 억제와 심지어 몸에서 피질로 보내는 신호의 단절을 반영하는 것이다. 이런 증상이 있는 내담자는 삶에서 '한 발짝 떨어져 있다'고 느끼거나 마치 스크린으로 자기 삶을 보는 것 같다고 보고하곤 한다. 이 부분을 유념하면서 더욱 깊이 있게 탐색해야 할 것이다.

5. 사회적 문제

그의 사회적 고립은 치료에서 다루어야 할 핵심 문제이다. 그는 친구도 없고 또래와의 진정한 연결감도 느끼지 못한다고 말한다. 치료사가 되기 위한 그의 수련은 타인과 연결될 수 있을 정도의 충분히 안전한 상황을 찾기 위한 시도였을지도 모른다. 사람은 자신을 돌보고 보호하기 위해 부모에게 의존하기 때문에, 어렸을 때 부모의 잘못을 안다는 것은 아동에게 직관적으로 두려움을 안겨준다. 어머니는 항상 자신의 스케줄에 따라 그와 교류하였다. 그녀는 대부분 그의 곁에 없었고, 그는 혼자서 생활해야 했다. 그들의 상호작용은 일정 부분 그에게 위안이 되었지만, 그만큼의 고통을 주는 원천이기도 했다. 아버지는 지속해서 그를 방임했고 무시했으며 정서적으로도 그와 조율하지 못했다. 이러한 초기 애착 경험은 2차, 3차 실행 시스템을 억제하였고 정서 조절을 거의 하지 못하게 만들었다. Micheal이 촉발될 때 생각과 말, 기억이 없는 자신을 발견하고 그의 마음이 자기 자신을 버리는 이유가 바로 여기에 있다.

Micheal과 같은 똑똑한 아동은 종종 자기 부모처럼 되고, 자신의 정서적 욕구를 충족시키는 대신, 결국 부모를 돌보고 자신의 정서적 세계로부터 해리가 된다. 어머니의 예측하기 어려운 기분과 행동은 그로 하여금 두려움을 느끼게 했고, 그녀를 안전한 피난처로 여기지 못하게 했다. 그녀가 가끔 안아주곤 했지만, "늘 어머니가 어려웠고 정작 필요할 때 안아주지 않았어요. 하지만 내가 얻을 수 있는 것은 다 가졌어요"라고 말했다. 어머니와의 상호작용은 건강 및 안전과 관련한 생화학적 호르몬을 분비하지 못했다.

6. 평가

Michael의 회피 애착 유형은 회상의 어려움과 자서전적 기억의 상대적인 부재와 함께한다. 각성을 조절하는 그의 능력은 약하기 때문에, 치료가 진행됨에 따라 다른 방식의 개입과 병행할 수 있는 바이오피드백과 이완 훈련 프로그램을 도입할 것이다. 현재로서는 공식적인 심리학적 혹은 신경심리학적 평가는 불필요해 보이지만, 이 문제는 추후 치료에서 다시 논의될 것이다.

7. 협력

처음에는 항우울제나 항불안제를 처방할 것인지에 대해 약리학자와 협력할 것이다. 트라우마 기억을 다루는 시점에 이르면, EMDR 치료사에게 의뢰하는 것도 고려해볼 것이다. 또한 타인과 상호작용 시 둔감화할 수 있고 몇 가지의 기초적 사회 기술과 우정을 쌓을 수 있는 집단치료에 참여하는 것에 대해 Michael과 논의를 할 것이다.

8. 치료 관계

나에 대한 Micheal의 전이는 내담자에 대한 그의 역전이를 반영하는 것이었다. 나와 마주 보고 앉아 있을 때 처음에는 두려움을 느끼기 시작했고, 그 두려움은 서서히 의심으로 바뀌었다. 점점 신뢰를 느끼고 더 큰 안전감을 느끼면서, 이러한 감정과 그 이면의 슬픔, 그리고 관계 속에서의 안정감과 연결감에 대한 그의 열망에 관해 이야기할 수 있었다. 나와 더 가깝게 연결되는 것을 느낄 때, 그는 치료를 그만두고 자살 생각을 하기도 했다. 안전한 거리를 다시 확보하기 위해 다음 회기 시간을 잊어버리곤 했다. 결국 이러한 감정에도 불구하고, 그는 회기에 참석하였고 다음 약속을 잊어버리기보다는 그렇게 하고 싶은 자신의 감정을 이야기할 수 있게 되었다.

나의 역전이는 그의 어린 시절 경험이 내 어린 시절의 아픈 기억을 불러일으켰을 때 뚜렷하게 드러났다. 그와 마주 앉아 있을 때, 내 머릿속에서 "어떻게 그런 부모가 아이를 가질 수가 있을까! 아버지는 어떻게 부인의 거짓말을 알아보지 못할 수 있지? 그는 왜 아들을 믿지 못했을까? 그는 부인의 속임수를 알아야만 했어!"라고 외치는 말이 들렸다. 이러한 반응은 매우 인간적인 것으로, 앞에서 Michael의 경험을 쓴 글을 읽어 본 독자도 그런 반응을 보일 수 있다. 대부분의 사람은 선천적으로 아동을 보호하고, 학대하거나 방임하는 사람에게 분노를 느낀다. 자신을 온전히 방어하지 못하는 내담자도 누군가가 자신이 사랑하는 사람을 조금이라도 위협한다고 느끼면 강력하게 비난할 것이다. 이것은 매우 기본적인 생물학적 본능에 해당한다. 동시에, 치료사 역시 자신의 고통에 대항하여 스스로 보호하려고 노력하고, 자기 경험을 내담자의 경험과 구별하는 것이 어렵다는 것을 알게 된다.

9. 치료 목표

Michael의 핵심 목표는 불안감 없이 회기에 참여하는 것이고, 그동안 배운 임상 기술을 활용하고 경력을 쌓는 데 있다. 나는 그의 목표를 사회생활을 통해 좀 더 행복하고 충만한 인간이 되는 더 폭넓은 목표와 연결하였다.

10. 치료 전략과 기술

나는 치료 관계에서 신뢰를 쌓고, 자신의 말을 경청하고 있다는 경험을 Michael에게 제공하면서 이해받고 있다는 것을 느낄 수 있도록 도와주는 것에 계속 집중할 것이다. 나의 치료 기술은 긍정적인 관심을 갖고 따뜻하게 대하며 공감적 이해를 하는 것이다. 이러한 기술이 치료에 정착이 되면, 그의 부정적인 믿음 중 몇 가지에 대한 질문을 시작하고, 어린 시절의 경험이 뇌 발달과 마음에 어떤 영향을 미쳤는지 이해할 수 있도록 심리교육을 시작할 것이다. 그런 다음 위에서 언급한 개입들을 순차적으로 소개할 것이다.

12

트라우마

인생은 괴로움이고, 생존은 괴로움 속에서 어떤 의미를 발견하는 것이다.
- 프리드리히 니체(Friedrich Nietzsche)

뇌는 생존에 알맞게 적응하는 기관으로 진화해 왔다. 이러한 진화 과정에서, 인간은 삶과 일에 필요한 안전감과 자원, 그리고 편안함을 위해 의미 있는 타인과 가까이하도록 만들어졌다. 자율신경의 각성과 스트레스는 생존이 실제 혹은 상상의 위협에 직면해 있다는 지표이다. 각성의 수준이 낮거나 보통이면 소위 말하는 호기심이나 흥미를 갖고 탐색이라는 것을 하는데, 그러한 각성 수준에서의 스트레스는 뇌를 활성화하여 학습과 적응적 행동에 참여할 수 있도록 한다. 배가 몹시 고프거나 운전 중 차선을 어기는 차를 보거나 예상치도 못한 청구서를 받았을 때 주의를 빼앗기고 예민하게 되고 어떤 조치를 하려고 한다. 이러한 도전에 샌드위치를 먹으려고 하거나 경적을 울리거나 회계사에게 전화하는 방식으로 대처한다.

인간은 많은 시간을 이러한 도전에 의한 영향이 최소화될 수 있도록 대응한다. 지쳐서 쓰러지고, 다시 일어나고, 새로운 마음으로 계속 살아간다. 이것을 탄력성, 투지, 기개 또는 실패 후 다시 도전하기라고 부른다. 하지만 이것은 너무 지나칠 수도 있다. 남성주의, 극렬 개인주의 그리고 부정denial이 미치는 영향은 장기적으로 더 높은 수준의 만성 스트레스와 심지어 트라우마를 인식하고 주의 기울이는 능력을 훼손한다. 예를 들어, 참전군인은 체면을 구기지 않기 위해 괴로움을 표현하지 않고, 제대한 후 혹은 복무 중에도 문제를 호소하거나 심리적 도움을 구하려고 하지 않는다. 하지만 그들은 PTSD 증상과 민간인 생활에서 겪는 스트레스로 힘들어하고, 전투 경험이 없는 일반인에 비해 두 배의 자살률을 보인다.

일반적으로 인간은 짧은 시간의 스트레스에 대처하도록 진화했다. 신경가소성, 정서 조절, 실행 기능이 최적의 상태로 유지되는 최적의 각성 범위가 있다. 이러한 범위 안에 있을 때, 즉 자극이나 도전이 없을 때, 뇌와 몸은 에너지를 절약하고 회복하기 위해 활동이 느려진다. 어떤 사람은 이것을 휴식이라고 부른다. 스트레스가 최적의 범위를 넘어갔을 때, 각성은 올라가고 결과적으로 뇌 기능과 심리적 안녕은 결핍으로 이어진다. 이것은 보통 적응적이고 유연한 정서와 인지 그리고 면역 기능을 담당하는 뇌 시스템의 억제를 초래한다.

심지어 더 높은 수준의 각성에서는 신경망이 기능적으로 억제되고 서로 분리되며, 몸과 마음이 트라우마 상태를 유지하는 활성화 패턴으로 고착될 수 있다. 이러한 것을 '트라우마' 혹은 'PTSD'라 부른다. '당신을 죽이지 못하는 것들은 당신을 더 강하게 한다'라는 옛 속담은 스트레스 정도가 보통일 때 해당하는 말이다. 스트레스가 자신이 견딜 수 있는 범위를 벗어났을 때, 앞에서 언급한 '당신을 죽이지 못하는 것들'은 몸의 회복 능력과 학습 능력에 손상을 주고, 궁극적으로 자신을 더 약하게 만든다. 사람마다 다르겠지만, 스트레스가 어떤 수준 이상의 강도가 되면 처리할 수 있는 도전에서 싸움과 도주 혹은 얼음 반응을 촉발하는 각성의 상태로 이동한다. 트라우마를 이해하는 것은 그리 간단한 문제가 아니다. 왜냐하면 스트레스는 유전, 삶, 기질, 문화, 성격, 사회적 지지 수준에 달려 있기 때문이다. 같은 상황이라도 어떤 사람에게는 성장의 계기가 되지만, 어떤 사람에게는 PTSD를 일으키는 이유가 되기도 한다.

핵심 증상

세상이 잔인하고 고통으로 가득 차 있다는 것을
어린 시절에는 미처 알지 못했다.
- 로버트 오펜하이머(Robert Oppenheimer)

심리적 장애 중에서 드물게, PTSD의 발생 원인과 작용 기제는 비교적 명확하게 알려져 있다. 대부분 사람은 핵심 병인이 편도체에 의해 지속되는 과대각성hyperarousal에 있고, 이러한 과대각성은 뇌와 몸 전체에 걸쳐 생물학적 변화를 연쇄적으로 일으킨다. 이러한 영향 대부분은 편도체가 보낸 위협 신호가 자율신경계를 활성화하여 투쟁 및 도피 혹은 얼음 반응을 촉발하기 때문이다. 만약 이러한 상태가 오래 지속된다면, 뇌는 즉각적인 위험이 지나간 후에도 지속되는 방식으로 변화된다. 장기간 지속되는 각성은 뇌가 방어적 태도를 유지하도록 하고 늘 위험을 경계하도록 신호를 보낸다. 피해자는 또 다른 방식으로 대처하기도 하는데, 부교감신경계와 배측 미주신경의 활성화에 고착되어 얼어붙거나 철수하고, 무가치감과 수치심으로 영혼이 짓눌릴 수 있다.

PTSD의 특징적인 증상은 편도체 과대각성에 따른 과민반응과 과도한 놀라움을 넘어, 악몽과 플래쉬백 그리고 시도 때도 없이 경험하는 트라우마 사건의 침습 기억이다. 이러한 증상은 정서와 인지, 명시적 기억과 암묵적 기억, 의식과 무의식 처리 과정에 필요한 신경망 간의 분리라는 결과를 가져온다. 이러한 기능적 단절은 순간적인 경험을 파편화하고 PTSD에서 보이는 증상을 만들어낸다. 과대각성, 의식에 침투하는 것에 대한 두려움, 연속적으로 느끼는 의식적 경험의 파편화, 이 모두는 몸과 마음이 매 순간 위험하다는 신호를 증폭하게 만든다. 만약 교통사고를 당한 경험이 있다면, 사고 이후에는 모든 차가 자신과 부딪치기 위해 있는 것처럼, 운전하는 것이 얼마나 위험한지 기억할 것이다. 트라우마 경험 후에 지속되는 각성은 뇌와 마음이 주변의 잠재적인 위협에 과도하게 정향하도록 한다. 이러한 현상은 자신을 보호하기 위해 편도체가 하는 일이지만, 늘 머리 위를 날면서 자신을 감시하는 헬리콥터와 같은 편도체가 필요한 것은 아니다. 지금 자신이 어린 시절 내내 교통사고로 고통을 받았다고 상상해보라.

세상이 점점 더 위험한 것으로 경험될 때, PTSD의 세 번째 증상인 생각, 행동, 감정의 회피는 불안을 줄이려는 시도를 반영한다. 회피에는 타인으로부터 철수하는 것, 빡빡하게 짜인 반복적인 일정 및 행동, 그리고 부정 및 해리 심지어 기억상실과 같은 심리적 방어도 포함될 수 있다. 그러므로 회피는 외부적으로는 행동의 형태로, 내적으로는 생각과 감정의 억제로 드러난다. 이것이 트라우마를 겪은 사람들, 심지어 트라우마를 겪은 적이 없는 심각한 불안감을 가진 사람이 매우 틀에 짜인 반복적인 삶을 사는 경향이 있고, 실제로 새로움이나 변화를 두려워하는 이유다. 또한, 이것이 바로 Michael이 자기 삶을 몽유병이라는 은유로 표현한 이유다.

트라우마와 관련한 신경화학적 혼합물

뇌는 생각하고 있다는 것을 생각할 수 있게 하는 기관이다.
- 엠브로즈 피어스(Ambrose Pierce)

위협과 위험의 경험에서 비롯되는 화학적 혼합물은 에너지 수준과 인지 처리 과정을 변화시키고 고통에 대한 민감성을 감소시킨다. 그것은 또한 신체를 회복하고 유지하는 과정을 억제하고, 위험이 지나갈 때까지 생존에 필요한 곳에 에너지를 보낸다. PTSD에 의해 변형되는 다섯 가지의 신경화학 물질에는 노르에피네프린(아드레날린), 코르티솔, 엔도르핀, 도파민, 세로토닌이 포함된다. 노르에피네프린의 수치가 증가하면 신체적으로 각성이 증가하고 싸움과 도피 준비에 집중하게 된다. 코르티솔은 몸을 유지하고 에너지를 저장하는 대신, 단백질 합성을 억제하고 복합 탄수화물을 곧바로 활용할 수 있는 당분으로 분해함으로써 에너지 가용성을 높인다. 엔도르핀의 수치가 높아지면, 이는 다쳤을 때 신체 고통을 줄이는 일종의 진통제 역할을 하여 생존과 관련된 행동에 집중할 수 있도록 한다. 도파민의 수치가 높아질수록 과민성과 인지적 예민함이 높아진다. 불행하게도 PTSD에서 감소하는 신경화학 물질 중 하나는 세로토닌인데, 세로토닌은 타인과의 연결감, 안전감 그리고 안녕을 지원하는 신경전달물질이다. 세로토닌의 낮은 수치는 공복통 hunger pangs, 분리, 위험 등과 관련이 있다.

스트레스가 만성적이거나 트라우마 경험이 PTSD가 될 때, 이러한 생화학적 변화는 삶의 모든 측면에 영향을 미치는 뇌에 영속적인 변화를 준다. 만성적으로 높은 수준의 노르에피네프린은 일상생활에 방해가 되는 지속적인 불안과 과민성 그리고 놀람 반응을 부른다. 지속해서 높은 수준의 코르티솔은 해마 크기의 감소, 학습과 기억의 결손, 면역 기능의 억압의 원인이 된다. 높은 수준의 엔도르핀을 유지하게 되면, 현실을 왜곡시키고 정서적 무감각, 이인화, 비현실감 등이 초래될 수 있다. 장기적으로 엔도르핀을 분비하게 되면 인지에 부정적인 영향을 미칠 수 있고, 현실 검증과 일상생활과 관련된 능력이 방해받는다. 만성적으로 낮은 수준의 세로토닌 수치는 더 많은 우울감, 과민성, 폭력, 자살 등과 관련이 있다.

실행 기능을 방해하는 신경역동

자기조절, 자기치유, 자기재생(self-renew)의 능력은
마음의 가장 중요한 기능으로, 그 자체로서 중요하지만,
타인과의 관계에서도 중요하다.
- 조너스 소크(Jonas Salk)

높은 수준의 편도체 및 자율신경계의 지속적인 활성화와 위에서 언급한 생화학 물질의 연속적인 분비는 많은 신경망의 활동에 심각한 후속 down stream 효과를 준다. PTSD를 이해하는 핵심은 편도체와 1차 실행 시스템의 과대각성이 두 개의 다른 실행 시스템과 언어 기능의 억제라

는 결과를 가져오고, 신체적 및 사회적 세계를 탐색하는 데 필수적인 (1) 두정-전두 실행 시스템, (2) 브로카 영역의 표현성 언어 중추 시스템, (3) 기본 모드 신경망을 억제한다는 것이다.

두정-전두 신경망은 추상적 사고, 문제 해결 및 지능과 가장 많이 관련된 피질 시스템이다. 이 시스템은 전두엽의 배측dorsal과 외측lateral 부분과 두정엽으로 구성되어 있다. 이 신경망에서 가장 고차원적인 처리가 이루어지고, 시간과 공간을 담당하는 뇌 부위로 신체적 및 사회적 환경에서 어떻게 생존할 것인지를 탐색한다. 이 시스템이 억제되면 스트레스와 불안이 생기고 사고, 판단, 문제 해결 능력에 손상을 준다. 나는 이러한 현상을 많은 사람에게서 보았고, 나 역시 자주 그러한 경험을 한다.

Michael은 이러한 현상이 플래시백 역전이 반응을 경험하는 동안 자신의 지식과 지적 능력에 접근할 수 없을 때 발생한다고 설명했다. 극도로 높아지는 각성은 마음을 조절할 수 없다고 느끼게 만든다. 내담자는 이러한 경험을 설명하면서 "뇌가 꺼져버렸어요", "머리가 온통 까맣게 된 느낌이에요", "뇌졸중에 걸린 것 같아요" 등으로 표현한다. 나는 심리학자가 되기 위해 구술 시험을 봤을 때 이런 경험을 했었다. 눈앞에 놓인 종이의 글자를 보면서 영어라는 것을 알았지만, 천천히 숨을 쉬면서 진정할 수 있을 때까지 눈앞의 글자와 단어가 어떤 의미인지 번역할 수 없었다. 불안은 말문을 막고, 극도의 불안은 사람을 심지어 바보로 만든다는 점은 분명하다. 이것이 바로 두정-전두 실행 신경망을 방해할 수 있는 편도체의 힘이다.

두정-전두 실행 신경망의 핵심 구성 요소는 표현성 언어 시스템의 허브 역할을 하는 좌측 전두엽의 브로카 영역이다. PTSD를 겪고 있는 사람의 경우, 이 부위는 각성이 높은 수준으로 유지되는 동안 억제된다.

그리고 공포, 두려움, 극도의 스트레스는 흔히 '말문 막히는 공포'라고 불리는 일시적 실어증을 초래한다. 이것은 공포에 질려 소리를 지르려고 하지만 입에서 말이 나오지 않는 것을 가리킨다. 이것이 스트레스를 받거나, 트라우마를 겪거나, 청중 앞에 서 있을 때 말문이 막히는 이유 중의 하나이기도 하다. 각성 수준이 덜 극단적일 경우, 누군가에게 화가 났을 때 적절한 말을 찾기가 어렵다는 것을 알게 되지만, 나중에서야 했어야만 했던 말 전부를 생각할 수 있게 된다. 특히 인간은 신경 통합을 지원하는 이야기 형태로 자서전적 기억을 활용하고 타인과 동일시하고 자기감을 만들어낼 수 있기에 이러한 언어 억제 현상은 문제가 될 수 있다.

측두엽과 해마와 함께, 두정-전두 시스템은 문제에 집중하고 잠재적인 답을 고려하며 의식적으로 선택하게 하는 일종의 '의식적 작업공간conscious workspace'을 구성하는 데 기여한다. 편도체 활성화가 만성적으로 상향 조절되면, 플래시백처럼 암묵적 트라우마 기억이 촉발되고 여러 불안한 감정이 의식으로 침투하여, 집중력을 유지하고 문제를 해결하는 능력을 방해한다. 또한, 공간과 시간, 관계, 물리적 세계를 탐색하는 데 필수적인 두정-전두 실행 시스템을 억제한다.

DMN은 뇌의 중앙에 위치하는 일련의 구조로 되어 있고, 편도체와 관련 있는 위협, 끌림 혹은 두정-전두 영역과 관련 있는 외적 과제에 집중하지 않을 때 활성화된다. DMN 실행 시스템은 공상이나 자기성찰 그리고 타인을 공감하는 생각 등을 할 때 활성화된다. 이것은 치료사가 내담자에게 마음챙김 혹은 심리학적으로 마음을 이해하거나 메타인지를 안내할 때 활성화되는 시스템이다. 지금까지 트라우마 피해자와 함께 치료 작업을 한 폭넓은 경험에 따르면, 트라우마를 겪은 많은 사람이 타인으로부터의 소외감으로 고통을 겪을 뿐만 아니라, 자신으로부터도 소외된 삶을 살아간다. 그들은 타인과의 친밀함에서 거의 편안함을 느끼지 못하고, 자기 자신 안에서도 안전함을 느끼지 못한다. 이처럼 극도의 고통스럽고 불안한 경험은 편도체에 의한 DMN의 만성적 억제와 관련이 있을 수 있다. 트라우마를 겪은 유기된 사람에게서 보이는 높은 자살률은 일차적으로 집단으로부터 분리되어 있고 따돌림당하고 단절되었다는 느낌에서 기인한 것으로 보인다.

타인으로부터 고립

내가 있는 세상은 내가 견딜 수 있는 이상으로
부드럽고 사랑스럽고 충만할 수 있는 곳이다.
그래서 나는 그 자리에 서서 울었다.
왜냐하면 나의 심장을 백만 갈래로 조각내서 발아래 떨어뜨릴 수 있는
또 하나 이상의 것을 사랑하고 싶지 않기 때문이다.
- 자메이카 킨케이드(Jamaica Kincaid)

최근까지 편도체의 과대각성은 생리적, 정서적, 인지적으로 미치는 영향을 넘어서 PTSD의 사회적 영향을 이해하는 하나의 좋은 방법이었다. 회피 증상은 방어적 반응의 일종으로, 인지적 증상은 부정적인 생각과 인지 장애가 뒤섞여 있는 것으로 이해된다. 두정-전두 영역과 DMN 실행 시스템에 관한 연구가 출현하면서 인지적 및 사회적 기능에 미치는 PTSD의 광범위한 영향을 좀 더 새롭고 정교한 방법으로 생각할 수 있게 되었다. 이러한 실행 시스템의 억제에 따른 영향을 중심으로 형성된 새로운 관점은 더욱 폭넓게 신경 인프라를 파악할 수 있게 되어 광범위한 PTSD 증상을 설명하는 데 도움을 준다.

심각한 트라우마 내담자의 주요 특징은 사회적 연결의 상실이다. 그것은 타인의 행동과 감정을 이해할 수 없는 능력으로 설명된다. 사회에 온전히 참여하기보다는 사회를 관찰하는 사람이라는 느낌이 들고, 이어서 의심에서부터 사회적 철수와 깊은 수치심에 이르기까지 다양한 반응이 뒤따른다. 이것은 크거나 작거나 상관없이 일차적으로는 마음 이론[TOM] 능력의 상실, 이차적으로는 두정-전두 영역과 거울 뉴런의 억제에서 기인한 것으로 볼 수 있다. 특히 이는 PTSD의 해로운 증상으로, 피해자가 삶에서 가지고 있던 긍정적인 관계의 치유 효과가 온전히 발휘되는 것을 차단하기 때문이다. 이 경우 PTSD의 사회적 결손이 DSM에 기술된 세 가지 핵심 증상에 의한 결과로 만들어진다고 하지만, DMN의 연구에 따르면 사회적 분리의 신경적인 근본 원인은 더 복잡할 수 있음을 시사한다.

영장류와 사회적 동물에게 보이는 마음 이론은 시선, 자세, 움직임, 표정, 주변 분위기 등을 통해 타인의 의도와 행동을 예측하는 능력을 말한다. 다시 말해, 인간은 타인이 무엇을 하고 있는지, 그들의 의도가 무엇인지, 그들과 함께해야 하는지에 관한 암묵적 기억을 발달시키는 법을 배운다. 우리의 뇌가 진화함에 따라 피질 신경망의 수가 점점 증가하여 더 높은 수준의 사회적 기능을 할 수 있게 되었다. 이것은 좀 더 적응적이고 타인을 동정하고 공감하고 연민할 수 있도록 했다. DMN 실행 시스템은 결속 및 애착 시스템과 함께 타인과 연결하는 능력을 높여주었고, 어떤 집단의 일부가 될 수 있도록 했다. 이러한 능력은 군중 심리, 감정 전염, 카리스마 있는 지도자와 종교 집단에 쉽게 빠지는, 강력하면서 이해하기 어려운 현상이기도 하다.

자기로부터 소외

나는 무언가에 속해 있고 싶다.
나를 하나의 독립된 개체로 모든 것을 아우르는 마음 안에 머물고 싶다.
- 라이너 마리아 릴케(Rainer Maria Rilke)

인간이 아닌 다른 영장류가 제한된 자기알아차림의 TOM 능력을 지니고 있다는 점을 고려한다면, '마음 이론'이 '자기 이론theory of the self'보다 진화적으로 더 오래되었다고 가정할 수 있다. 두 이론의 속성이 비슷하다는 점을 고려할 때, 의식과 자기알아차림 모두는 진화적으로 타인에 대한 반성적 마음 이론에서 파생된 것일 수 있다. 다시 말해, 추상적인 능력이 향상함에 따라, 결국 타인에 대한 원시적인 마음 이론을 자기에게 비출 수 있게 되었고 '의식 이론들conscious theories', 즉 자기 이론과 같은 것을 개발하기 시작하여 자기 행동에 동기를 부여하는 데 이르게 되었다. 결국, 다른 사람이 개인적인 생각, 동기, 의도 등을 가지고 있다면, 나 역시 그렇지 않을까? 그리고 어떤 생각과 의도를 가지고 있다면 내가 그렇듯 타인도 마찬가지일 것이다.

이러한 진화 과정은 아동에게서 볼 수 있는데, 아동은 자신이 타인과 별개라는 것을 깨닫고 자신의 정체성을 발달시키고 내면세계를 인식하고 탐색하기 시작한다. 또한 외적인 행동에 초점을 맞추는 것에서 내적인 경험의 표현으로 점차 변화하는 것을 문학의 역사를 통해 확인할 수 있다. 고대 문헌에서는 인간의 행동과 상호작용에 초점을 맞추고 있고, 동기나 의도 그리고 자유의지는 신들과 자연의 힘을 위한 것이었다. 하나님이 화가 나서 대홍수를 일으켰고 노아는 신의 명령으로 방주를 만들었다. 이러한 정신을 Jane Austen과 같은 19세기의 작가와 비교해 보아라. 그녀의 세련되면서도 익살스러운 산문은 사회적 뇌의 실존과 자기알아차림에 대한 훌륭한 증거를 제공한다.

성찰하는 능력에 DMN이 중요한 개입을 한다는 것을 지지하는 모든 데이터를 고려할 때, 이 신경망의 진화는 공감이나 자기알아차림을 발달시키는 데 크게 이바지했을 것이고 이는 인간이라는 하나의 종으로서 획득한 것이다. DMN이 발달 초기 혹은 이후 성인기에 심각한 트라우마로 인해 만성적으로 억제가 된다면, 일관성 있는 자아감을 발달시키고 정서를 조절하며 내성적 혹은 타인을 공감하는 능력이 크게 손상된다. 아동기 초기에 트라우마나 스트레스가 발생한다면, 편안함을 위해 물러날 수 있는 안전한 내적 세계를 갖고 있다고 느끼지 못하게 될 것이다.

DMN의 많은 기능, 즉 자기감에서부터 사회적 신호를 읽거나 미래를 상상하는 기능까지를 살펴보면, 이 중요한 신경망이 만성적으로 억제되었을 때 타인과 자신에 대한 경험이 획기적으로 변화될 가능성이 크다. 이 이론은 PTSD와 경계선 성격장애가 있는 사람이 공감 능력, 자기참조 능력, 자전적 기억, 마음 이론 등에서 결핍을 보인다는 연구 결과를 통해 확인된다. 그래서 트라우마는 만성적으로 DMN를 억제함으로써 자신과 타인의 마음을 인식하는 능력을 방해한다. 이러한 결손의 조합은 초현실적이고 조각난 자기감과 타인감이라는 결과를 초래할 가능성이 있다.

『트라우마를 겪은 자기 치유하기Healing the Traumatized Self』라는 책의 저자인 Frewen과 Lanius(2015)는 PTSD가 DMN을 억제할 것이라는 연구에서 보고된 폭넓은 경험을 설명하기 위해 '트라우마 관련 변형된 의식trauma-related altered states of consciousness'이라는 용어를 사용한다. 아래 목록은 이 책에서 피해자가 보고한 것을 요약한 목록이다.

· 상실감, 혼란감, 무력감을 느낀다고 종종 보고한다.
· 타인으로부터 소외된 느낌을 경험하면서, 자신을 거리가 있어 멀리 떨어져 있고 도달할 수 없는 존재로 느낀다고 보고하곤 한다.
· 텅 빈 껍데기 안에서 이름도 얼굴도 없고, 조용히 잊히고 있다는 경험을 한다.
· 가끔 사람이 아닌 것처럼, 존재하지 않는 것처럼 느낀다.
· 종종 버려지고, 하찮고, 외롭고, 정상적인 사람과 만날 자격이 없다고 느낀다.
· 정서적 및 육체적 느낌과 단절되고, 무감각한 느낌이나 어떤 경우에는 마치 죽은 것처럼 느낀다고 보고한다.
· 기쁨, 즐거움, 성공을 느낄 수 있는 능력과 모든 호기심은 더 이상 존재하지 않는 것처럼 느낀다.

심각한 트라우마를 겪고 있는 사람에게 발생하고 있는 이러한 고통스러운 경험의 많은 부분은 2차와 3차 실행 시스템이 억제되어서 발생한 것으로 설명될 수 있다. 조용한 내적 공간과 일관된 자기감을 유지하는 능력과 집단의식으로부터 단절은 신경적, 심리적, 사회적 기능을 악화시키고 영속시키는 핵심이 될 수 있다. 독방에 감금되면 불안, 우울증, 자해, 자살이라는 결과로 이어지기 쉽듯이, 타인과 연결하고 자기 반성할 수 있도록 하는 회로의 폐쇄는 생존과 번영하는 데 필요한 연결을 담당하는 사회적 뇌를 고갈시킨다.

복합 트라우마와 사회적 해리

사람은 생각하는 것에 잠깐만 몰입하고,
믿는 것에는 정말로 자부심을 갖는다.
- 마틴 에이미스(Martin Amis)

수년간 PTSD로 고통받는 많은 내담자를 봐왔지만, 짧은 형태의 치료에 적합한 내담자는 거의 없었다. 극소수의 경우 노출, 반응 방지, 이완 훈련을 포함한 10회의 체계적인 둔감화 과정을 통해 트라우마 이전의 기능을 온전히 회복하기도 한다. 하지만 대부분은 현재의 트라우마에 초점을 맞추면 치유에 장애가 되는 과거 트라우마, 기질적 성격 문제, 생활 방식 문제 등이 자발적으로 드러난다. 성인 트라우마는 치료의 초점이 되는 아동기 트라우마, 학대, 방임, 불안정 애착을 재활성화하는 문을 열어주기도 한다.

이 주제와 관련한 구체적인 연구를 정확하게 알지 못하지만, 트라우마는 이후의 이어지는 트라우마에 취약하게 만든다는 것을 예측할 수 있다. 앞으로 그런 연구를 발견할 가능성이 크고, 그 연구가 치료사를 찾게 될 가능성도 커 보인다. 이러한 경험은 이전보다 치료사에게 더 강한 영향을 미칠 것이다. 트라우마가 뇌 기능과 발달에 부정적인 영향을 주는 방식은 이후 경험에서 더 많은 트라우마를 겪거나 부정적인 영향을 주는 것에 대한 취약성의 원인일 가능성이 크다. 수년, 수십 년, 평생 트라우마로 점철된 삶에 누적된 영향은 PTSD로 고통받고 있는 내담자와 함께하는 치료 작업에 있어 중심이 된다.

PTSD로 인한 모든 증상에 약물과 간단한 치료법을 강요하는 제약 회사와 보험 회사의 힘은 정신과 의사가 현재 기능과 관련이 있는 증상을 이해하는 데 도움이 되는 초기 발달의 역할을 회피하도록 만든다. 게다가 아동기를 단순히 순수하고 즐거운 시간으로만 생각하는 어른의 편견은 부정적인 아동기 경험의 영향을 과소평가하게 한다. 초기 트라우마의 발생률, 범위 및 규모를 받아들이는 것에 대한 사회적 저항을 반영하는 주장이 있는 것은 분명하다. 예를 들어, 유명한 인사가 초기의 성적 학대를 폭로할 때마다, 치료사 사무실에는 감정 섞인 목소리가 담긴 전화가 대거 몰려 북새통을 이룬다.

또한, 대부분 사람은 트라우마 경험이 오래되면 될수록 덜 힘들 것이라는 잘못된 생각을 한다. 나는 수많은 내담자의 호소를 들어왔다. "수년 전에 그 일이 일어났어요. 그런데 어떻게 그 일이 아직도 날 괴롭힐 수 있나요?" 그들이 느끼는 좌절감은 일부 잘못된 가정에 기초한다. 여기서 잘못된 가정이란 원시적인 뇌의 시간 감각이 의식적 알아차림을 구성하는 뇌 부분의 시간 감각과 유사하다고 생각하는 것이다. 그들은 의식하기 전에 일어나는 편도체의 빠른 시스템 안의 모든 과정, 다시 말해 피질 기억 시스템과 달리 편도체는 절대로 잊히지 않는 코끼리와 같다는 것을 알지 못한다. 편도체 시스템의 전략은 늘 지나치다 싶은 정도로 조심하고, 두렵게 하거나 상처를 주거나 수치스럽게 하는 모든 것을 기억하고, 그것과 비슷한 모든 유형의 경험을 일반화하는 것이다. 몸이 기억하고 있는 것은 마음이 떠올릴 수 있는 것보다 더 깊은 곳에서 흐른다.

마이클은 트라우마를 겪었을까?

사실이란 없으며, 단지 해석만이 있을 뿐이다.

- 프리드리히 니체(Friedrich Nietzsche)

Michael은 만성적으로 민감하고 얼어붙는 상태에서 살고 있음에도, 공식적으로 PTSD 진단을 받지 않았다. 어린 시절에 폭행당하거나 성적 학대를 당하거나 방임된 적이 없으며, 트라우마 피해자에게서 볼 수 있는 악몽과 침습적 사고와 감정으로 고통받지도 않았다. 성인이 된 후에도, 어떤 전투에 참여한 바가 없고 심각한 자동차 사고를 겪거나 칼에 찔리거나 총에 맞은 적도, 기억이 날 정도로 생명이 위태로운 상황에 부닥쳐본 적도 없었다. '공식적인' 트라우마가 없음에도 불구하고 그는 공포 속에서 살았고, 내담자를 만날 때 촉발되는 강력한 침습적 감정을 경험했으며, 부교감신경 및 배측 미주신경과 연관된 다양한 증상을 보였으며, 타인과 자신과의 관계에서 인상적인 손상을 보이고 있었다.

누군가는 Michael의 어려움은 유전적인 유산과 부모 행동을 모델링한 것과의 상호작용의 결과라며 지지할 만한 증거를 수집하여 확실한 주장을 할 수도 있다. 자폐 스펙트럼과 조현병 환자의 가까운 친척들에게서 나타나는 인지적이고 사회적인 어려움을 조합하면 사회적으로 서툴고, 대인관계에서 철수하고, 높은 수준의 불안감을 경험하는 것을 설명할 수도 있을 것이다. 하지만 내가 이 진단을 내리지 않는 이유는 그에 대한 나의 경험이 다른 진단 그룹의 사람과는 매우 달랐기 때문이다. 그는 이러한 다른 질환에서 흔히 볼 수 있는 것보다 자기알아차림 능력이 높았고 타인과도 감정적으로 잘 조율했다. 그다지 과학적으로 들리지 않을지 모르지만, 그는 자폐증이나 조현 스펙트럼에 있는 사람처럼 '느껴지지' 않았다. 앞으로 더 정교한 지식과 검증 과정은 경험과 정신건강에 미치는 유전적 영향을 깊이 이해하는 데 도움을 줄 것이다.

심리치료 분야가 과학적 타당성의 문제로 고군분투할 때마다, 임상적 직관은 늘 극단적인 비판을 받아 왔다. '증거 기반evidence-based'이라는 용어는 환자에게 제공되어야 할 치료의 비용을 제한하기 위한 보험사의 핑곗거리가 되어 버렸다. 불행하게도, 심리치료사도 위험을 관리한다는 핑계로 증거 기반이라는 용어 뒤로 숨을 수 있게 되었다. 결국, 치료사가 '한 가지의 진실한 치료 방법'을 발견한다면, 왜 내담자를 치료할 방법에 대한 더 많은 고민을 싫어하겠는가? 매뉴얼을 만들고, 내담자에게 과제를 내고 내담자가 체크리스트를 작성하도록 한다. 내담자가 더 이상 좋아지지 않는다면, 치료사의 신념을 유지하기 위해 치료적 저항이라고 명명한다. 이러한 근시안적 사고로 인해, 의료계 수련 과정에서 흔히 볼 수 있는 것과 마찬가지로, 많은 내담자가 신체적 및 의학적 질환에 대한 대체 치료법을 찾는 이유와 유사한 것은 우연이 아니다. Michael이 트라우마를 겪었는지 혹은 아닌지에 관한 질문에, 나는 정신질환 진단 및 통계 편람[DSM], 미국심리학회[APA], Kaiser 황제, Blue Cross 보험 회사 앞에서는 '그렇다'라고 대답해야만 할 것이다.

유전되는 트라우마

어떤 누구도 유대인이 살해당하는 것에 관심이 없었다는 것은
슬프고도 끔찍스러운 결말이다.
이것이 바로 홀로코스트를 통해 유대인이 배워야 할 교훈이다.
- 아리엘 새론(Ariel Sharon)

약 1세기 전, 다윈주의자와 라마르크주의자 사이에 대논쟁이 일어났다. 논쟁의 핵심은 진화적 변화가 Darwin과 Mendel의 주장처럼 돌연변이와 선택적 생식을 통해 여러 세대에 걸쳐 일어나느냐, 아니면 Lamarck의 주장처럼 한 개인에게 일어나는 변화가 그들의 자녀에게 나타날 수 있느냐 하는 것이었다. 라마르크 주장에 마침표를 찍은 실험에서, 연구자는 암컷 쥐의 꼬리를 잘라냈지만, 새끼는 여전히 꼬리를 가지고 태어난다는 것을 보여주었다. 이것으로 이 논쟁은 해결이 되었을까? Dias와 Ressler(2014)가 쥐를 대상으로 한 연구에서 부모의 공포 조건화가 자녀와 손주에게까지 전해진다는 것을 발견했다. 이것은 명백히 다윈주의자보다 라마르크주의자의 주장과 더 가깝다.

세대로 전수되는 이 유전에 대한 작용 메커니즘은 1세대 부모의 생식 세포의 변화로 밝혀졌으며, 이는 다음 두 세대로 전해지는 유전자 발현에서 후성유전적 변화를 초래했다. 실험에서, 조부모와 동일한 종에게는 원래부터 중립적 자극이었던 냄새가 자녀와 손주의 두려움과 불안감을 일으키는 촉발제로 전환되었다. 다시 말해, 손주는 경험상 두려워할 이유가 없는 냄새에 반응해 자율신경의 각성을 보였다. 이 3세대 쥐 중 한 마리가 조부모 때부터 조건화된 것과 연관된 냄새에 대한 공포 반응을 치료받으러 왔다고 상상해보자. 그들은 공포의 원인을 찾기 위해 몇 년 동안 기억을 탐색할 수 있었고, 충분한 시간과 가능성을

갖고 수용할 수 있을 정도의 이야기로 엮어낼 수 있었을 것이다. 나는 여러분들이 내가 어디로 향하고 있는 것으로 이해하고 있는지 궁금하다. 가끔 우리가 경험하는 트라우마 증상이 개인적인 경험의 결과가 아니라 부모와 조부모로부터 유전된 것일 수 있다. 유전적으로뿐만 아니라, 부모 및 조부모와의 수천 번의 상호작용을 통해 의식적으로나 무의식적으로 세대를 가로질러 전수된 감정일 수 있다.

가족 체계 치료사로 훈련받는 동안, 나의 선생님은 개인과 가족을 이해하기 위해서는 적어도 3대를 거쳐 그 가족에 대해 알아야 한다고 분명하게 설명하였다. 약 100년 동안 가족의 구술사를 수집하고 가계도를 만들도록 교육받았다. 이는 각 세대의 트라우마, 극적인 사건, 가훈, 친밀감 등은 의식적으로나 무의식적으로 계승된다는 신념에서 비롯되었다. 이것은 가족의 현재 갈등에 대해 더 넓은 맥락에서 이해하고, 부모의 가족에 관한 이야기를 시간의 흐름 속에서 일관성 있게 이해하는 데 항상 도움을 준다. 부부 상담에서, 나는 부부 모두가 결혼 생활을 통해 원가족에서 벗어나거나 다시 원가족의 생활을 재현하려고 시도한다는 관점을 생각해 볼 수 있도록 수련받았다. 또한 약물 남용을 다루는 수련에서 중독자는 관계를 형성하는 것이 아니라, 가족과의 경험에 기초하여 자신을 인질로 협박한다고 들은 바가 있다.

개인사를 보면 잘 이해가 안 되지만, 가족사의 맥락에서 보면 이해가 되는 성인 내담자의 갈등을 여러 번 반복해서 경험했다. 나는 평생동안 친구나 돈에 대해 걱정할 필요가 없을 만큼 사회적으로 재정적으로 충분히 안정적인 많은 내담자와 만났다. 하지만 그들은 모든 종류의 안정감에 있어 이를 조금이라도 상실하는 것에 있어 매우 민감하게 반응한다. 현재로서는 이러한 두려움과 불안을 이해할 수가 없고, 부모나 조부모 세대를 살펴봐도 그 이유를 알 수 없다. 하지만 가족사를 좀 더 거슬러 올라가면 여러 세대 전에 경험한 경제적 혹은 사회적 트라우마와 관련이 되어 있다는 것을 알게 되는데, 이때 비로소 그들이 느끼는 두려움과 불안을 이해할 수 있게 된다.

이러한 두려움은 자기 경험이 아닌 조상의 경험에 속하는 것으로써, 많은 세대를 통한 유전자 발현의 변형과 관련이 있을까? 그리고 노예제도, 홀로코스트, 아르메니아 집단학살, 러시아 혁명 등과 같은 경험이 오늘날 상담실을 찾아오는 안전감이 있고, 사회적으로 성공했으며, 건강한 내담자의 증상에 어떻게 나타날 수 있을까? 아직 그 이유를 확실히 알 수는 없지만, 후성유전학에 관한 최근 연구는 현재 증상의 원인이 되는 과정을 밝히기 위해 시간을 투자해야 한다고 말한다.

13

기억 작업

시간은 한 방향으로만 움직이지만, 기억은 양방향으로도 움직인다.

- **윌리엄 깁슨**(William Gibson)

심리치료는 기억을 다루는 작업, 즉 기억하고 잊어버리며 재학습하는 작업이다. 과거에 어떤 일이 있었고, 이것이 마음 · 정신 · 몸에 어떻게 기억되는지, 이러한 감정 · 생각 · 행동이 일상에 어떤 영향을 주는지 탐색한다. 치료의 혜택을 받으려면 치료 회기에서 어떤 작업을 했는지 기억하고, 그것을 실제 삶 속에서 마음챙김하면서 실험을 할 수 있어야 한다. 치료사는 과거든 현재든 내담자의 일상 세계를 잘 모르기 때문에 그들의 기억에 의존해야 한다. 치료사의 기술 일부는 주의 깊게 경청하고 내담자의 말을 이해하는 것이고, 무의식적인 왜곡과 반쪽 진실, 허위 진술 등을 감지하는 법을 배우는 것이다.

기억은 삶에서 매우 중요한데, 그 이유는 뇌가 현재에 배운 것을 자동으로 적용하도록 진화했기 때문이다. 무의식적인 기억은 의식적인 알아차림보다 더 빨리 활성화되고, 지각하기 전에 활성화된다. 우리가 알아차림하지 못하더라도, 뇌와 마음은 우리의 편향과 편견을 '객관적인 진실'처럼 느끼게 한다. 뇌는 사회적 기관이기 때문에, 가장 영향력 있는 기억은 관계, 특히 어릴 때부터의 관계로부터 형성된다. 돌보는 사람과 함께하는 경험은 뇌 발달의 결정적 시기에 뇌의 인프라를 구축하고 모든 미래 학습의 형판 역할을 하므로 매우 중요하고 많은 영향력을 미친다.

일상 기억은 변하지 않고 고정된 잠금장치가 있는 파일함에 저장되는 것이 아니다. 기억은 회상될 수 있을 정도로 안정적일 필요가 있지만, 업데이트될 수 있을 정도로 충분한 유연성을 가지고 있어야만 한다. 기억은 의식적으로 드러날 때마다, 환경에 지속해서 적응하기 위해 수정될 수 있을 만큼 개방적이다. 시험을 위해 배운 것을 명확히 하고 수정하고 강화하기 위해 반복해서 교재를 공부하는 과정을 생각해 보자. 이렇게 할 때 명시적 기억으로 처리된다. 나이가 들면서 새로운 경험과 축적된 관점을 기반으로 과거 경험을 되짚어보고 생각과 관점, 자신이 내린 결정을 재평가하는 것은 자연스러운 일이다. 이것이 바로 인간이 지식과 자기감을 업데이트하는 방법이다.

트라우마 기억

가장 중요한 문제는 자신이 알고 있는 것을
스스로 알게 하는 것이다.
- 베셀 반 데어 콜크(Bessel van der Kolk)

트라우마 기억은 여러 면에서 일반 기억과 다르다. 트라우마 기억은 다른 수준의 생화학적 활성화에서 부호화되고, 여러 신경 시스템에 저장되며, 비트라우마 기억과 다르게 경험된다. 예를 들어, Michael은 어릴 때 권위자의 의견과 판단을 믿지 말아야 한다고 학습했다. 이러한 어릴 때의 무의식적 결정은 직장 상사, 선생, 정부 관료, 그리고 함께 일하는 치료사를 불신하게 했다. 나와 함께 치료 작업을 시작했을 때, 세계를 경험하는 그의 방식은 매우 반사적이고 자동적이며 깊게 뿌리내리고 있어서, 나는 당시 Micheal이 나를 신뢰하지 않았다는 것을 알지 못했다. 회의주의와 자기 보호 본능은 매우 어렸을 때부터 발달해서, 그런 것들이 자신 안에 있다는 것을 알지 못한다. 내담자의 전이가 아무리 긍정적으로 나타나더라도 그 이면에 부정적인 전이가 있다는 것을 명심해야만 한다. 왜냐하면 인간은 과거에 의지했던 사람에 의해 상처받고, 겁을 먹고, 실망했기 때문이다. 이러한 경험은 잊을 수 없는 정도의 인상을 남긴다.

이러한 종류의 재학습의 대부분은 심리치료 중 자신의 왜곡과 편향이 드러났을 때 나타난다. 과거의 경험을 숙고할 때, 정서적 조절과 축적된 관점 그리고 치료사의 안내 도움으로 자기 생각과 결론을 재평가할 수 있다. 비근한 예를 들면, 개인적 혹은 직업적인 관계에서 다시 나타나는 문제를 숙고하는 것이다. 자기알아차림의 증가는 자신에 대한 새로운 통찰을 추가함으로써 여러 갈등을 검토할 수 있도록 하고, 부정적인 상호작용을 재평가할 수 있도록 한다. 자기통찰은 사건을 재해석하고 자기 문제의 원인을 재평가하도록 이끈다. 이는 기억이 업데이트되는 한 형태이다.

트라우마 기억의 주요 특징 중 하나이면서 심리치료의 주요 어려움은 업데이트에 대한 저항이다. 왜냐하면 트라우마 기억은 변화에 강하게 저항하고 동시에 피질 시스템을 억제하는 편도체 중심 회로 amygdala-centric circuit에 저장되기 때문이다. 이는 인간이 다른 진화 역사, 발달 과정, 기능을 가진 다양한 기억 시스템을 가지고 있다는 사실에서 명백하게 드러난다. 트라우마 기억은 반복적이고 틀에 박힌 형태를 띤다. 왜냐하면 그 기억은 시간에 따라 절차적으로 신체에 기억되도록 진화된 절차적 기억의 원시적 시스템에 저장되기 때문이다.

이 절차적 기억은 본질적으로 트라우마를 겪은 후에 나타나는 플래시백, 악몽, 얼어붙는 공포 상태와 유사하다. 이렇게 프로그램된 기억은 희생자의 조절 능력보다 더 강력한 힘을 갖고 있다. 그 이유는 선택과 자유의지는 피질 아래 영역에 존재하지 않기 때문이다. Michael은 내담자에 의해 촉발되었고 다시 어린 시절로 되돌아갔다는 것을 알고는 있었지만, 그것은 그리 중요하지 않았다. 파충류 뇌에 공포가 엄습하였다. 편도체는 거부권을 행사하여 실행 시스템을 억제하였고, 그는 과거 무기력함의 희생자로 남게 되었다.

Freud가 트라우마 경험을 '자극 장벽[10)]을 뛰어넘는 것surpassing the stimulus barrier'으로 표현했는데, 이는 높은 각성의 상태에서 두 개의 실

10) 외부 자극을 막아주는 보호막을 가리키는 프로이드 용어로, 이 보호막을 깨트릴 정도의 강력한 각성은 트라우마 신경증을 가져온다(역자 주).

행 시스템이 억제된 상태를 설명한 용어이다. 인간은 공포에 질릴 때 먼 옛날 조상부터 지니고 있던 1차 실행 시스템의 지배로 되돌아간다. 이러한 시스템에는 언어, 판단, 관점, 문제 해결 기술 등 다시 말해 대뇌피질의 실행 기능은 포함되지 않는다. 파충류 뇌는 환경적 자극으로 활성화되는 유전적인 행동 프로그램에 의존한다.

각성이 높아진 상태에서 이루어지는 자서전적 기억의 파편화는 흔하게 있는 현상이다. 여러 경로의 의식적 기억을 통합하는 피질의 실행 과정은 쉽게 해리될 수 있다. 이는 많은 내담자가 치료를 시작할 때, 강한 감정을 불러오는 기억과 연관된 감정을 거의 혹은 전혀 느끼지 못하는 것을 보면 알 수 있다. 치료 초기에, Michael은 마치 객관적 관찰자 혹은 아동기 다큐멘터리 작가의 관점에서 자신의 어린 시절을 이야기했다. 그는 많은 부분을 마치 인류학자가 새로 발견한 부족의 행동을 보고하기 위해 사용하는 실황 방송처럼 설명했다. 기억은 남아 있지만, 감정은 편집되었거나 자서전적 기억에 온전히 통합되지 않았기 때문이다.

심한 학대를 당한 사람은 트라우마 기억을 마치 위에서 혹은 안전한 거리를 유지하면서 보는 것처럼 기억하거나, '잘못된 방향으로 틀어진 쌍안경으로 세상을 바라보는' 것처럼 기억하기도 한다. 이러한 현상은 높은 수준의 스트레스에서 방출되는 엔도르핀과 도파민이 현실을 왜곡하고 좀 더 거리를 두고 덜 위협적인 것으로 경험하도록 만들 때 발생한다. 치료 작업이 지속되고 치료 관계가 깊어지면서 Michael은 어린 시절의 주요한 사건과 장면을 여러 번 떠올렸다. 이와 같은 과정의 반복을 통해 그는 어릴 때의 고통스러운 경험을 여러 번 떠올렸고, 그때마다 정서적이고 감각적인 경험을 조금씩 더하여 회상하면서 체화할 수 있게 되었다.

마음이 안정된 상태, 어느 정도 낮은 수준의 각성 상태, 즉 피질의 실행 시스템이 연결된 상태에서 매번 기억을 상기하게 되면, 새로운 정보로 기억의 궤적을 수정할 수 있는 잠재적인 힘을 갖게 된다. 치료사는 이러한 상황에서 기억이 유동적이고 업데이트가 가능하다는 사실을 활용하여 내담자가 트라우마를 치유하도록 도울 수 있다. 기억의 다양한 요소를 통합하고 피질이 점점 더 많이 관여함으로써, 내담자는 트라우마 기억을 좀 더 쉽게 경험할 수 있고, 조절되고 '업데이트가 가능하게' 된다. 나의 격려로 Michael은 다양한 방법으로 기억을 서서히 상기할 수 있게 되었다. 회기를 거듭할수록 그는 더 많이 기억을 상기할 수 있었고, 기억에 좀 더 쉽게 다가갈 수 있었고, 자신 안에 있는 아이 부분과 연결할 수 있었으며, 친밀감은 높아졌다.

역전이의 만연

우리 안에 우리가 모르는 다른 사람이 있다.
- 칼 융(Carl Jung)

치료사도 자신의 기억을 떠올리고 연상을 하면서 동시에 내담자의 기억을 탐색한다. 인간은 사회적 뇌를 가졌기 때문에, 치료사의 경험에는 내담자가 어떤 사람인지와 내담자에 대한 치료사의 경험이 혼재되어 있다. 무의식적 처리 과정이 내담자에 대한 지각과 내담자와의 상호작용을 왜곡시킬 때, 이를 '역전이'라고 부른다. 역전이라는 말 자체가 갖는 의미에도 불구하고, 역전이가 내담자의 전이에 대한 치료사의 반응이어야 할 필요는 없다. 하지만 이는 회기 중 치료사 자신 안에서 발생하는 어떤 것에 대한 폭넓은 반응으로 볼 수 있다. 치료사의 심리치료 경력 혹은 지금껏 어떻게 수련해 왔는지와 상관없이 역전이는 늘 치료사 경험의 일부이다.

역전이를 광의적으로 정의하자면, 모든 치료사는 모든 사례에서 역전이를 가진다. 그 이유는 내담자와 마찬가지로 치료사의 뇌와 마음도 현재를 과거의 경험과 혼합하기 때문이다. 전문가적 관점에서 다음과 같은 질문을 할 수 있다. 첫째, 살아온 삶의 과정이 자신의 암묵적 기억 시스템과 타인에 대한 경험에 어떤 영향을 주었는지 이해하는 작업을 얼마나 많이 했는가? 둘째, 내담자에게 미치는 자신의 부정적 영향을 최소화하기 위한 자기반성과 상담 전략을 발달시켰는가? Michael의 경우, 역전이로 자신의 치료 작업을 완전히 망쳐버렸기 때문에, 역전이 문제를 꼭 다루어야만 했다. 하지만 많은 치료사에게 역전이는 임상 작업의 질에 미묘하면서 은밀하게 해를 끼친다.

Michael은 내담자와 치료 작업을 하면서, 예측하기 어려운 어머니의 행동, 어린 시절의 강압적인 가족과 대화하는 시간 속으로 되돌아가 한여름 오후 때처럼 땀을 흘리는 자신을 발견했다. 이제 그는 더 이상 전문적 직업 환경에서 일하는 한 명의 성인이 아니라, 내담자를 위협적인 존재로만 보는 겁먹은 아이에 불과했다. 설상가상으로 무슨 일이 일어나고 있는지, 왜 위협적이지 않은 누군가에게 겁을 먹고 있는지 전혀 이해하지 못했다. 이것이 바로 편도체가 촉발하여 싸움-도피-얼음 반응을 활성화하고 의식적 경험에 침습하여 왜곡시키는 암묵적 기억의 힘이다. 이와 같은 상황에서는 자신의 공포를 설명할 다른 방법이 없기 때문에, 자신이 미쳐가고 있다는 두려움을 느끼곤 한다.

뇌의 많은 기억 시스템이 어떻게 작동하는지에 대한 정확한 정보가 부족하기에, 공황 발작으로 고통을 겪는 사람은 심장마비라고 확신하며 응급실로 달려간다. 그들은 심장에 특별한 이상이 없으며 건강하다는 말을 반복해서 듣곤 한다. 결국, 그들은 심리치료사나 정신과 의사를 방문하도록 권고받지만, 대부분 방문은커녕, 자신의 어려움은 신체적 문제라고 확신한다. 만약 그 사람이 권고를 받아들이면, 치료사는 그들을 만나게 된다. PTSD로 고통받는 참전용사는 참전 후 애타게 기다렸던 고향으로 돌아왔지만, 결국 배우자와 자녀와 관계를 잘 맺지 못하거나 민간 생활에 적응하지 못한다는 사실을 알게 된다. 그들의 뇌는 변해버렸다. 그들은 종종 약물을 사용하기 시작하고, 스스로 가족으로부터 자신을 고립시키고, '최소한의 이해를 받을 수 있는' 곳인 전쟁터로 되돌아가야겠다고 생각한다.

어느 순간 Michael은 부모를 생각하면서 '갇힌 느낌'과 '미칠 것 같은' 두려움과 불안에 떨며 침대에 누워 수많은 밤을 지새웠다고 말했다. 그는 모든 것이 너무나 익숙하면서도 동시에 낯설고 불편한 삶에 갇힌 기분이 들었다. 그것은 언젠가는 현재 삶에서 벗어나고, 상상할 수 없는 것, 예를 들면 평화로움, 안정감, 타인과의 연결감을 느낄 수 있는 방법을 찾을 것이라는 희망을 붙잡기 위한 몸부림이었다. 그는 공부는 잘했지만, 임상 훈련 장벽에 부딪히면서 어렸을 때의 정서적 세계로부터 결코 벗어날 수 없을 것이라는 두려움에 빠졌다. 공포와 혼란스러운 가정환경을 감당해야만 했던 어린 시절 이후 수년이 지났지만, 그의 편도체는 오랜 시간이 지난 지금도 여전히 자신을 보호하려 하고 있었다. 그가 어떻게 해야 자신의 뇌가 이제 더 이상 위험하지 않다는 것을 확신할 수 있을까?

트라우마 기억을 비트라우마 기억으로 변환하기

시간과 기억은 마음이 원하는 대로 현실을 재구성하기에 진정한 예술가이다.

- 존 듀이(John Dewey)

역전이는 미묘해서 잘 드러나지 않지만, Michael의 역전이는 망치가 온몸을 때리는 듯한 경험이었다. 그것은 플래시백과 같은 것이라서 슈퍼비전의 맥락에서 다루기가 힘들었다. 그의 역전이는 어린 시절부터 싸워온 모든 것을 반영했기 때문에, 그것을 다룰 때 활용할 수 있는 마음챙김 기술이나 인지적 재구성 능력을 활용하기가 쉽지는 않았다. 설상가상으로, 역전이는 자신을 자유롭게 해줄 것이라고 믿었던 전문직으로서의 삶을 만드는 데 큰 장애물이었다.

안정적이고 따뜻하며 신뢰할 수 있는 치료사와의 관계에서 중요한 가치 중 하나는 '편도체 조련사amygdala whisperer'의 역할을 할 수 있는 능력이다. 좀 더 구체적으로 말하면, 치료사는 타인의 뇌를 조절하기 위해 사용하는 사회항상성을 편도체 활성화를 낮추고, 각성을 감소시키며, 피질의 관여와 신경가소성을 증가시키는 수단으로 사용할 수 있다. 이를 통해 낮은 수준의 각성에서 기억을 상기할 수 있고, 피질을 연결한 채 의식적으로 처리하며, 점차 분리된 신경망을 통합할 수 있게 된다. 목표는 트라우마 경험을 비트라우마 기억을 처리할 때 발생하는 것과 동일한 피질 중재와 업데이트 과정에 노출하는 것이다.

심리교육

지식과 정보는 힘이다.
- 로빈 모건(Robin Morgan)

많은 내담자 특히 Michael과 같은 주지화 방어를 쓰는 사람에게, 불안과 공황에 관한 심리교육은 치료로 연결하는 데 큰 도움이 될 수 있다. 이야기 방식의 심리교육은 두려운 정보가 입력될 때 짝을 이루어야 하는 피질의 활성화를 만들기 때문에 특히 유용하다. 치료사가 내담자의 맞은편에 앉아 있을 때, 편도체가 활성화되는 것을 경험하면서 동시에 교육 내용을 생각할 수 있다. 편도체는 피질의 하향 억제에 반응하기 때문에, 언어적 심리교육으로 자극되는 피질의 활성화는 추가로 하향식 조절과 억제를 제공한다. 내적으로 발생하는 것을 설명하고 그 결과를 예측하는 것은 피질의 활성화와 참여를 통해 어느 정도 스트레스를 예방하는 효과가 있다. 이는 내담자가 편도체 조련사가 되는 방법 중 하나이다.

Michael은 이미 임상 훈련을 통해 편도체, 자율신경계 및 미주신경계가 어떻게 작용하는지 전반적으로 이해하고 있었지만, 그의 생각을 확장하고 피질 활성화를 증진하기 위해 아래의 두 표를 추가했다. 첫 번째 표는 불안과 공황의 증상을 일으키는 뇌간에서 편도체로 전달되는 9개의 표적에 관한 목록이다. 목표는 Michael이 자신의 놀람 반응을 부모와 내담자와 연상시키기보다 편도체의 중심 회색질이나 외측 시상하부의 자극으로 생각할 수 있도록 하는 것이었다. 다시 말해 놀람 반응이 조건화된 생물학적 과정이지, 형이상학적이거나 초자연적 혹은 삶의 위협이 아니라는 의미이다. 단지 편도체가 자신을 보호하려는 시도일 뿐이다. 아래는 Michael과 나누었던 편도체 표적의 목록이다.

뇌간의 편도체 표적과 감정에 미치는 영향

외측 시상하부	〉 교감신경계 활성화	〉 빈맥 〉 혈압
배측 미주신경	〉 부교감신경계 활성화	〉 위장 통증
부완핵	〉 호흡	가쁜 호흡
복측 피개 영역	〉 도파민	불안
청반	〉 노르에피네프린	높아진 경계심
배측 피개 영역	〉 아세틸콜린	스트레스 기억
미상핵	〉 반사운동	놀람 반응
중심 회색질	〈 행동	얼음, 철수
삼차 신경, 얼굴 신경	구강 열림, 턱 움직임	두려운 표정
실방핵	부신피질자극호르몬 방출	전반적인 스트레스 반응

그가 생리학적 과정을 잘 이해할 수 있도록, 공황발작 증상의 목록을 공유하기도 했다. 나는 그가 두려움을 느끼는 희생자에서 두려움에 대한 전문가로 전환하여, 각성이 높아질 때 마음(피질)이 최대한 활성화를 유지할 수 있기를 바랐다. 이 두 표를 반복적으로 언급하는 의도는 지식에 숙달되면 될수록 편도체의 억제 활동에 더 저항할 수 있기 때문이다. 이는 반복적으로 운동하거나 악기를 연주하는 것과 유사하다. 더욱 숙달될수록 더 반사적으로 움직이게 된다.

내담자가 자신이 겪고 있는 증상을 설명할 때, 공황 증상 목록에서 해당 증상을 찾은 다음, 그 증상이 뇌간 표적 목록에 있는지 확인할 수 있다. 공포 회로를 연결하고 억제하기 위해 피질 회로를 자극하는 데 도움이 되는 감정과 생각 그리고 신체 반응을 상호 참고하라.

편도체 각성으로 촉발되는 공황 증상

심계 항진, 빨라진 심박수
숨이 가쁘거나 숨이 막히는 느낌
발한
전율이나 떨림
목메임
가슴 통증이나 답답함
메스꺼움이나 복통
어지러움, 불안정, 의식의 흩어짐
비현실감
이인감(자신으로부터 분리되는 느낌)
마비감이나 얼얼한 느낌
오한 또는 뜨거운 홍조
통제감 상실, 미칠 것 같거나 죽을 것 같은 두려움

체계적 둔감화

당신은 생각보다 더 똑똑하고, 보기보다 더 강하며,
믿는 것보다 더 용감하다.
- 밀른(A. A. Milne)

체계적 둔감화systematic desensitization는 트라우마와 트라우마 기억을 다루는 데 검증된 좋은 방법이다. 그것은 원래 따뜻하고 배려심 있고 유능한 치료사의 이완 훈련과 짝을 이루어 트라우마 기억에 노출되는 과정이다. 다시 말해, 체계적 둔감화는 반복적 시행과 강화가 짝을 이루고, 기억을 회상하는 동안 정서 조절 능력이 향상되고 피질이 활성화된다. 많은 트라우마 치료는 본질적으로 체계적 둔감화의 변형된 형태이다.

Michael이 트라우마 기억을 회상할 때, 뇌는 더 많은 피질 회로를 이용하여 기억을 천천히 재처리하고 저장하기 시작하면서 변화되었다. 게다가 치료 관계에서, 안전감이 더해지면서 회상할 때 느끼는 현재 경험을 좀 더 잘 통합할 수 있게 되었다. 현실을 중요시하면서 트라우마 치료에서 꼭 해야 하는 것 중 하나는 현재의 실제 경험이 두렵고 취약한 과거 기억과 얽히고설켜 있다고 이해하는 것이다. 즉, 과거를 과거로 만드는 것이다.

내담자와 마주 앉아 대면하고 있을 때 경험하는 공황 반응을 다루는 데 가장 기본적인 치료 방법으로, Michael과 나는 먼저 내담자와 있을 때 불안하게 만드는 모든 것들을 목록으로 만들었다. 그는 자신의 예기 불안이 치료 약속을 잡을 때부터 시작된다고 말했다. 일정표에 약속을 기록하면서부터 바로 가슴이 조이는 느낌이 들고 호흡이 얕아진다고 보고했다. 이것이 내담자를 만나는 것과 관련하여 느끼는 가장 낮은 수준의 불안이라고 말했기에 10까지의 각성 수준을 표시하는 위계를 만들기 시작했다. 이후 조용히 앉아 침묵하는 내담자와 마주할 때 가장 높은 수준의 각성이 되고, 어떤 말을 해야만 할 것 같다고 그는 말했다. 이러한 상황에서 그는 공황 상태에 빠지고 벌떡 일어나 방에서 뛰쳐나오고 싶은 충동을 참게 된다. 그래서 두 가지 기준점을 정했다.

1. 침묵하는 내담자와 마주 앉는 것(가장 강한 각성)
10. 일정표에 약속을 기입하는 것(가장 약한 각성)

Michael의 경험을 심도 있게 논의할 때, 그는 달력에 신경을 쓰지 않아도 날이 갈수록 불안감이 더욱 심해진다고 말했다. 전날 밤 침대에 누워 두려움에 떨면서 잠을 이루지 못하는 고통을 겪었다고 말했다. Michael은 상담 당일 차를 몰고 치료소로 가는 동안 심장이 폭주한다고 이야기했고, 접수원이 내담자가 도착했다고 말했을 때는 마치 심장이 내려앉는 것 같았다고 했다. 이외에 다른 경험에 대해 논의하고, 각 연상에 대한 고통의 수준을 평가한 다음, 아래와 같은 스트레스 위계표를 작성했다.

1. 일정표에 약속을 기록할 때
2. 다가오는 주중에 회기가 있다는 것을 알 때
3. 이틀 남았다는 것을 알 때
4. 하루 앞으로 다가왔음을 알 때
5. 전날 밤 침대에 누워서 생각할 때
6. 당일 아침에 일어날 때
7. 운전하면서 치료소로 갈 때

8. 내담자가 도착했다는 말을 들었을 때
9. 내담자를 맞이하러 대기실로 들어갈 때
10. 침묵하는 내담자 맞은편에 앉아 있을 때

다음 단계는 이러한 도전적인 연상을 활성화했을 때 느끼는 각성, 불안, 공포를 조절할 수 있는 제일 나은 방법을 찾는 것이었다. 미묘한 불안을 잘 인식하는 방법을 탐색하고, 불안을 어느 정도 통제하는 방법을 배우는 다양한 호흡 기법과 심상화 작업, 그리고 바이오피드백을 시도하였다. 바이오피드백은 호흡을 빠르게 하고 천천히 하는 것이 각성에 어떤 영향을 주는지 배우고, 근육 긴장을 잘 감지할 수 있도록 도와주었다. 이후 산 정상에 앉아 있는 것과 같은 편안함을 가져다주는 정신적 이미지를 파이오피드백과 연결하면서, 마음을 사용하여 각성을 조절할 수 있다는 것을 조금씩 알게 되었고, 편도체와 자율신경계 그 밖의 다른 통제 과정을 하향 조절할 수 있도록 피질은 충분히 활성화되었다. 5회기 동안의 이러한 학습 과정을 통해, 나는 그가 일상을 살아가면서 가능한 한 많이, 스트레스 상황과 스트레스가 없는 상황에서 그것들을 사용하는 훈련을 하도록 격려했다.

각성에 대해 깊어진 알아차림 능력으로 무장한 채, Michael과 나는 10번부터 시작하는 위계표의 각 상황을 이완과 짝짓기 시작했다. 스트레스 상황을 상상하고 설명하면서 호흡 훈련을 시작했다. 그가 상황을 가능한 한 자세히 설명하도록 했다. 예를 들어, 달력에 약속을 적을 때 연상되는 이미지, 소리, 색깔, 심지어 냄새에 관해서 물었다. 간간이 심상화 작업을 멈추고 무엇을 느끼고 있는지, 고통 수준이 0~10까지 중 얼마나 되는지를 물어보았고, 이완 기술을 훈련했다. 특정한 스트레스 요인의 고통 수준이 0이 되면, 위계표의 다음 스트레스 사건으로 옮기고 같은 과정을 반복했다. 최대한 신중히 이 과정을 진행하였고, Michael이 치료 속도를 빠르게 하고 싶다고 느낄 때만 조심스럽게 앞으로 나아갔다. 이러한 과정을 통해, 그는 치료를 너무 급하게 진행하지 않고 있으며, 불안감과 통제력 상실로 촉발될 위험이 없다는 확신을 가질 수 있었다.

이 과정은 많은 기억과 감정을 불러일으키면서 진행되었고, 이러한 기억과 감정을 탐색하고 처리하는 데는 많은 시간이 걸렸다. 이렇게 둘러 가는 방식은 Michael이 치료 속도를 더 잘 조절할 수 있게 해주면서 일반적인 치료 과정이 되었다. 경험상 체계적 둔감화는 순환적이고 반복적인 과정으로, 유연한 방식으로 치료에 활용될 수 있다. 감각을 높이는 기억에 내담자를 노출하고 이완으로 전환하는 과정을 지속하면서, 치료사는 신경 통합과 기억 재처리 과정을 최적화할 수 있게 된다. 그리고 치료 관계와 특정 기술을 활용하여 내담자가 이완될 수 있도록 도와줌으로써, 내담자는 피질에 연결된 상태를 유지하고 새로운 학습을 할 수 있게 된다. 이때 피질에서부터 편도체까지 내려가는 신경섬유가 만들어지고 활성화된다. 이 새로운 연결은 편도체가 위험하다고 꼬리표를 단 무언가에 직면했을 때, 그의 경우처럼 감정적으로 만드는 누군가와 마주 앉아 있을 때, 투쟁-도피-얼음 반응을 하지 않게 해준다.

안구운동 민감소실 및 재처리 과정

잊고 싶은 마음만큼 기억에 강하게 남는 것은 없다.

- 미셸 드 몽테뉴(Michel de Montaigne)

몇십 년 전, 트라우마 기억을 다루는 다소 다른 접근 방식인 '안구운동 민감소실 및 재처리 과정[EMDR]'이 만들어졌다. 이것은 Francine Shapiro의 아이디어로, 그녀는 왼쪽에서 오른쪽으로 반복되는 시각적 스캔의 결과로 자신의 부정적인 기억과 관련된 감정적인 각성을 줄일 수 있다는 것을 발견했다. 이후 그녀는 고통스러운 기억에 노출한 후 안구운동을 짝지어주는 개입법을 구조화하였다. EMDR에 대한 많은 반발이 있었지만, 결국 설득력을 얻었고 지금은 트라우마와 PTSD에 도움이 되는 치료법으로 받아들여지고 있다. 다른 치료법처럼, 모든 사람에게 효과가 있는 것은 아니지만, 트라우마를 겪은 사람과의 치료 작업 시 활용할 수 있는 개입법 목록에 추가될 만큼 치료에 충분한 도움이 된다.

일부 사람은 EMDR의 치료적 요소는 안구운동 혹은 '교차 감각 자극alternating sensory stimuli'에 있는 것이 아니라, 표준 인지 행동 기술을 주의 깊게 적용하는 치료사의 맥락에서 트라우마 경험을 점진적으로 노출하는 것에 있다고 믿는다. 다시 말해, 체계적 둔감화의 또 다른 형태일 뿐이라고 강조한다. 나는 이러한 주장이 EMDR로부터 효과를 본 일부 내담자에게만 해당한다고 의심하지만, 여하튼 치료 성공에 대한 논쟁의 여지는 없다. 감각을 자극하기 때문에, 나는 그 과정을 무시하며 참여하기를 꺼리는 내담자가 적지 않다는 것을 알고 있다. 나의 경험에 따르면, 갈등적이고 고통스럽거나 트라우마 경험을 회상하면서 교차로 감각을 자극하는 것이 어떤 차이를 만들어내는 것 같다. Shapiro 박사는

EMDR에 대한 작용 메커니즘을 알고 있다고 주장하지는 않았지만, 가장 일반적인 견해는 기억 처리 과정에서 양반구 피질을 통합하는 것과 관련이 있다고 보는 것이다.

만약 어떤 내담자가 EMDR이 도움이 되고 감각적 요소가 치료 성공의 일부라고 발견한다면, 왜 그렇게 될까? 반구 통합이 정말 최선의 설명일까? 다시 말해, 좌우를 보거나 다른 방식으로 오른쪽 무릎과 왼쪽 무릎을 번갈아 두드리는 것이 어떻게 치료에 도움이 되는가? 내 생각엔 EMDR로 치료 작업을 한 사람들의 성공 비결은 '정향 반사 orienting reflex'와 관련이 있는 것 같다. 기억 작업에서 PTSD가 있는 사람과 없는 사람의 뇌를 비교할 때, 트라우마는 기억 인출과 공고화라는 신경역동에 중요한 변화를 가져온다.

트라우마가 없는 사람이 새로운 정보에 직면할 때, 측두엽과 해마의 영역과 함께 대상피질과 뇌섬엽, 소위 현출성 회로라고 부르는 영역이 활성화된다. 이 회로는 기억 시스템을 경계 상태로 만들어, 새로운 것을 배우고 새로운 정보에 기초하여 오래된 기억을 업데이트할 수 있도록 준비하는 기능을 하는 것으로 보인다. 현출성 회로를 이해하는 또 다른 방법은 고지서 내용을 볼 때처럼 기억 회로에 경보를 울리는, 중요하거나 새로운 정보를 찾는 것이다. PTSD를 겪고 있는 사람은 현출성 시스템이 억제된다. 대신 자서전적 기억을 위한 시스템이 활성화되는 것으로 보인다.

이러한 신경역동의 변화는 새로운 경험에 정향하고 배우는 대신 불안과 트라우마 기억을 촉발하는 기이한 경험을 낳는다. 이것이 트라우마와 매우 불안해하는 사람이 제한적이고 획일화된 삶을 사는 경향이 있는 이유일 것이다. 새로움을 회피하면서 살아감으로써 촉발되는 것으로부터 자신을 보호할 수 있는데, 이는 매우 논리적인 자기 보호 수

단이다. 기신증neophobia, 새로운 것 혹은 예상치 못한 것에 대한 두려움이라는 증상은 수십 년 동안 트라우마 피해자에게서 나타난다. 기억의 신경역동에서 이러한 기본적인 변화는 많은 희생자가 끝없이 반복되는 기억의 회상으로 다시 트라우마를 겪고 치료적 경험이 될 수 있는 것들을 회피하게 만드는 핵심일지 모른다. 다음으로 EMDR에 의해 자극되는 감각 요소가 어떻게 닫힌 시스템을 방해할 수 있는가에 의문이 생긴다. 이 의문에 대한 가능한 대답은 정향 반사라고 불리는 좀 더 원시적인 현출성 시스템 체계를 활용하여 대상피질과 뇌섬엽의 현출성 신경망을 우회하는 것일 수 있다.

감각, 운동, 기억 능력을 조직하는 신경계는 인간이 물고기였을 때부터 협력적인 공진화에 참여해 왔다. 이에 대한 한 가지 증거는 다리의 대근육을 이용해 걷거나 뛸 때, 혈뇌장벽을 넘어 신경성장인자를 분비하고 신경가소성과 학습을 자극한다는 것이다. 이것은 발생할지 모르는 중요한 어떤 일로 움직일 때, 근육이 뇌에 주의를 기울이라고 신호를 보내도록 진화했다는 것을 암시한다. 이와 같은 방식으로, 복잡한 피질이 없는 동물 조상은 뇌의 기억 시스템이 주의를 기울이고 학습을 할 수 있도록 원시 정향 반응을 사용했을 것이다.

인간은 더 복잡한 피질 현출성 시스템으로 진화했지만, 좀 더 오래된 정향 시스템은 그대로 보존됐다. 나는 EMDR이 우리의 정향 반응을 활용해서 심각한 트라우마에 의해 파괴되고 우회되는 피질의 현출성 회로가 억제되는 것을 막는 것이 아닐까 추측한다. EMDR에 사용되는 안구운동과 다른 감각 자극은 정향 반응을 촉발하고 명시적 기억과 관련 있는 측두-해마 회로를 활성화한다. 이를 통해 트라우마 기억을 현재 활성화된 피질 시스템의 비트라우마 기억으로 통합하고 재처리할 수 있게 된다.

이 이론에 대한 근거는 급속 안구 운동[REM] 수면 단계에서 일어나는 기억의 업데이트 과정에서 발견되었다. 표면상으로는 자신의 심상 속에서 무슨 일이 진행되는지 알기 위해 눈을 움직일 필요는 전혀 없다. 수면 중 이러한 급속 안구 운동은 기억을 업데이트하고 공고화하는 시스템이 정향 반사와 함께 공진화되었음을 반영하는 것일 수 있다. 이러한 과정이 좌우 안구운동을 통해 이루어졌을 수 있지만, 정향 반사는 촉각, 소리, 기타 감각 양식을 통해서 활성화된다.

14

주요 개념

의심하는 것은 유쾌한 일은 아니지만,
그렇다고 확신하는 것은 더 어리석은 것이다.
- 볼테르(Voltaire)

이 책에 담긴 가장 중요한 하나의 개념은 인간이란 끊임없이 변화하는 세상에 적응하기 위해 오랜 시간 동안 진화를 통해 형성된 복잡한 존재라는 것이다. 인간에 관한 어떤 것도 그리 간단한 문제가 될 수 없으며, 모든 사람에게 맞는 단순한 해결책이 있는 것도 아니다. 모든 사람은 본질적으로 자연에서 하나의 실험이다. 이것은 개인과 집단, 그리고 치료 관계 모두에 해당하는 말이다. 따라서 모든 내담자에게 딱 맞는 만병통치와 같은 해결책은 없다. 또한 성공적인 치료사가 되기 위해서 일정 부분 공연 예술가나 즉흥 연주자가 되어야 하고, 가장 중요한 것은 가능한

다양한 지식과 정보에 접근할 수 있는 학식 있고 잘 훈련된 심리치료사가 되어야 하는 것이라고 나는 믿는다. 이러한 핵심적 원칙 외에도, 나의 치료 작업과 이 책의 주요 개념이 갖는 메시지를 정리하면서 본 책의 결론을 마무리 짓고자 한다.

1. 사회적 뇌 the social brain

인간 뇌에 대한 이해를 증진하려면 관계적 맥락에서 이해하고 연구할 필요가 있다. 신경계의 구조와 기능을 지도화mapping하는 훌륭한 연구가 이루어졌지만, 기능적 신경해부학을 연구하는 사람은 사회과학 분야를 거의 고려하지 않고 있다. 인간의 뇌는 상호작용하고 협력하고, 서로서로 조절하도록 진화해 왔다. 뇌를 진정 제대로 이해하기 위해서는 자연적인 상황, 즉 '관계성relationship' 안에서 연구되어야만 한다. 뇌를 하나의 가족이나 부족의 일부처럼 생각하는 것이 바람직하다.

2. 사회적 시냅스 the social synapse

뉴런 간 시냅스는 한 뉴런에서 다음 뉴런으로, 이를 반복하면서 번개 같은 속도로 복잡한 메시지를 주고받도록 진화한 생화학적 생태계이다. 자연은 '사회적 시냅스'라고 부를 수 있는 개인들 사이의 공간에서 같은 전략을 복제해왔다. 사회적 시냅스를 가로지르는 생화학적 의사소통은 시선, 표정, 촉각, 언어, 은유, 아이디어 등을 포함한 다양한 다른 의사소통 경로와 함께 냄새와 페로몬의 형태로 지속된다. 사회적 시냅스를 가로지르는 의식적이고 무의식적 의사소통의 넓은 대역폭은 부부, 가족, 부족, 국가라고 불리는 초유기체를 만들 수 있도록 했고 생각, 감정, 행동을 모방하고 조정하고 동기화할 수 있게 해준다.

3. 사회항상성 sociostasis

뇌가 이처럼 정교한 사회적 기관으로 진화했기 때문에, 지금의 인간은 신경화학, 신진대사, 신경가소적 과정에 상호 영향을 줄 수 있는 능력을 갖추게 되었다. 이러한 능력을 보실핌 관계에 활용하여 자녀를 양육하고, 학생을 가르치고, 심리치료에서 내담자가 치유될 수 있도록 돕는다. 이것이 조절 능력이 있는 부모가 안정적인 애착을 가진 아이를 양육하는 이유이고, 애정 있는 교사가 교육기관에서 다루기 어렵다고 여기는 아동을 가르칠 수 있는 이유이며, 내담자가 감정적 치유의 핵심 기제인 치료사에 대한 긍정적인 감정을 일관되게 보고하는 이유이다.

4. 역전이의 잠재적 치료 가치 the potential therapeutic value of countertransference

인간은 많은 의식적인 의사소통과 무의식적인 의사소통을 통해 사회적 시냅스로 연결된다. 이러한 이유로 치료사는 수시로 상대에게 투사하고, 상대방도 치료사에게 투사한다. 이러한 투사는 감정, 신체 감각, 시각적 이미지 또는 과거 기억 등의 형태로 의식에 들어온다. 그것들을 인식하게 되었을 때, 할 수 있는 한 최선을 다해 그것들의 기원이 무엇인지 이해하는 것은 치료사의 몫이다. 역전이는 치료사 자신과 관련된 것이 아니라 내담자와 더 관련이 있기도 하다. 이런 경우, 역전이는 의사소통과 조율 그리고 공감을 위한 다리 역할을 할 수 있다. 이러한 이유로, 치료사는 자신의 내면세계를 통찰하는 데 상당한 시간을 투자할 필요가 있다. 치료에 역전이를 잘 활용하기 위해서, 역전이를 가설로 설정하고, 그 가설이 틀릴 수도 있다는 것을 인정하는 것이 중요하다. 이 두 가지 기술을 갖춘다면, 치료사는 내담자와 함께 할 때 느끼는 내적 경험을 유리하게 활용할 수 있을 것이다.

5. 심리치료에서 각성의 중요성 the centrality of arousal to psychotherapy

새로운 학습이 되기 위해 뇌와 마음의 상태는 각성이 높아질 때 억제되는 피질이 활성화되어야 하고 통합하는 기능을 수행할 수 있어야 한다. 따라서 정신건강과 학습 및 심리치료의 긍정적 결과는 각성을 성공적으로 조절하는 데 달려 있다. 이를 통해 피질은 접속 상태에 머물며 학습을 한다. 또한 조절이 곤란하거나 상처받거나 트라우마를 겪은 뇌를 치유할 수 있다. 따라서 스트레스를 인식하고 처리하는 것은 심리치료의 특별한 관심사이자, 드러난 문제를 다루는 모든 치료법에 포함되어야만 한다.

6. 숨겨진 0.5초 the invisible half second

인간은 현재에 살지 못하고 지금보다 약 0.5초 정도 뒤처져 살고 있다. 이 0.5초 동안 개인적 기억, 문화적 기억, 종의 기억이 감정, 지각, 인지에 영향을 미치는 방식은 인간의 의식적 경험을 형성한다. 이 0.5초 안에 Freud가 말한 무의식, 인지신경과학에서 주장하는 암묵적 처리 기제, 사회심리학에서 말하는 편향, 그리고 게슈탈트 심리학의 지각 원리 perceptual principle가 작용한다. 이러한 관점은 인간 경험의 깊은 이야기를 이해하려는 모든 연구 분야의 통일된 원리로 보인다.

7. 실행 기능executive functioning

일반적으로 알려진 지식과 달리, 실행 기능은 뇌의 한 영역에서 발생하는 그리 간단한 인지적 처리 과정이 아니다. 그것은 마음-뇌-몸의 통합 과정으로, 서로 다른 진화의 역사, 발달 과정, 기술을 가진 적어도 세 가지의 복합 실행 시스템에 의존하고 있다. 실행 기능을 이해하기 위해서는 세 가지 시스템을 모두 파악해야 하며 정서적, 지적, 사회적 능력을 위해 어떻게 서로 작동하는지를 이해해야만 한다. 전통적으로 교육을 통해서만 가능하다고 알고 있는 지적 능력과 더불어, 1차 실행 시스템을 조절하기 위한 '정서적이고 정동적인 지능emotional and affective intelligence'이 발달해야만 한다. 아울러 3차 실행 시스템의 자기알아차림 능력과 공감 능력을 키워, 타인과 연결하고 자신과의 신뢰할 수 있는 관계를 발달시킬 필요가 있다. 직장이나 개인 생활에서 최적의 실행 기능을 발휘하려면, 학습하고 이해하는 기능을 가진 세 가지 영역 모두가 참여해야만 한다. 지혜는 평생 길러야만 하지만, 노화는 저절로 모든 사람에게 찾아오는 것이다.

8. 신경역동neurodynamics

정신역동과 유사하게, 뇌 안의 신경과 신경계는 정상적인 적응적 기능을 위해 서로 의사소통하고 통합하며 성공적으로 협력해야 한다. 해리와 단절은 심리적, 신경학적 수준 모두에서 일어나며 심리적 고통과 인지 기능의 장애를 일으킨다. 신경학자가 지각 및 인지 장애를 초래하는 '단절 증후군disconnection syndromes'을 연구하는 반면, 치료사는 행동, 정서, 정체성, 감정 조절을 방해하는 트라우마를 겪은 후 발생하는 단절을 탐색했다. 지금은 신경역동과 정신역동을 하나의 전체 기능으로 통합할 수 있는 시점에 와 있다. 이것이 과학적 심리학을 위한 과제의 핵심이다.

9. 통합 integration

통합의 개념은 심리학적 기능과 신경학적 기능 모두의 핵심이다. 마음과 뇌는 많은 구성 요소로 구성되어 있으며 의식을 만들어낸다. 마음의 영역에서 치료사는 방어를 위해 의식에서 배제되었던 생각과 감정을 더 많이 알아차릴 수 있도록 작업을 한다. 목적은 내담자가 인내할 수 있는 한 자신의 많은 부분을 인식하고 알아차리는 것에 있다. 마찬가지로, 최적의 신경학적 기능은 일상 활동에 필요한 신경계의 발달과 통합에 달려 있다. 심리적 기능과 신경학적 기능은 모든 시스템이 적절히 발달하고 제각기 다른 기능 및 신경망이 협력적으로 의사소통할 때 최적화되는 것으로 설명될 수 있다.

10. 후성유전학 epigenetics

아동기 경험과 성인기의 어려움 사이의 상관관계를 연구하기 시작한 지 한 세기가 지난 후에야, 행동의 근본적인 기제인 후성유전학이라는 설득력 있는 인과 모형이 발견되었다. 후성유전학을 통해, 어릴 때 좋고 나쁜 경험은 뇌 안에서 생화학, 신경해부학, 기능적 관계로 변환된다. 어떤 의미에서 신경계 구조는 과거 경험과 학습의 역사가 물리적으로 기록된 것이다. 신경계는 아이로서 생존해야만 하는 환경에서 발달한다. 따라서 그 환경은 가장 잘 적응한 환경이기도 하다. 사람이 심리치료에 가져오는 문제는 신경적으로 프로그래밍 된 것과 현재 환경이 불일치한 것의 결과이다. 후성유전학은 계속 진행되는 과정이기 때문에, 어릴 때 생물학적으로 형성된 프로그램은 성공적인 치료의 맥락에서 재구성될 수 있다.

11. 생물심리사회 3요소 the biopsychosocial triad

인간은 마음을 가진 사회적 동물이라는 사실에 대한 인식이 점차 커지면서, 치료에 대한 생물심리사회를 고려하는 개념이 생겨났다. 이는 내담자를 이해하고 치료하기 위해서는 정신건강과 정신적 어려움이 다양한 방식으로, 생물적, 심리적, 사회적 영향이 상호작용하는 매트릭스 속에서 존재한다는 것을 인식할 필요가 있다는 의미다. 이 세 가지 요소는 진화 과정에서 서로 엮어있고, 발달 과정에서 독특한 방식으로 다시 엮어진다.

12. 기억 작업 memory work

뇌는 과거를 기억하고 미래를 예측하도록 진화했기 때문에, 마음은 끊임없이 반성하고 무언가를 예상한다. 불교의 심리학적 지혜는 이러한 자동적인 과정을 많은 괴로움의 원천이라고 지적하는데, 모든 형태의 서양 심리치료는 이러한 사고를 대체로 수용한다. 초기 기억은 여러 형태로 삶 전체에 영향을 미치고 삶을 이끌어 간다. 심리치료 중에 드러나는 전이와 역전이를 알아차리고 이해하는 법을 배운다면, 전이와 역전이는 기억의 보물창고가 될 수 있다. 심리치료는 내담자의 남아 있는 삶과 동떨어질 수 없다. 내담자는 심리치료에서 무슨 일이 일어났는지 기억해야 하며, 치료 회기 동안에만 훌륭한 내담자로 남아서는 안 된다. 왜냐하면 회기 시간을 제외한 주중 모든 시간에서도 삶의 괴로움은 지속되기 때문이다.

13. 일관성 있는 이야기의 중요성the significance of narrative coherence

내담자의 일관성 있는 이야기는 무의식적이면서 자서전적 기억으로는 접근할 수 없는 많은 정보를 포함하고 있다. 그것은 어린 시절의 스트레스 수준, 돌봄 관계의 질과 특성, 인지적 · 감정적 · 사회적 기능 등을 전담하는 많은 신경계의 발달과 통합을 이해할 수 있는 창을 제공한다. 이야기 방식으로 타인과 의사소통할 때 많은 신경계가 연결되고 활성화될 필요가 있다. 이 말은 이야기를 일관성 있게 구성하는 요소 중 누락된 요소를 치료사가 시험함으로써 어떤 신경계가 기능하지 않는지 확인할 수 있다는 의미이다. 이것은 치료 회기 중에 약간의 훈련과 많은 경험을 통해 가능한 일이다.

14. 심리교육psychoeducation

많은 내담자가 뇌와 마음이 어떻게 작용하는지를 이해하게 되면, 자신이 망가졌거나 미쳤다는 생각으로 인해 반사적으로 느껴지는 두려움에 압도되지 않을 수 있다. 만약 치료사가 뇌와 마음이 어떻게 형성되었는지에 대한 논리를 내담자가 이해할 수 있도록 도울 수 있다면, 내담자는 자기 생각, 감정, 신념, 행동 등이 과거에는 적응적 가치가 있었다는 것을 이해하게 된다. 나아가, 어렸을 때부터 가지고 있던 자기중심적 귀인 양식과 왜곡된 인과 관계 개념에도 불구하고, 당시에는 선택의 여지가 없었고 과거 행동이 자기 잘못이 아니라는 것을 깨닫게 된다. 그에 못지않게 중요한 것은 그들이 자기 자신뿐 아니라 인류 모두가 현재 우리의 존재에 어울리지 않는 불완전한 뇌, 구석기 시대의 뇌를 가지고 있기 때문에 삶을 헤쳐나가는 데 어려움을 겪는다는 것을 배울 수 있다는 것이다.

15. 삶 속에서의 실험experiments in living

임상 작업으로 내담자의 삶을 변화시키기 위해서, 대부분의 심리치료는 삶 속에서 실천할 수 있는 구조화된 실험을 갖추고 있다. 삶이라는 워크숍에서 두려움을 직면하고 한계를 실험하고 새로운 존재 방식을 시도하면서 치료를 통해 얻은 통찰이 적용되어야 한다. 이러한 실험은 스트레스로 내담자를 압도하지 않고 뇌의 학습 능력을 셧다운시키지 않으면서 성공을 보장하는 점진적 방식으로 세심하게 만들어져야 한다. 트라우마의 반대는 도전에 직면했을 때 피질 상태를 유지하는 능력이다. 이러한 능력은 육아, 교육, 심리치료의 핵심이다. 심리치료에서 무언가를 이해한다는 것은 내담자가 받는 최소한의 혜택이다. 따라서 치료사는 내담자가 치료에서 배운 것을 삶으로 가져갈 수 있도록 할 수 있는 모든 것을 해야만 한다.

16. 꼼꼼한 사례 개념화build a solid case conceptualization

초보 치료사나 경험이 풍부한 치료사 대부분은 사례 개념화를 하는 데 시간을 투자하지 않는다. 치료는 예술의 한 형태이고 유연하고 즉흥적으로 진행될 필요가 있음에도 불구하고, 많은 치료사가 힘들 때 사례 개념화는 쓸데없는 일이라고 인정한다는 사실에 놀라움을 감출 수 없다. 회기 중 내담자와 함께 있을 때, 치료사는 대인관계를 통해 감정적인 경험을 한다. 치료사는 내담자의 말을 적극적으로 경청하고 상호작용하는 데 집중하기 때문에, 회기 동안에 발생한 일을 기억하기 어려울 때가 있다. 치료에는 많은 방어, 장애물, 위협 등이 도사리고 있지만, 표면적으로 드러나지 않는다. 사례 개념화를 하고 업데이트하며 다듬는 데 시간을 할애한다면,

치료 중에 어떤 일이 일어나는지 10,000피트 상공에서 볼 수 있는 능력을 갖추게 된다. 사례 개념화를 재검토하는 작업은 치료사가 신선한 시각과 새롭고 가치 있는 아이디어로 돌아갈 수 있게 해주는 이론, 전략, 기술을 상기시켜 줄 것이다.

지금까지 언급한 아이디어 혹은 핵심 원리는 불변하는 시금석이 아니다. 그것들 모두 치료사가 실험하고 수정하며 심지어 더 나은 것이 나온다면 폐기하라고 권하고 싶은 가설이다. 내담자에게 도움이 되는 방식으로 최적화되고 활용될 수 있도록 치료사가 노력한다면, 이 책에 제시된 아이디어에 대해 배워야 할 것은 여전히 많을 것이다.

마지막 이야기

정치적 이념은 마음과 과학을 타락시킬 수 있다.

- **에드워드 윌슨**(E. O. Wilson)

박사과정 학생이었을 때, 나와 친구들은 CBT에 깊이 빠져 있었다. 사실 우리는 다른 심리치료 학파에 관심을 두는 것에 실망하고 실제로 수치심까지 느꼈고, 이 모든 것을 쓸데없는 것으로 생각했다. 나는 논쟁과 협업이 장려되는 하버드 심리학과의 지적인 풍토에서 여러 해를 보낸 후, 새로운 학문적 고향의 지배적인 도그마에 저항할 준비가 되어 있었다. 유용하다고 알고 있었던 CBT의 이론과 방법을 배울 때 정신분석, 가족 체계, 신경과학, 행동의학 등과 관련이 있는 책을 계속 읽었다. 초기에 운 좋게도 정신건강에 대한 절충적인 접근법과 잘 맞는 정신의 학과 신경학 분야의 교수와 만나서 함께 작업할 수 있었다. 이 총명하고 헌신적인 사상가는 경직된 학과의 정치적 환경 속에서도 내가 분별력을 가질 수 있도록 도와주었다.

1학년 후반에 『성격 분석Character Analysis』이라는 Wilhelm Reich의 책을 읽고 있었는데, 책의 전반부에는 여러 형태의 소매틱 치료에 대한 영감과 전이에 대해 깊은 탐색이 담겨 있었다. 놀림을 받지 않기 위해, 나는 구겨진 작은 종이 가방에 Reich의 책을 넣고 다녔다. 나도 모르는 사이, 종이 가방이 주변 사람들의 의심을 불러일으키면서 내가 알코올 문제가 있는 사람이라는 소문이 났다. 1파인트 위스키병 크기의 가방에 CBT 교재와 통계 책이 들어있다는 변명이 무슨 소용이 있겠는가? 지도교수 연구실로 불려 간 것도 이맘때쯤이었다.

그의 책상 옆자리에 있는 의자에 앉기 위해 몸을 숙였을 때, 그의 표정을 통해 현재 상황이 심각해졌다는 것을 알 수 있었다. 나는 학문적 혹은 임상적 공부 어느 것에서도 문제가 있다고 생각하지 않았지만, 무언가 중대한 곤경에 처해 있다는 느낌이 들었다. 나는 이전에 동료가 저지른 실수가 빠른 속도로 심각하게 처리된 것을 목격했던 적이 있다. 신입생 오리엔테이션에서 들은 학생 중 3분의 2만이 졸업에 성공할 것이라는 말이 내 머릿속에 번뜩 떠올랐다. 망치가 금방이라도 내 머리를 때릴 것 같았고, 무능감과 수치심으로 머리가 하얗게 되기 시작했다. 지도교수가 불편한 기색으로 말하기 시작할 때, 당시 나는 마치 속담에 나오는 헤드라이트 앞에 얼어붙은 사슴처럼 보였을 것이다. 나는 최악의 상황을 대비했다.

그는 내 문제를 알고 있다고 말하면서 내 건강이 걱정된다고 말했다. 이어서 나를 도울 수 있는 자원이 있고, 오랫동안 알코올 중독 자조모임의 회원이었던 한 명이 나의 후원자로 지원했다고 말했다. 그의 말을 이해했음에도 불구하고, 그가 말하고 있는 것을 처리하는 데 잠깐의 시간이 필요했다. 그 이유가 당시 내가 너무 불안해서였는지 혹은 술을 거의 마셔본 적이 없어서인지는 잘 모르겠다. 학교 교육과정은 사회생활을 할 틈을 주지 않았고, 대부분 시간을 통계와 연구방법론을 이해하는 데 보냈다. 나는 혼란스러운 침묵 속에서 가만히 그를 응시했다.

그가 하는 말에 대해 마음을 다잡았을 때, "그렇지만 저는 알코올 중독 문제가 없어요"라고 말했다. 그는 나에게 애틋한 표정을 지으면서 잠시 말없이 앉아 있다가 내 옆 탁자 위에 있는 책을 가리키면서, "가방을 보여줄 수 있겠나"라고 말했다. Reich 책이 들어있는 가방을 그에게 건넸을 때, 그가 예상했던 것과는 전혀 다른 느낌과 무게감으로 놀랐다는 것을 알 수 있었다. 나는 아직도 가방에서 책을 꺼낸 순간 본 그의 얼굴이 눈에 선하다. 그는 그 책이 무엇인지 알아차린 직후에 놀란 표정을 지었고, 나는 약간의 공포감을 느꼈다. 그는 속삭이듯이 "이건 더 나쁜 일이군요"라고 말했다.

"음주 문제는 이해할 수 있었지만, 어두운 쪽으로 넘어간 사람을 어떻게 도울 수 있을까요?"라고 분명하게 말했다. 이는 학계의 정치성과 존경했던 교수의 지적 한계에 대한 일종의 경종이었다. 정치에서와 마찬가지로 이러한 학문적 당파성은 사유와 지적 진보 모두에 어리석은 결과를 초래한다. 졸업 후 나는 가족 체계 치료, 신경학, 신경과학 등을 두루 공부했고, 이후에도 다양한 분야를 지속해서 탐색했다. 호기심과 탐구를 도그마와 집단 사고로 대체하는 것의 위험성을 강조하기 위해 이 이야기를 한 것이다.

부록 1

진화

진화는 문제를 해결하고 문제를 만드는 과정이다.
- 조너스 소크(Jonas Salk)

'진화'라는 단어는 널리 사용되지만, 이해되는 경우는 드물다. 일상 언어에서, 진화는 변화, 변형, 성장의 동의어가 되었다. 인류는 진화하는 과정을 통해 성격, 기술, 감정을 갖게 되었다. 수정된 개념, 확장된 이론 또는 변화하는 신념 또한 진화하는 것으로 설명할 수 있다. 우리 모두는 변화와 진화가 어떤 식으로든 연결되어 있다는 것을 이해하지만, 우리가 개인 안에서 목격하는 변화는 Charles Darwin이 『종의 기원On the Origin of Species』에서 설명하고 있는 것과는 다르다.

Darwin의 진화는 식물이나 동물로 이루어진 생물학적 공동체 내에서 유전 패턴의 변화를 통해 여러 세대에 걸쳐 변형이 일어나는 과정이다. 진화론적인 변화의 세 가지 핵심 개념은 생물 다양성, 돌연변이, 자연선택이다. 생물 다양성은 개체 내에서 발생하는 유전형질의 다양성에 반영되고, 돌연변이는 유전자 또는 DNA 내 조직이 변형되어 발생하고, 자연선택은 현재 환경에 가장 적합한 형질을 가진 개체가 생존하고 번식하여 이를 공동체 내에 퍼뜨리는 과정을 설명한다. 생물 다양성과 자연선택의 일반적인 예는 Darwin 시대에 런던에서 서식했던 후추나방 종을 들 수 있다.

산업혁명 이전에는 밝은색 돌로 만들어진 건물은 밝은색의 나방에게 유리했지만, 어두운색의 나방은 밝은색 돌에서는 불리한, 잡아먹히기 쉬운 먹잇감이었다. 산업이 확장됨에 따라 공장에서 나오는 매연이 건물을 어둡게 만들어서, 어두운색의 나방 종 개체의 생존이 유리해졌다. 밝은색 나방은 어두운색 나방으로 바뀌지 않았지만, 어두운색 나방은 변화하는 생태계에 더 적합해졌고, 더 빠른 속도로 번식했으며, 후추나방 개체군의 전반적인 색의 변화를 초래했다. 이것이 자연선택이다. 한때 환경에 잘 적응했던 밝은색 나방은 서서히 적응력이 떨어졌지만, 어두운색 나방은 건물이 어두워지면서 더 잘 위장할 수 있게 되어 적응력이 향상했다. 때로는 한 종 전체가 사라지는 경우도 있는데, 이것을 일컬어 멸종이라고 한다. 과학자는 약 40억 년 전 지구에 생명이 시작된 이래, 99% 이상의 종이 멸종되었다고 추정한다. 하지만 아직 1조 종 이상이 남아 있다. 이것이 바로 생물 다양성이다!

자연선택과 달리 인위선택은 변화하는 환경적 요구에 유연하게 대처하기보다는 원하는 결과를 지향한다. 인위선택의 좋은 예는 개 번식에서 볼 수 있다. 육종가가 바람직하다고 여기는 특정 형질은 유사한 형질을 가진 다른 개와 함께 교배될 때 만들어진다. 이에 따라 일부 자손에게서 이러한 특성이 강화되고, 그 자손은 이러한 특성이 더욱 집중되도록 선택적으로 교배 과정을 거친다. 이것이 우리가 목축 능력을 보이는 개, 평평한 얼굴의 개, 크거나 작은 크기의 개를 얻는 방법이다. 물론, 이러한 근친 교배는 무작위 교배에서는 덜 발생하는 유전적 결함을 높이는 결과를 낳기도 한다. 인위선택은 자연선택과 유사하지만, 생존과 적합성은 환경의 생존 요구보다는 육종가의 의도에 기반한다. 20세기 나치 독일과 미국에서 시행된 우생학eugenics은 인간에게 원하는 형질을 적용하는 인위적 선택을 가리키는 용어로, 이 경우 각각 아리아인Aryan의 신체 형질과 저능아의 근절이라고 하는 유전학적 개선을 의미한다.

자연선택의 진화론만큼 많은 논란을 일으킨 개념도 드물다. 우리는 진화론자와 지적설계론을 믿는 신 중심적 우주관을 가진 사람 사이의 논쟁을 잘 알고 있다. 비록 진화에 대한 증거가 압도적이지만, 많은 사람은 모든 것이 성서에 적힌 대로 신의 손에 의해 창조되었다고 믿는다. 진화를 연구하는 데 평생을 바쳤고 그 진실에 대해 의심의 여지가 없는 과학자조차도 진화가 어떻게 작동하는지에 관해 그들 사이에서 대단히 뜨거운 논쟁을 벌인다. 이러한 논쟁의 긍정적인 결과는 새로운 이론과 발견을 통해 진화생물학이 점진적으로 확장되었다는 것이다. 진화론에 아직 성공적으로 통합되지 못한 것은 생존을 위해 집단에 의존하는 고도로 사회적인 생명체가 되는 상대적 영향 때문이다. 우리는 아직 사회 집단에 속한다는 것이 자연선택에 어떤 영향을 미치는지 이해하지 못하고 있다.

뇌의 진화

뇌가 존재하는 이유는 생존에 필요한 자원의 분포와
생존을 위협하는 위험 요소가 시공간에 따라 다르기 때문이다.
- 존 올먼(John Allman)

어떠한 것을 이해하기 어려울 때, 우리는 간단한 은유를 사용하여 이해하려고 노력하는 경향이 있다. 뇌는 그 시대의 통용되는 이미지에 따라 에어컨, 계산기, '마법의 베틀enchanted loom'[11)]에 이르기까지 모든 것에 비유됐다. 오늘날 뇌에 대한 가장 일반적인 은유는 정보를 저장하고 노트북이나 스마트폰과 같은 응용 프로그램을 실행하는 컴퓨터이다. 은유는 도움이 되기는 하지만 신중하게 사용해야 한다. 은유는 이해 과정을 시작하는 데 도움은 될 수 있지만, 유용성이 끝나면 놓을 수 있어야 한다.

뇌가 병렬 컴퓨터를 수행하는 방식 중에서 가장 설득력 있는 것은 (1) 방대한 처리 및 저장 용량의 사용, (2) 정보의 모든 유형을 2진법으로 변환하는 전략, 즉 컴퓨터의 0과 1의 패턴과 뇌의 흥분과 억제 패턴이다. 뇌의 흥분과 억제 패턴은 동작, 감정, 추상적 사고, 목적의식에 이르기까지 모든 것을 표상한다. 컴퓨터와 마찬가지로, 가장 복잡한 처리 과정은 일반적으로 기본적인 2진법으로 요약된다. 하지만 뇌를 더 깊이 파고들수록, 컴퓨터라는 뇌의 비유가 허물어지기 시작한다는 것을 알

11) 신경과학자 Charles Sherrington이 자신의 저서 『인간 본성에 관하여(Man on his nature)』에서 수면에서 깨어날 때 대뇌피질에서 일어나는 일을 시적으로 묘사한 구절로, 이 은유는 뇌의 활동을 직물을 짜는 베틀과 비교한 것이다(역자 주).

게 된다.

예를 들어, 몇 년 전에 나는 검지를 아기의 손바닥에 대고 누르면, 아기를 들어 올릴 수 있을 정도로 아기가 나의 손가락을 아주 강한 힘으로 움켜잡을 수 있다는 것을 알았다. 아들이 태어난 지 며칠 되지 않았을 때, 당연히 그것을 시도하지 않을 수 없었다. 아니나 다를까, 아직 병을 잡을 힘도 협응력도 없는 이 작은 존재는 아기 침대 위에서 나의 손가락에 매달려 있는 동안에 자신의 체중을 지탱할 수 있었다. 대단했다! 놀이를 위해서, 그리고 친구나 친척에게 아들의 힘을 보여주기 위해서 주기적으로 이것을 했다. 몇 달 후에, 실망스럽게도, 아들은 버티는 것을 멈췄다. 나는 아들이 이 장난에 싫증이 났는지 아니면 단순히 자신의 몸무게를 감당하기에 너무 무거웠는지 궁금했다. 그러다가 아들이 잡는 능력을 잃어버렸다는 것을 곧 알게 되었다. 왜 그렇게 된 걸까?

'움켜쥐기palmer grasp'라고 불리는 이 반사는 진화 역사에서 오래전 뇌간에 의해 조직된 많은 반사 중 하나이다. 이론에 따르면 이러한 움켜쥐기 반사는 영장류의 조상에게서 비롯되었으며, 엄마가 나무에서 나무로 이동하거나, 먹이를 사냥하거나, 포식자를 쫓아낼 때 엄마의 털을 꽉 붙잡을 수 있도록 하기 위한 것이었다. 그리고 부모들은 더 이상 나무에 있지 않고 아기를 종일 안아줄 수 있는 다양한 장치를 구입할 수 있게 되었지만, 움켜쥐기 반사는 유전적 청사진 안에 보존되어 있다. 이 반사의 현재 가치는 부모가 아기의 손에 붙잡히거나 사로잡히게 될 때 결속 경험을 강화하는 것일 수 있다.

아들이 처음에 이렇게 할 수 있었던 것은 원시 반사의 활성화와 흥분 때문이었다. 그것이 멈춘 이유는 이러한 신경회로의 억제 때문이다. 움켜쥐기 반사의 활성화는 뇌의 꼭대기에서 뇌의 가장 원시적인 하부 영역까지 내려가는 하향 신경망을 통해 피질에 의해 억제되었다. 약간 다른 방식으로 말하자면, 고대 과거에 움켜잡는 것이 필요했었던 초기 흥분은 나중에 피질이 손과 손가락을 제어하기 위해 보다 최근에 진화한 필요성에 의해 억제되었다. 따라서, 생후 첫 몇 달 동안, 원시적인 발달이 먼저 일어나고 진화의 더 최근 단계가 뒤따르는, 진화사의 일부를 행동에서 보게 된다. 우리가 피질의 통제 아래에 손을 능숙하게 사용하는 법을 배우기 위해서는 먼저 손이 뇌간의 '움켜쥐는' 것으로부터 자유로워야 한다.

여기 조금 더 흥미로운 사실이 있다. 노년에 알츠하이머나 다른 질병과 관련된 전두엽과 측두엽의 신경 손실이 시작되면, 움켜잡기 반사가 다시 나타난다. 이것이 의미하는 바는 삶의 대부분 동안, 피질이 이 반사를 가라앉히기 위해 뇌간의 일부에 억제성의 영향력을 가하고 있다는 것이다. '피질 해방 신호cortical release signs'라고 불리는 원시 반사의 복귀는 생후 몇 달 동안 이 반사를 억제하는 데 전념하는 뉴런이 더 이상 이 기능을 수행할 수 없음을 나타낸다. 그것이 원시 반사의 복귀가 피질 손상과 신경 손실의 징후로 간주되는 이유이다.

잠시 뇌와 컴퓨터의 비교로 돌아가서, 이 예는 그 둘 사이의 주요 차이점을 강조한다. 컴퓨터는 특정 작업을 염두에 두고 구축되고 프로그래밍 되며 논리적이고 선형적이며 일관적 방식으로 조직화 된다. 컴퓨터는 프로그래밍의 다른 측면을 방해하거나 지연시키는 방식으로 프로그래밍 될 필요가 없다. 그들의 프로그래밍은 단순히 수정된다. 그와 다르게, 뇌는 환경과 사회적 요구의 변화에 따른 자연선택의 과정에 대응하여 수백만 년 동안 하나씩 조직화되고 재구성됐다. 때로는 한 시대의 특정 도전에 대한 적응은 후대에 문제가 되기도 한다.

특이한 기술

자폐증의 유전 특질을 모두 제거했다면 과학도 예술도 없었을 것이다.

- 템플 그랜딘(Temple Grandin)

뇌를 컴퓨터라고 생각하고 뇌가 '적응적 복잡계complex adaptive system'라는 것을 잊어버릴 때, 뇌가 작동하는 방식의 상당 부분이 비논리적으로 보인다는 사실을 놓치게 된다. 컴퓨터가 정보를 저장하고 그것을 쉽게 이용할 수 있도록 프로그래밍 되어 있지만, 뇌는 기억하고 잊어버리고, 능력을 개발하되 너무 많이 개발하지 않도록, 현실을 이해하되 너무 정확하게 이해하지 않도록 설계되어 있다. 비범한 기술과 능력을 갖춘 자폐증으로 생각되는 사람의 이야기를 접해본 적이 있을 것이다. 한 예로 한 시간의 피아노 협주곡을 처음 들은 직후 바로 앉아서 음표 하나하나를 연주할 수 있는 사람이 있다. 또 어떤 사람은 잠깐 본 장면을 놀라울 정도로 세부적으로 그려낼 수 있거나, 과거 또는 미래 날짜가 어느 요일에 해당하는지 알려줄 수도 있다. 이러한 종류의 능력은 개인의 일반적인 기능 수준과 극명한 대조를 이루며 존재하기 때문에 '특이한 기술splinter skills'이다.

자폐증에서 볼 수 있는 비정형 신경 발달의 유형을 가진 사람이 언어, 정서 조절 또는 사회 기술과 같은 일상적인 능력이 제 기능을 하지 못함에도 불구하고 무슨 까닭으로 그런 경이로운 능력을 갖추고 있을까? 나는 그 답을 억제와 흥분이 우리 뇌에 작용하는 방식 중 하나에서 찾을 수 있다고 믿는다. 우리는 개인 생존과 집단 생존 둘 다를 필요로 하는 사회적 동물이기 때문에, 자신을 돌보고 집단 생존을 지원하는 방식으로 집단에 기여해야 한다. 개인으로든 집단으로든 살아남지 못한다면, 유전자도 유전되지 않는다. 개인과 집단의 욕구 균형에 대한 중요성은 도덕, 법률, 행동 강령 등에 반영되어 있다.

다소 불안한 진실은 부족에 속한 대부분의 사람이 평균 정도일 때, 부족들이 가장 잘 살아남는다는 것이다. 다시 말해, 특이한 기술에 반영된 위대함은 집단을 위해 희생된다. 서번트가 집단의 하루하루 생존에 크게 기여하지 않기 때문에, 부족은 많은 서번트를 용인할 수 있다. 대부분의 사람은 기본적인 생존에 기여할 필요가 있다. 교육적인 관점에서 볼 때, 최소 공약수the lowest common denominator를 위해 투자하는 것은 부적절한 것 같지만, 집단 생존의 필요에 따라 선택될 수도 있다. 여기서 억제 작용은 개미 집단 구성원의 형태가 집단에 기여하도록 하는 생화학적 지시와 유사한 방식으로, 부족의 구성원 전체의 능력을 평균화하는 역할을 한다. 피질 영역은 평균의 기능을 하는 뇌가 되고, 그것을 유지하기 위해 서로를 억제한다. 이것은 뇌의 10%만을 사용한다는 일반적인 개념의 가장 좋은 사례가 된다. 피질이 움켜잡기 반사를 억제하기 위해 피질의 일부 활동을 소비하는 것처럼, 피질은 우리 대부분이 평균이 되도록 스스로 억제하는 데 상당한 에너지를 소비하는 것처럼 보인다. 집단은 많은 병사를 필요로 하지만 장군은 한 명만이 필요하다.

피질 간transcortical 억제에 대한 추가 지원은 자폐증은 없지만, 노년에 뇌 손상을 경험하는 환자에게서 일어난다. '후천성 서번트 증후군acquired savant syndrome'이라고 불리는 현상에서, 뇌 손상을 입은 많은 환자가 노년에 특이한 기술을 발달시켰다. 악기를 연주하고, 복잡한 수학적 계산에 참여하거나, 그리기 어려운 복잡한 이미지를 프랙탈의 복잡한 이미지를 그리는 능력은 뇌진탕, 잔인한 매질, 벼락에 맞은 후에 나타나기도 한다. 뇌의 한 부위가 손상되어 피질의 다른 부분이 해방될 때 알츠하이머에서 움켜쥐기 반사가 다시 나타나는 것과 유사한 방식으로, 음악, 수학, 그림을 전문적으로 다루는 영역이 이전에는 접근할 수 없었던 능력과 함께 폭발하기 시작한다. 자폐증 환자에게서 보이는 다양성은 능력의 평균화와 관련된 뇌 발달 과정이 중단될 때 발생할 수 있는 다양한 현상을 반영한다. 특이한 기술의 출현은 우리 대부분이 드러내지 않지만, 뇌에는 놀라운 능력이 있다는 것을 우리에게 보여준다.

뇌 발달에 대한 또 다른 실험에 따르면 왼손잡이는 학습 장애와 정신 장애 발병률이 높은 것과 상관이 있다. 반면에, 그것은 창의성과 예술적 성취와도 관련이 있다. 왼손잡이가 지속해서 인구의 10%로 제한될 수 있는 이유는 자연선택이 집단 생존을 보장하기 위해 인구에서 이 표현형phenotype의 최적 비율이라고 '추정'했기 때문일 수 있다. 문화적 혁신과 집단의 적응 유연성에 기여하는 뇌와 마음 수준에서, 이러한 대체 신경 발달 패턴은 돌연변이와 아주 유사한 과정을 가질 수 있다. 자폐증이나 왼손잡이와 같은 낮은 빈도의 발생에 병리학적인 꼬리표를 붙이는 것은 집단 생존을 위한 이러한 개체의 진정한 목적을 이해하기 어렵게 만들 수 있다.

사회적 뇌의 진화

뇌는 체화되고 몸은 새겨진다.

- 제럴드 에델만(Gerald Edelman)

우리 자신을 가장 가까운 영장류 사촌인 침팬지나 유인원과 비교할 때, 우리는 눈의 어두운 부분과 밝은 부분 사이의 두드러진 대조와 미세 모세혈관과 근육으로 가득 찬 털이 없는 얼굴을 가지고 있다는 것을 확인할 수 있다. 이러한 차이는 물리적 환경에서 생존에 거의 영향을 미치지 못하지만, 서로 의사소통하고 집단행동을 조정하는 능력에 큰 영향을 미친다. 사회적 동물은 의심할 여지 없이 개인으로도 생존하지만, 경쟁에 적합한 집단 구성원으로서 생존하는 경우가 더 많다. 사회적 동물이 경험하는 '선택압력selection pressure'[12]은 개인 생존과 집단 생존 모두의 필요성에서 비롯된다. 이러한 이유로, 뇌는 물리적 환경에 적응하는 기관뿐만 아니라 사회적 적응 기관으로도 진화했다.

진화론에 대한 이해는 모든 생물학, 특히 신경과학에서 매우 중요하다. 현대의 뇌 기능은 현재의 관점에서 볼 때 항상 이해되는 것은 아니다. 뇌의 설계에 도전하는 지능적인 신경 설계자intelligent neural designer는 현재 환경에 적합한 효율적인 생물학적 기제를 개발하는 데 초점을 맞춘다. 머릿속의 뇌는 런던의 후추나방처럼 수없이 많은 도전에 대한 적응을 통해 수백만 년 걸쳐 형성되었다. 식량 공급의 변화, 기후의 변화, 새로운 포식자나 경쟁 부족의 출현은 수천 세대에 걸쳐 연속적으로 적응의 변화를 가져왔다.

각각의 적응적 도전은 자연선택의 끝없는 실험에서 개인과 부족 내의 신경다양성을 드러내게 했다. 이러한 모든 복합적인 적응은 수많은 신경 재조직, 많은 용도 변경, 가장 적합한 인간 부족 구성원의 뇌에서 보존되는 새로운 시스템의 탄생을 초래했다. 현대 인간의 뇌는 신경계의 비잔틴 미로와 같고 아주 조금씩 그 비밀을 드러내고 있다. 그 구조는 적응 딜레마에 대한 생물학적 해결책뿐만 아니라 어느 정도 인간 종의 순차적 진화사를 반영한다. 이것이 우리가 종종 신경 처리의 논리

---

12) '선택압력'이란 주어진 맞섬유전자(대립 형질을 지배하는 한 쌍의 유전자)의 실제적인 표현형을 결정하는 힘을 말한다(역자 주).

에 당황하고, 마침내 뇌가 특정 과제를 수행하는 방법을 발견했을 때 놀라는 이유 중 일부이다. 한 명의 똑똑한 엔지니어의 간단하고 논리적인 전략만으로는 결코 이를 해결할 수 없다.

진화 과정의 또 다른 예는 과거에는 유용했지만, 생존 가치가 없어 쇠퇴한 흔적 장기vestigial organs의 존재를 들 수 있다. 식생활의 변화로 턱이 작아졌음에도 대부분의 인간에게 보존되어 온 사랑니가 대표적인 예일 것이다. 태아일 때 인간은 영장류 조상들처럼 꼬리가 발달하기 시작하는데, 이 꼬리는 임신 약 8주 때 사라지기 시작한다. 일부 아기는 이 과정이 성공적으로 종료되지 않을 때 꼬리의 잔존물을 가지고 태어나기도 한다. 임신 기간 동안의 꼬리 출현은 인간 진화사의 단면을 보여주는 것이다. 어떤 의미에서, 꼬리의 유전적 기억은 발달 초기에는 유지되지만, 나중에는 중단된다.

또한 현재에는 아무런 목적이 없지만, 진화 과정에서 생존에 도움이 되었던 것으로 여겨지는 행동과 반사가 있다. 앞에서 설명한 움켜쥐기 반사와 함께, 유아의 발가락 말림curling은 먼 옛날 나무에서 거주했을 때 어머니의 긴 머리카락과 나뭇가지를 잡는 데 도움이 된 것으로 여겨진다. 춥거나 스트레스를 받을 때, 닭살 경험은 한때 몸의 털을 세워서 더 많은 열을 가둘 수 있도록 하는 효과가 있었고, 위협적인 상황에서 자신을 더 크게 보이게 만들기도 했다. 어떤 사람은 딸꾹질을 비슷한 방식으로 공기를 삼키는 호흡에 사용되는 파충류 반사에서 유래한 것으로 가정한다. 미숙아의 경우 폐가 성숙해질 때까지 딸꾹질을 더 자주 한다는 사실이 이 주장을 뒷받침한다. 우리의 행동과 경험을 진화사의 관점으로 맥락화함으로써 우리 자신에 대해 많은 이해를 얻을 수 있다.

겉으로 보기에 진화는 적응적 변화에 관한 것이다. 하지만 그 이면에는 돌연변이와 자연선택과 같은 과정을 통한 혁신과 전통적인 전략과 구조를 보존하는 것 사이의 역동적인 상호작용이 있고, 그중 일부는 지구 생명체의 시작으로 거슬러 올라간다. 이것이 우리의 진화사에 대한 인식이 우리의 뇌와 신체가 어떻게 작동하는지 이해하는 데 매우 중요한 이유이다. 일상 언어에서 '보존'이라는 단어는 환경 지속 가능성, 재활용, 자연 서식지 보호와 같은 개념을 의미한다. 진화의 영역에서는 이 용어를 다소 다른 방식으로 사용한다. 현재로서는 (1) 다양한 수준의 복잡성에 걸쳐 기본 전략을 유지하는 과정과 (2) 나중에 진화하는 구조 및 기능과 함께 원시적 구조를 지속하는 것을 의미하는 것으로 사용할 수 있다.

첫 번째 전략의 보존에는 증가하는 복잡성 수준에 따라 흥분과 억제 패턴과 시스템 통합을 활용하는 과정이 포함된다. 예를 들어, 세포 내, 세포 간, 신경계 사이의 흥분과 억제의 균형을 볼 수 있다. 뇌의 복잡한 시스템을 관장하는 정부에서, 시각과 운동 시스템은 손과 눈의 협응을 위해 통합되어야만 한다. 뉴런 내외부의 나트륨과 칼륨의 항상성은 뉴런이 발화하고 휴지기를 갖도록 하고, 피질과 뇌간 영역 사이의 균형을 통해 주의를 유지하고 새롭고 잠재적으로 중요한 자극에 대해 정향할 수 있게 한다.

수십 년 전, 신경과학자 Paul MacLean(1985)은 진화 단계에 따른 신경 구조의 보존과 병치에 초점을 맞춘 뇌의 이론을 제시했다. 파충류 뇌 위에 원시 포유류 뇌가 있고 그 위에 현대인의 뇌가 있다는 삼위일체 뇌 이론은 층이 올라갈수록 점점 더 복잡한 기능과 능력을 발휘한다고 설명한다. 그 기저부에서, 파충류 뇌는 진화사를 통해 비교적 변화 없이 활성화, 각성, 항상성, 기본 욕구 등을 담당한다. 일부에서 변연계라고 부르는 학습, 기억, 감정의 중심인 고포유류paleomammalian 뇌는 파충류의 뇌를 감싸고 있다. 가장 높은 층인 신포유류neomammalian 뇌는 감각

운동, 행동, 문제 해결, 의식적 사고, 자기알아차림 등을 담당한다.

MacLean 이론의 핵심이자 임상과 사회심리학자에게 특히 중요한 것은 세 가지 뇌가 정보를 처리하는 기능과 방식이 다르기 때문에, 반드시 의사소통을 하거나 함께 일하지는 않는다는 것이다. 게다가 신포유류 뇌의 일부분만이 언어 표현과 자기알아차림을 할 수 있다. 치료사가 해리라고 부르는 것 중 일부는 서로 다른 뇌 간의 불충분한 의사소통과 통합의 결과이다. 또한 파충류 뇌와 고포유류 뇌가 신포유류 뇌의 의식적 처리에 무의식적으로 영향을 미친다는 MacLean의 설명은 치료에서 초점을 두는 의식적 과정과 무의식적 과정의 상호작용과 거의 유사하다.

MacLean의 연구를 피상적으로 읽으면 삼위일체 뇌의 각 층이 순차적으로 서로 독립적으로 진화했다는 견해로 이어질 수 있지만, 그것은 분명한 사실이 아니다. 실제로 파충류 뇌와 고포유류 뇌는 신포유류의 뇌와 함께 계속 진화해 왔다. 초기 구조는 과거의 세대로부터 단순히 변화되지 않고 보존되는 것이 아니라, 새로운 적응을 위해 초기 진화한 뇌 구조가 수정되는 '선택적 진화exaptation'라고 불리는 과정을 거친다. 따라서, 세 층 모두는 계속 진화하면서 이를 연결하는 훨씬 더 복잡한 수직과 수평 신경망의 출현과 함께 진화하고 있다. 신경망의 보존과 수정이 동시에 이루어지면서 자신의 호흡 관찰에서부터 수학적 계산에 이르기까지 광범위한 기능을 수행할 수 있는 놀랍도록 복잡한 뇌가 탄생했다.

편도체와 해마는 함께 작동하고 기억과 현실검증의 영역에서 서로를 조절한다. 또한 편도체와 해마는 특정 조건에서 함께 작동하거나 서로를 억제할 수 있는 서로 다른 실행 시스템의 구성 요소이기도 하다. 뇌 깊은 곳에 물고기가 헤엄칠 때 직립을 유지할 수 있도록 진화한 부위인 충부vermis라는 것이 있다. 그것은 우리가 직립하도록 도울 뿐만 아니라 인지적 균형과 정서적 균형을 유지하는 데 도움이 되는 소뇌라고 불리는 구조의 핵심에 자리 잡고 있다. 언어의 많은 부분이 신체적 은유에 기반을 두고 있는 이유는 인지적 처리와 정서적 처리의 많은 부분이 소매틱경험과 신체 진화사에 기반을 두고 있기 때문이다.

일상에서 우리에게 가장 영향을 주는 구조가 보존된 대표적인 예는 편도체의 1차 실행 시스템을 들 수 있다. 편도체는 평가 기관으로, 긍정 및 부정 반응으로 내적 자극과 외적 자극을 연합시키는 역할을 한다. 편도체는 우리가 접근할 것인지 피할 것인지를 결정하게 한다. 생명을 위협하는 것인지 생명 유지에 도움이 되는지, 매력적이고 이로운 것인지 역겹고 불쾌한지를 결정하게 한다. 편도체는 외부 환경의 위험한 자극에 대한 동물의 반응과 위협에 대한 싸움-도피-얼음 반응을 활성화시키는 역할을 하는 것으로 가장 잘 알려져 있고 가장 많이 연구되었다. 설치류 연구를 통해, 인간의 이 시스템에 대해 많은 것을 배울 수 있었는데, 아주 많은 필수적인 요소가 초기 포유류 조상들로부터 보존되어 왔기 때문이다.

설치류에서 인간의 뇌로 진화하는 동안, 분명히 엄청난 양의 신경 확장이 일어났고 처리능력이 정교해졌다. 한때 포유류 뇌에서 큰 비중을 차지했던 편도체의 1차 실행 시스템은 나중에 진화한 피질에 의해 가려졌다. 하지만 그 크기에 속지 말라! 그것은 여전히 우리의 경험과 행동에 과도한 영향력을 행사한다. 사실, 이 1차 실행 시스템은 여전히 다른 실행 시스템에 대한 거부권을 가지고 있다.

편도체 실행 시스템과 싸움-도피-얼음 반응 시스템은 진화 초기에 자연선택에 의해 형성되었으며, 오늘날까지 비교적 변하지 않고 여전히 남아 있다. 그것은 좋든 나쁘든 비교적 빠르게 해결해야 하는 신체적 생존에 대한 직접적인 위협에 대처하기 위해 특별히 설계되었다. 아드레날린과 코르티솔의 모든 생화학적 반응은 즉각적인 생존을 위한 전면적인 투쟁에서 면역 체계, 신경가소성, 새로운 학습과 같은 신체 유지 기능을 중단시킨다. 하지만 여기 문제가 있다. 앞에 언급한 호르몬이 훨씬 더 복잡한 문화 속에 존재하는 훨씬 더 복잡한 뇌에 존재한다는 점이다. 설상가상으로, 편도체의 1차 실행 시스템은 정말로 생명을 위협하는 것과 단순히 부정적인 것을 구별하는 데 어려움을 겪고 있다. 그래서 우리는 시험에서 A 학점 이하를 받고, 대중 앞에서 말하거나, 고속도로를 운전한다는 생각에 두려워하거나, 불안해하거나, 공황 발작을 일으키게 된다. 구석기 시대의 편도체 실행 시스템은 현대 기술 사회에서 제 기능을 발휘하지 못하기 때문에, 불안 장애와 지속적인 스트레스 영향을 어디에서나 볼 수 있는 생리적이고 심리적인 문제로 만든다.

진화 보존의 대가

오래된 부품 위에 현대적인 부품을 얹은 뇌는
8트랙 카세트 플레이어를 중심으로 만들어진 아이팟과 같다.
- 샤론 베글리(Sharon Begley)

진화의 맥락에서 뇌를 조사하기 시작할 때, 보존과 혁신을 통한 순차적 적응의 패턴이 부각된다. 달리 이야기하자면, 성공적인 적응은 새로운 목적에 맞게 새롭게 진화한 구조와 함께 오래된 구조의 조합을 활용하여 생존의 어려움을 해결하는 것으로 보인다. 그 증거는 뇌가 사회적 거부를 처리하는 방식에 반영되어 있다. 인간이 점점 더 사회화됨에 따라,

생존 적합성은 연결되고 함께 뭉치는 능력과 동일시되기 시작했다. 연결성을 지원하기 위해 생겨난 애착, 마음 이론, 사회적 유대 등과 같은 사회적 뇌 신경망은 신체적 고통을 전달하는 기존 신경망을 활용하여 협력하고 연결 상태를 유지하도록 동기를 부여한다. 친구나 가족과 함께 있을 때 기분이 좋을 뿐만 아니라 헤어지거나, 버림받거나, 수치스러울 때 고통을 느낀다. 그래서 버림받았을 때, 우리의 원시적인 통증 회로는 '비통함heartbreak'이라고 부르는 가슴의 고통을 만들어낸다. 타이레놀 2알을 복용하면 사회적 거부의 고통이 감소하는 것으로 밝혀진 것도 이 때문이다.

보존의 문제는 현재의 적응 도전에 잘 대처할 수 있는 것이 나중의 진화 과정에서는 문제가 될 수 있다는 것이다. 긍정적인 애착을 위한 많은 시스템을 가지고 있는 지금, 상실과 관련된 많은 고통을 느끼는 것이 여전히 최고의 생존 전략일까? 상실이 삶의 아주 정상적인 부분이라는 것을 감안할 때, 상실이 그렇게 많은 우울증, 깊은 슬픔, 심지어 자살로 이어지지 않았다면 우리의 삶이 더 나아졌을까? 보존의 또 다른 예에서, 포식자를 관찰하는 것은 발각되지 않기 위해서 자신을 침묵하게 만드는 뇌의 특정 신경망을 촉발한다. 이 자동 반사는 포유류와 다른 영장류에 잘 작동하고 인간에게도 잘 보존되어왔다. 하지만 인간은 기억력, 사회적 연결성, 자기알아차림을 포함하는 필수적인 과정을 위해 언어 사용에 크게 의존하도록 진화했다. 또한 이야기는 두 반구 사이의 신경계 통합과 피질 및 피질하 처리에서 중요한 역할을 하게 되었다. 다시 말해, 이야기에서 언어의 사용은 신경적, 심리적, 사회적 통합을 강화한다.

트라우마를 겪으면 이러한 원시적인 공포 회로가 활성화되고, 놀라고, 얼어붙고, 침묵하게 되는 충동도 활성화된다. 트라우마에서 볼 수 있는 말문이 막히는 공포와 그에 따른 언어의 억제는 그것이 담당하도록 진화한 모든 기능에서 결손을 초래한다. 따라서, 비언어적 조상의 생존을 높였을 수도 있는 언어가 이제는 신경 통합, 심리적 안녕, 사회적 연결성, 즉 뇌가 지속적인 적응과 생존을 위해 의존하는 핵심 구성 요소에 대한 중대한 책임을 맡게 되었다. 원시 조상의 환경적, 사회적 조건은 일생 동안 비교적 일정하게 유지되었고, 이것은 초기 학습에는 도움이 되었다. 하지만 이동성의 증가, 신기술, 수명 연장 등의 현대 사회의 빠른 변화로 인해 오래된 방식의 사고, 감정, 행동에 갇혀 있는 것은 안녕과 생존에 큰 위협이 되었다.

부록 2

유전학과 후성유전학

나는 훈련받은 심리학자로서 심리학, 신경과학,
유전학 및 진화사의 관점에서 인간의 문제를 생각한다.
- 하워드 가드너(Howard Gardner)

심리치료사로서 훈련받은 대부분의 시간 동안, 내 담론의 중심 주제는 내담자의 질환이 기질적인지 아니면 기능적인지, 선천 혹은 양육의 결과인지를 결정하는 것이었다. 기질적 질환은 알츠하이머나 코르사코프 증후군과 같이 합의된 생물학적 원인이 있는 질병이다. 우울과 불안과 같은 기능적 질환의 경우에는 스트레스나 감정적 갈등이 그 원인이라고 믿었다. 만약 질병을 기질적이라고 생각하면 내담자는 의사에게 의뢰되는 반면, 기능성 질환의 사람은 심리치료사에게 의뢰되었다. 이처럼 장애를 이분법적 범주로 분류하는 것이 인간 상태를 이해하는 데 조금 더 확신을 준다고 생각했다. 내담자가 어느 범주에도 정확히 들어맞지 않을 경우에는 규칙의 예외로 간주하였는데, 그런 경우는 자주 발생했다. 이러한 범주에 너무 집착한 나머지 이것에 의문을 품기는 어려웠다. 기질 질환의 사람이 심리치료를 통해 혜택을 볼 수도 있고, 불안이나 우울이 기저에 깔린 신체적 질환에 따른 결과일 수도 있다는 의견을 제시하면서 그 법칙을 넘나드는 건강 전문가는 드물었다.

조현병과 같은 질병은 이론적인 전쟁터가 되었고, 일부 사람은 그것이 유전되는 뇌 질환이라고 확신했지만, 다른 사람은 가족 역동의 갈등에 의한 결과라고 믿었다. 나에게 조현병 연구는 기질적-기능적 구분을 넘어서는 관문이었다. 나의 임상 경험과 연구에 따르면 명백히 유전학과 뇌 기능 그리고 가족 역동 모두 의미가 있었다. 하지만 각 이론 진영은 다른 진영을 전혀 신뢰하지 않았다. 종국에는 세 가지 모두 작용한다는 것이 연구로 증명되었고, 나는 과학적 객관성이 알고 있는 것보다 더 희망적이라는 것을 경험으로 알았다.

이제 선천(유전)과 양육(경험)이 뇌와 능력 그리고 장애를 형성하는 데 함께 작용한다는 것을 알게 되었다. 또한 마음은 사회적 상호작용과 뇌 발달의 상호작용을 통해 생기는 것이고, 모든 정신질환은 기질적이고 정신적인 과정 모두를 포함한다는 것을 알게 되었다. 선천과 양육은 발달 과정에서 하나가 되고, 기질적 질환과 기능적 질환 사이의 경계, 몸과 마음의 분리는 지금에 와서 '경험 의존 가소성experience-dependent plasticity'이라고 불리는 상호작용 과정에서 융해되었다. 경험 의존 가소성이란 뇌는 발달하는 동안 사회환경과 자연환경의 상호작용으로 구조화되고 재구성되는 것을 의미한다.

인간은 비록 부모로부터 받은 유전자를 가지고 태어나지만, 그 유전자 중 어떤 것이 뇌와 몸을 구성할 때 발현되는지는 경험에 따라 결정된다. 뉴런과 유전자는 다른 형태의 부호화된 정보로 적응을 위해 유연하게 유지된다. 발달 과정 중에 직면하는 환경적 및 사회적 도전에 대처하는 데 도움을 주는 방식으로 뉴런과 유전자가 수정되면서 뇌 · 마음 · 몸은 함께 만들어진다. 이 마지막 문장은 30년 전이라면 내 마음을 사로잡았을 것이지만, 지금은 그저 미소만 짓게 할 뿐이다.

유전학

진실은 순수하거나 단순하기 어렵다고 말하지만,
유전학은 때에 따라서 유혹적일 정도로 투명해 보일 수 있다.
- 이언 맥길크리스(Iain McGilchrist)

고등학교 생물 시간에 배웠던 Gregor Mendel 신부에 관한 강의가 아직도 기억이 난다. Mendel은 자신이 살았던 수도원의 정원에서 완두콩 식물을 키우면서 많은 유전의 기본 원리를 발견했다. 진화 과정에서 기본적인 유전적 기제가 보존되었기 때문에, 식물에 대한 그의 발견은 인간을 포함한 모든 동물에 적용되는 것으로 밝혀졌다. 그가 지구상의 모든 복잡한 생명체에 적용되는 유전의 근본적인 메커니즘을 밝혀낸 것이다. 그의 연구는 우성과 열성 유전자의 발견과 분열과 독립분리의 원리를 포함하고 있었다. 몇 세기가 지난 후, Crick과 Watson이 이중 나선을 발견함으로써, Mendel의 관찰이 형판유전학template genetics의 영향, 즉 유전자와 염색체가 결합하여 다음 세대로 특성을 전달하는 방식이었음을 알게 되었다.

지금은 부모로부터 물려받은 유전 정보가 꼬인 나선형 사다리의 형태인 DNA 안에 감겨있는 네 개의 아미노산 염기(아데닌, 티민, 구아닌, 사이토신)에 부호화되어 있다는 것을 안다. 이중 나선 안에서 단단하게 서로 엮여 있으면서 회전하는 약 23,000쌍의 아미노산은 세포의 핵에 내장되어 있다. DNA 안에 있는 유전자 암호는 뇌와 신체의 모든 구성 요소를 만드는 공식을 포함하고 있다. 수정 과정에서 난자와 정자가 만나면 부모의 유전자 정보가 Gregor Mendel의 수정된 완두콩 식물과 비슷한 방식으로 만나고, 부모의 특성은 유사한 원리에 따라 우성으로 발현되거나 열성으로 억제된다.

분자 유전학의 핵심 도그마는 DNA 안에 포함된 유전자 암호가 뇌와 몸의 구성 요소로 변환되는 과정을 말한다. 어떠한 구조가 만들어져야 하는지에 따라, 이중 나선은 필요한 것에 대한 적절한 암호를 가진 특정 영역에서 '압축 해제unzip'된다. 적절한 암호를 사용할 수 있을 때, 메신저 RNA(mRNA)라고 불리는 분자는 DNA 내의 염기서열을 순차적으로 일치시키고 필요로 하는 단백질 구조를 만들어낸다. 그런 다음, 핵 밖의 필요한 구조를 구성하는 데 사용되는 곳으로 운반된다. 핵심 도그마는 DNA에서 mRNA로, 단백질로 이어지는 흐름이고, 이 과정은 '전사transcription'라고 불린다. 유전 암호가 생물학적 구조로 전사된다는 초기 가정은 구조가 물려받은 유전자에 의해 미리 결정되었다는 것이었다. '복사radiation'와 같은 어떤 것이 유전적 돌연변이를 일으키지 않는 한, 동물의 경험은 유전자 암호의 발현에 영향을 미치지 않는 것으로 생각되었다.

비록 전사 과정에 대한 명확한 설명은 유전학 이해를 돕는 큰 도약이었지만, 아직 많은 의문점이 남아 있다. 그 의문점 중에 중요한 것은 같은 유전 물질, 즉 '유전형genotype'을 공유하는 사람이 왜 다른 특징, 즉 '표현형phenotype'으로 발현되느냐 하는 것이다. 나는 같은 부모를 가진 10명의 자녀가 있는 한 가족과 함께 치료 작업을 했는데, 10명 중 5명이 조현병에 걸렸다. 나는 누가 병에 걸리고 누가 병에 걸리지 않았는지 설명하기 위해 수없이 많은 시간을 보냈다. 이 가족이 동일한 유전 물질을 물려받았음은 분명한 사실이고, 심지어 이들은 같은 가정에서 자랐다. 하지만 동일한 결과가 나온 것은 아니었다. 어떻게 그런 결과가 나온 것일까?

전사에 참여하는 유전 정보의 비중이 상대적으로 작아 보인다는 사실이 최근에 밝혀졌다. 처음에 '정크 유전자'라고 불렸던 것의 대부분은 아마도 빠진 것을 대신하는 '프레이스홀더placeholders' 역할을 하거나 자연선택의 축적된 잔해일 것으로 생각되었다. '인트론intron'과 '엑손axon'이라고 불리는 분자를 안내하는 데 참여하는 정크 유전자가 유전자 암호의 일부를 선택적으로 전사하는 것과 관련이 있다는 것이 밝혀졌다. 이러한 선택 과정이 동일한 유전 물질을 가진 사람이 어떻게 다른 발달 과정의 결과(표현형)를 가져오는지에 관한 이야기를 들려주기 시작했다. 유전자 암호를 23,000개의 건반을 가진 피아노라고 생각하고 노래마다 특정한 건반을 선택적으로 사용한다고 생각할 수 있다면, 유전자 정보에 관한 더 정교한 사고방식을 갖게 된다. 훌륭한 수도원의 성직자인 Mendel이 오래전에 연구했던 선천적으로 타고난 유전자의 발현은 단지 유전자 이야기의 절반에 불과하다. 이야기의 나머지 절반은 어떤 유전자가 발현되고 억제되는지는 선택적이라는 것이다. 이러한 발현의 의문점으로 눈을 돌릴 때 후성유전학은 관심을 받게 된다.

후성유전학

유전은 당신의 운명이 아니다.
- 조지 처치(George Church)

생물학자 C. H. Waddington은 후성유전학이라는 용어를 '유전학' 앞에 'over' 혹은 'above'라는 의미의 희랍어 'epi'를 접두사로 붙여서 만들었다. 여기서 알 수 있는 분명한 메시지는 유전자 발현을 조절하는 힘이 있다는 것인데, 이들 중 다수는 아직 발견되지 않았다. 후성유전학은 어떤 유전자가 발현을 위해 선택되고 왜 선택되는지를 연구하는 분야다. 피아노 건반으로 돌아가서 비유하자면, 후성유전학은 각 노래에 사용할 적합한 건반을 선택하는 것이다. 보다 직접적으로, DNA의 어떤 부분이 전사를 위해 선택되고, 어떤 원리로 선택되는 것일까?

후성유전학의 기초적인 연구의 대부분은 Michael Meaney와 동료에 의해 수행되었다. 그들이 1990년대에 발표한 연구는 쥐의 모성 행동이 성장하는 생쥐의 뇌에 미치는 영향을 탐색했다. 이 연구의 핵심 질문은 생쥐가 받은 털 손질, 애정, 보살핌의 양이 유전자 발현에 영향을 미칠 것인가에 대한 것이었고, 가장 많은 관심을 받은 생쥐와 가장 적게 관심을 받은 생쥐의 뇌를 비교하였다. 심지어 어떤 연구들은 엄마의 관심을 완전히 제외했을 때의 효과를 조사했다. 인간 발달과 안녕에 관한 이 연구의 함의는 그야말로 충격적이었다.

후성유전학 연구는 신경과학 분야를 인간 발달, 교육, 심리치료 분야의 광범위한 연구와 연결하는 것이 핵심이다. 어린 시절의 경험과 성인이 되었을 때의 결과 간에 정적 상관관계를 증명하는 연구가 한 세기 동안 진행된 끝에, 지금은 미래의 연구를 안내할 수 있는 인과 관계성을 제공할 수 있을 정도의 생물학적 메커니즘이 알려졌다. 또한 Meaney의 연구는 양육자의 가용성과 접촉이 발달하는 뇌에 미치는 영향에 관한 Bowlby 이론을 동물 모형으로 제공했다. 그것은 초기 경험이 어떻게 뇌의 웨트웨어로 전환되는지를 설명하는 매우 구체적인 행동 기제를 제공한다. 이 두 가지 기초적인 사실을 활용하여, 우리는 어릴 때의 경험과 이후 삶에서의 적응 사이의 연관성을 더 잘 이해할 수 있게 되었다. 이는 아동과 청소년일 때 스트레스를 받고 트라우마를 겪은 후 성인이 되었을 때 회복할 수 있는 능력을 탐색하는 데 특히 중요하다.

전반적으로, 이 연구의 결과는 더 많은 관심을 받은 생쥐가 (1) 뉴런 건강, 가소성, 학습, (2) 스트레스와 각성의 조절, (3) 미래의 모성 행동과 관련 있는 뇌의 생화학적 변화와 상관관계가 있다는 것을 보여주었다. 범주별로, 이러한 기능을 지원하는 뇌의 특정 영역에서 신경해부학과 생화학에 측정할 수 있는 변화가 있다는 것이다. 예를 들어, 더 많은 관심을 받는 생쥐는 더 많은 시냅스와 수상돌기, 그리고 가소성과 학습에 도움이 되는 신경화학 물질을 가지고 있다. 이 생쥐는 해마에 더 많은 코르티솔 수용체를 가지고 있고 편도체에는 더 많은 엔도르핀 수용체를 가지고 있는 경향이 있다. 지금까지 발견된 많은 것 중 이 두 가지의 차이는 뇌를 높은 수준의 스트레스로부터 보호하고 뇌에 존재하는 생화학 물질을 조절하는 것으로부터 이익을 얻도록 돕는다. 그들이 자라서 새끼를 낳게 되면, 더 많은 관심을 받은 암컷 새끼는 사회적 뇌와 관련한 신경망에서 더 많은 신진대사의 활동뿐만 아니라 모성 행동을 조직하는 영역에서 더 많은 옥시토신과 에스트로겐 수용체를 가지게 된다. 이러한 결과를 요약한 다음 페이지에 나오는 표를 참고하라.

모성애가 큰 경우, 아래 내용과 관련이 있다.

- 시냅스 증가, 수상돌기 길이 증가, 생존율 증가, 신경 및 성장 호르몬 활동 증가
- 해마에서 글루코코르티코이드 수용체 유전자 촉진제(promoter)의 발현 증가와 스트레스에 따른 코르티솔 분비 감소
- 벤조다이아제핀 및 아드레날린 수용체 증가
- 공포 반응성, 놀람 반응, 무력한 행동 감소
- 내측 피질 및 선측 대상피질에서의 신진대사 활성화 증가
- 쥐의 모성 중추인 내측 전시각 영역(medial preoptic areas)의 옥시토신 및 에스트로겐 수용체 증가
- 줄어든 성행위와 출산 직후 임신 가능성의 감소

모성애가 적은 경우, 아래 내용과 관련이 있다.

- 내측 전전두피질의 시냅스 밀도 감소
- 증가된 신경 및 교세포의 죽음, 성장 호르몬 및 교세포 밀도의 감소
- 편도체의 벤조다이아제핀 수용체 감소와 mRNA 발현의 증가
- 가벼운 스트레스에 놀람 반응 증가와 더 많은 코르티솔 분비
- 탐색적 행동의 감소, 새로움에 대한 회피, 중독에 대한 취약성 증가
- 불안, 두려움, 스트레스 반응의 증가
- 쥐의 모성 중추인 내측 전시각 영역의 세포 생존율 감소

후성유전학에서 우리는 과거로부터 보존된 정보를 통해 유연성과 안정성 사이의 균형을 잡는 자연의 레시피와 적응에 있어 새로운 도전에 대한 변화를 확인할 수 있다. 유전학적 유전(형판유전학)에 후성유전 과정(전사유전학)을 결합했을 때, 이전 세대로부터의 성공적인 유전과 현재 생존하는 데 필요한 변화에 적응할 수 있는 능력 모두를 이해할 수 있는 이중 기제를 갖게 된다. 생존은 유전자 암호의 형태, 신경의 조직화, 부족의 사회적 계층 등과 같은 형태의 정보에 의존한다. 각각의 수준에서 일관성과 변화 사이에는 절묘한 균형이 있어야 한다.

아동기 트라우마의 스트레스와 후성유전학

사랑할 때만큼 고통에 대해 무방비 상태일 때는 없다.
- 지그문트 프로이트(Sigmund Freud)

어린 시절의 스트레스와 이후 삶에 적응하는 문제 사이의 관계는 심리학이 시작된 이래로, 그리고 수천 년 동안 작가와 철학자에게 있어 중요한 연구 주제였다. 이전에 잘 몰랐던 것은 행동의 기제였다. 다시 말해, 어릴 때의 경험이 수십 년 후의 삶을 형성하는 데 어떻게 보존되는가의 문제이다. 후성유전학이 발견되기 이전에는 이러한 과정을 이끄는 가상의 인과 관계를 이해하기 위해 내적인 심리적 과정의 이론과 문학적 은유를 주로 이용했다. 후성유전학 덕분에 실험할 수 있는 이론을 갖게 되었고, 그뿐만 아니라 하나의 발달 이론 틀로 사회적, 심리적, 생물적 요소를 통합시키는 발달 모형을 가지게 되었다. 모성 행동의 변량과 관련된 뇌의 변화는 생쥐를 죽인 후에 뇌 화학적 분석 도구를 사용하여 검증하였다. 인간에 대해서는 이와 같은 방식으로 연구할 수 없기 때문에, 후성유전학 연구는 쥐를 대상으로 진행되었다. 이 과정을 실험하기 위해서는 다양한 다른 방법이 사용될 필요가 있다.

아동기 스트레스와 성인기 적응 사이의 직접적인 인과 관계에 대한 아이디어를 자극한 최근 연구로는 'ACEadverse childhood experience' 연구가 있다. 이 연구 결과는 아동기 스트레스와 이후 삶의 건강 사이의 상관관계를 설명할 뿐 아니라, 다양한 모집단의 17,421명을 대상으로 하여 장기간 이루어진 연구였기 때문에 쥐 연구에서 발견된 후성유전 과정을 반영했을 가능성이 크다는 점에서 상당한 가치가 있다. 이것은 아동기 스트레스의 사회 비용과 환자에게 미치는 광범위한 영향에 관한 강력한 연구 사례이다. 이 연구에서 성인 피험자는 부모의 별거와 이혼에서부터 약물 남용과 가정폭력에 노출되는 것에 이르기까지 다양한 범위에 대한 질문을 받았다. 이 연구에서 특정 모집단의 8가지 스트레스 요인에 따른 유병률이 5~28%에 달한다는 것이 발견되었다. 부정적인 경험adverse experience을 보고하는 피험자의 비율은 아래 표를 참고하라.

경험별 피험자 비율(%)

부모의 신체 학대	28
가족의 알코올 혹은 약물 남용	27
부모 별거 혹은 이혼	23
누군가에 의한 성적 학대	21
가족 내 정신질환	17
어머니의 구타	13
부모의 정서적 학대	11
가족 내 전과자	5

위의 8가지 스트레스 요인은 개별적으로 평가되지 않았지만, 피험자의 아동기 환경이 전반적인 스트레스 수준에 영향을 준 것으로 생각된다. 이러한 요소가 부모의 돌봄 능력, 자원의 가용성, 가정의 안전 및 안정성 수준 등에 유의미하게 영향을 미치리라는 것은 당연한 가정이다. 이러한 성인 피험자가 어린 시절 이후에 겪는 의학적이고 심리적 질환은 보고된 ACE의 수(0~8)와 상관관계가 있었다.

ACE의 수는 성인이 된 이후 흡연, 약물 남용, 문란한 성생활, 비만 등과 같은 부정적인 생활 방식과 정적 상관이 있었다. 이러한 행동은 폐 질환, 만성 폐쇄성 폐 질환, 의도하지 않은 임신뿐만 아니라 심장 및 간 질환과 관련이 있었다. 또한, ACE에 더 많이 노출된 것은 우울, 자살 시도, 환각, 알코올 중독, 노숙, 직장을 얻고 유지하는 문제, 가정폭력 등과도 상관관계가 있었다. ACE 연구와 후성유전학 연구 사이의 논리적 연관성은 행동에 관한 잠재적인 기제에 대한 가설을 제공한다는 점이다.

인간 피험자의 초기 사회적 스트레스는 적응적 뇌 발달이라는 결과로 드러나고, 또한 더 높은 수준의 코르티솔을 유지하고 더 낮은 수준의 세로토닌을 경험할 가능성이 커진다. 이 두 가지 생물학적 변화만으로도 불안과 우울감의 증가와 면역 체계의 약화라는 결과를 가져오고, 다양한 신체 질환에 취약하게 만든다. 물론, 이러한 종류의 부정적인 아동기 경험이 제공하는 심리적, 사회적 영향도 결코 과소 평가될 수 없다. 후성유전학적 연구는 발달에 미치는 생물적, 심리적, 사회적 요인 간의 깊은 시너지 효과를 이해하는 데 도움을 준다.

아동기 트라우마가 뇌 발달에 미치는 영향

건강을 잃은 삶은 단지 번민과 고통의 상태일 뿐이다.

- 부처(Buddha)

나는 초기 경험이 발달하는 뇌에 미치는 영향에 관한 생각으로 많은 시간을 보냈다. 결론적으로 나의 가정은 트라우마 영향은 일반적인 스트레스 반응으로 매개되며, 뇌 전체에 골고루 영향을 주고, 이는 트라우마의 유형에 특정되지 않는다는 것이다. 수년 동안, 어린 시절 트라우마를 겪은 성인의 뇌에서 발견된 변화가 이러한 가정을 뒷받침한다. 예를 들어, 학대받은 성인 자살 희생자와 학대받지 않은 성인 자살 희생자의 뇌를 비교했을 때, 아동기에 학대받은 이력이 있는 사람의 해마에서는 코르티솔 수용체 수치가 낮게 나타났다. 피질과 뇌량 크기와 발달의 감소, 소뇌 활성화의 감소, 변연계의 전기적 불안정성이 연구를 통해 증명되었다. 이러한 모든 연구 결과는 최적의 뇌 발달과 기능에 대한 보다 일반적인 문제를 반영하는 것으로 보인다.

놀랍게도, 최근 새로운 연구에서는 초기 트라우마의 후성유전적 부호화가 예상한 것보다 더 구체적일 수 있다고 제안한다. 다시 말해, 일반적인 스트레스 반응 외에도 특정 유형의 트라우마를 반영하는 뇌 발달에 대한 특정한 각인이 있을 수 있다는 것이다. 이는 피해자의 증상뿐만 아니라 뇌의 웨트웨어에도 반영된 특정 유형의 트라우마에 대한 적응적 반응일 수 있다. 어떤 연구에서는 부모의 언어 폭력에 노출된 젊은 성인이 언어와 사회적 기억과 관련된 좌반구 회로 내 비정상적인 백질 영역이 있다는 것을 발견했다. 이러한 신경망을 구축하는 후성유전학의 과정이 언어 폭력에 대한 적응으로써 정상적인 발달을 저해할 수 있을까? 복합 PTSD의 일부 피해자에게서 볼 수 있는 언어 처리와 사회적 상호작용과 관련된 증상이 실제로 초기 부정적인 경험으로부터 보호하고 적응하기 위한 후성유전적 과정이 될 수 있을까? 이것이 이 많은 아동이 성장하면서 학교에서 경험하는 수용성 및 표현성 언어 장애 문제의 생물학적 기질이 될 수 있을까?

같은 해, 어린 시절 성적 학대를 경험한 젊은 여성이 시각 시스템의 많은 영역에서 회색질 감소를 보여주었는데, 이는 12세 이전의 학대 기간과 직접적인 관련이 있다는 것이 연구로 밝혀졌다. 다시 언급하자면, 이것은 스트레스의 일반적인 영향인가? 아니면 부정, 동기화된 망각, 해리, 감각무시라고 부를 수 있는 생리적인 기반인가? 1년 후, 또 다른 연구에서 아동기에 정기적으로 정서적 학대에 노출된 성인의 내측 전전두피질, 특히 애착, 조율, 사회적 상호작용에 중심 역할을 하는 좌뇌의 배내측 전전두피질의 부피가 '심각하게' 감소했다는 것이 발견되었다. 동일한 신경 회로와 관련하여 학대받는 청소년의 경우 바람직하지 않은 행동을 억제하는 것과 관련된 하향식 신경망의 기능적 연결성이 감소하였다.

아마도 지금까지의 모든 연구 중 가장 놀라운 것은 아동기의 성적 학대 이후 성인 여성의 생식기에 해당하는 체성감각피질의 표상이 감소했다는 것이다. 또한 정서적 학대가 결속, 모성 행동 및 애착의 중심 구조인 전측 대상피질의 두께가 얇아지는 것과 관련 있다는 것을 발견했다. 더 최근의 연구는 초기 스트레스와 학대의 일반적이고 구체적인 영향에 대한 이전의 내 가정을 재고하도록 했다. 뇌의 구조와 기능은 갈수록 더, 학습과 적응적 역사의 생물학적 기록처럼 보인다.

진화는 조금도 감상적이거나 낭만적인 것이 아니며 적자생존에 관한 것이다. 아동이 해야 하는 것은 학대받고 스트레스를 받는 환경을 포함해서 자신이 처해 있는 어떠한 사회적, 물리적 환경에서라도 적응하는 일이다. 학대적인 환경에서 태어난 아동이 안전한 애착 체계를 가지고 주변의 모든 정보를 수용하는 감각적 과정을 발달시키는 것은 어찌 보면 부적응적일 수 있다. 특히 가장 고통스러운 것을 받아들여야 할 때 더욱 그렇다. 학대에 잘 적응한 아동이 나중에 학대가 없는 세상으로 나아가는 데 있어 어려운 점은 뇌와 마음 그리고 몸이 세상을 향해 방어적 자세를 취하고 있다는 것이며, 이에 치료사는 긍정적이고 따뜻하고 사랑하는 관계에 적응할 수 있도록 도와줄 필요가 있다.

부록 3

신경과학의 주요 인물 20

Antonie van Leeuwenhoek(1632~1723)

네덜란드의 사업가인 그는 렌즈를 만드는 것에 흥미를 가지고 현미경을 발명하고 미생물 세계를 발견하였고, 이것은 과학 분야로써 미생물학의 확립을 이끌었다. 그의 발견 중에는 박테리아, 정자, 단세포 유기체, 근육 섬유의 줄무늬 패턴이 있다. 그는 논문이나 책을 출판한 적은 없지만, 그가 네덜란드 과학 아카데미에 보낸 수많은 편지는 그의 연구를 유럽 전역에 알려지게 하는 계기를 마련했다.

Paul Broca(1824~1880)

프랑스 의사의 아들인 Broca는 아버지의 뒤를 이어 파리 대학교의 외과 교수가 되었다. 그는 뼈의 조직학, 동맥류, 유아 사망률을 포함한 광범위한 분야를 연구했다. 진화와 비교 해부학에 대한 그의 관심은 변연계에 대한 지식에 귀중한 공헌을 하도록 이끌었다. Broca는 뇌와 언어에 관한 연구로 가장 잘 알려져 있다. 좌측 전두피질 영역의 손상과 표현 언어의 손실을 연관시키는 그의 발견은 'Broca 영역'과

'Broca 실어증'에 그의 이름이 붙여지게 되었다. Broca 영역에 대한 언어 국소화는 뇌의 특정 영역이 특정 행동을 단독으로 담당하고 있다고 가정한 신경학의 국지화 학파를 핵심적으로 뒷받침하였다.

John Hughlings Jackson(1835~1911)

Jackson은 임상의이자 이론가로서 오랜 경력을 가진 영국의 신경학자였다. 뇌전증에 관한 연구로 가장 잘 알려져 있긴 하지만 뇌에 대한 진화의 적용, 삼층 뇌 이론, 억제에서 피질의 역할, 양성 및 음성 증상에 대한 견해로 한 세기 이상 신경과학 이론에 지속적인 영향을 미쳤다. 특히, 뇌전증에 적용된 그의 임상 관찰은 디의 추종을 불허하는 것으로 간주된다.

Camillo Golgi(1843~1926)

이탈리아의 해부학자 Golgi는 개별 뉴런의 연구를 가능하게 한 염색 기술로 가장 잘 알려져 있다. 현재 Golgi 방법이라고 불리는 Golgi의 '블랙 반응(black reaction)'은 질산은(silver nitrate)과 중크롬산칼륨(potassium dichromate)을 뉴런에 적용하는데, 이 반응은 크롬산은(silver chromate)을 특정 뉴런의 모든 구조에 고정시키고 그것들을 검은색으로 변하게 한 것이다. 아직 알려지지 않은 이유로, 이 염색은 무작위 세포에서 발생하여 인접한 뉴런의 노란색 배경에 비해 눈에 띄게 만든다. Golgi 방법은 Cajal의 해부학적 연구와 그림을 뒷받침해준다.

Carl Wernicke(1848~1905)

폴란드의 신경학자이자 정신과 의사인 Wernicke는 여러 병원과 대학에서 임상 의사이자 교수로 경력을 쌓았다. 그의 주요한 발견은 왼쪽 측두엽의 일부가 손상되면 언어 이해력이 손상된다는 것이다. 이 영역은 후에 'Wernicke 영역'이라고 명명되었고 수용성 실어증의 진단은 Wernicke 실어증이라고 불렸다. Wernicke의 삶은 자전거 사고로 인한 부상으로 인해 단축되었으며, 이는 우리에게 항상 헬멧을 착용해야 함을 상기시켜준다.

Santiago Ramón y Cajal(1852~1934)

스페인의 해부학 교수인 Cajal은 현대 신경과학의 아버지로 간주된다. Cajal은 신경계가 하나의 연속적인 구조인 반면 뉴런은 별개의 연속적인 구조라는 '신경세포설(neuron doctrine)'을 처음으로 증명한 사람이다. 장 등의 연동 운동에 관여하는 사이 세포(interstitial cells)를 발견한 것 외에도 수상돌기 가시(dendritic spines)의 존재에 대한 이론을 옹호했다. 신경 구조에 대한 그의 상세한 그림은 오늘날까지 귀중한 교육 도구로 남아 있다. Cajal은 Camillo Golgi와 함께 1906년 노벨 생리의학상을 받았다. 이는 집에서 만든 대포로 이웃집 문을 폭파한 죄로 11세에 감옥에 수감된 적이 있는 소년에게 있어 놀랄만한 업적이다.

Sigmund Freud(1856~1939)

모두가 Sigmund Freud에 대해 들어봤지만, 대부분은 그가 신경학자로서 경력을 시작했고 파리 살페트리에르 병원의 Charcot 아래에서 일했다는 사실은 알지 못한다. 그의 초기 저서인 『과학적 심리학의 프로젝트(The Project for a Scientific Psychology)』는 정신적인 과정을 신경 기능과 연관시키려는 시도였다. 이 책에서 프로이트는 정신적 과정이 결국 생물학적 과정을 통해 이해될 것이라는 자신의 신념을 언급했다. 그가 살아있는 동안에 그 책은 출판되지 못했고, 죽은 후에야 대중에게 공개되었다.

Charles Scott Sherrington(1859~1952)

뇌를 일컬어 '마법의 베틀'이라는 시적인 묘사를 해 가장 잘 기억되는 Sherrington은 신경계 탐구의 초기 단계의 핵심 인물이다. 그의 연구는 신경계가 개별 뉴런으로 구성되어 있다는 신념을 확고히 했다. 그는 시냅스라는 단어를 만들어 뉴런이 의사소통하는 뉴런들 사이의 공간을 설명했고, 뉴런이 기능을 흥분시키거나 억제할 수 있다고 믿었다. 그의 가장 영향력 있는 저서인 『신경계의 통합적 작용(The Integrative Action of the Nervous System)(1906)』은 신경계가 시스템의 공동으로 작용할 수 있고 상호작용하는 정부라는 개념을 확립했다. Sherrington은 자신의 일반적인 시스템 원리를 증명한 반사호(reflex arc) 내의 흥분과 억제의 통합 작용에 관한 연구로 노벨상을 받았다.

Wilder Penfield(1891~1976)

미국의 신경외과 의사인 Penfield는 뇌 영역과 행동 간의 관계 지도를 만드는 것을 개척했다. 그는 발작의 근원 부위에 있는 세포를 파괴함으로써 뇌전증을 치료하는 방법을 개발하였다. 그는 이 외과수술 준비의 일환으로 환자가 국소 마취 상태에 있을 때 발작 부위 주변에 있는 환자의 뇌 영역에 전기 자극을 줬다. 이를 통해 환자의 경험을 기록하고 각 영역이 어떤 기능에 참여하는지를 발견할 수 있었다. 이 자극의 원래 목표는 외과수술의 부작용을 줄이는 것이었지만, 그것은 그가 뇌의 어떤 영역이 신체적, 감각적 경험에 해당하는지 보기 위해 피질의 다양한 영역을 지도화하는 것을 가능하게 했다. 또한 Penfield는 측두엽의 자극이 생생한 기억, 환각, 데자뷰, 유체 이탈을 초래한다는 것을 발견했다.

Alexander Luria(1902~1977)

소련의 발달심리학자이자 신경심리학자인 Luria는 임상가와 이론가로서 오랜 기간 동안 신경 발달, 외상성 뇌손상, 실어증, 실행 기능에 관한 연구의 한계를 뛰어넘었다. Alexei Leontiev, Lev Vygotsky와 함께 Luria는 진화론, 개인사, 문화, 특히 언어가 인지와 고등 정신 기능의 발달에 미치는 영향을 결합한 문화역사 심리학을 발전시켰다. 그의 저서 중 『인간의 고등 피질 기능(Higher Cortical Functions in Man)』과 『작동하는 뇌(The Working Brain)』는 그의 사례 연구 중 「기억술사의 마음(The Mind of a Monemonist)」과 「산산조각 난 세상의 사람(The Man with a Shattered World)」과 함께 신경심리학의 표준 교재로 여겨진다. Luria-Nebraska 신경심리검사는 그의 이론에 근거한 표준화된 검사이다.

John Eccles(1903~1997)

Eccles는 1920년대 오스트레일리아의 신경생리학자로 옥스퍼드 대학교에서

Charles Sherrington의 제자였다. 그의 초기 연구는 신경 의사소통의 본질과 신경 발화의 '가중 효과(summation effect)'를 이해하는 데 중점을 두어 1963년 노벨상을 받았다. 처음에 그는 신경전달이 오로지 전기적인 것이라고 믿었지만, 그와 그의 동료가 수행한 연구는 신경전달이 뉴런을 따라 전기적으로 이루어지고 시냅스를 가로질러 화학적으로 이뤄진다는 발견을 이뤄냈다.

Donald Olding Hebb(1904~1985)

Hebb은 신경연결과 학습 사이의 관계에 관한 연구로 가장 잘 알려진 캐나다의 심리학자이다. 그의 가장 영향력 있는 저서인 『행동의 조직(The Organization of Behavior)(1949)』에서 그는 기억의 토대가 되는 신경 활동 메커니즘을 탐구했다. 그는 '헤비안의 법칙', 즉 '함께 발화한 뉴런은 서로 연결된다'라는 개념을 설명했다. 그는 두 개의 발화 세포가 함께 발화하기 쉽게 만드는 신진대사 변화 과정을 설명했다. Hebb의 연구는 당시 심리학으로 여겨졌던 것을 생물학의 과학과 연결하는 데 크게 기여했다.

Roger Sperry(1913~1994)

Sperry는 미국의 신경생물학자이자 심리학자로, 분활뇌(split-brain) 환자의 편측성에 관한 연구로 노벨상을 받았다. 고양이의 신경 연결성에 관한 연구는 뇌량(corpus callosum)을 절단하는 것이 인간의 뇌전증 치료법이 될 수 있다는 발견으로 이어졌다. 그는 그의 제자인 Joseph Bogen과 Michael Gazzaniga와 함께 실험을 수행하여 우뇌와 좌뇌의 서로 다른 기여에 대해 많은 발견을 했다. 각 반구는 그 나름의 정보처리 방식을 가지고 있고, 그 나름의 의식 체계를 가지고 있다는 것이 그의 연구에서 밝혀졌다.

Arvid Carlsson(1923~2018)

Kathleen Montagu가 인간의 뇌에 도파민이 존재한다는 사실을 발견한 직후, 스웨덴의 신경약리학자인 Arvid Carlsson은 이것이 신경전달물질 역할을 한다는 것을 입증했다. 그는 다양한 뇌 영역에서 도파민의 양을 측정하는 방법을 개발했으며 움직임에서 가장 중요한 영역인 기저핵(basal ganglia)에서 고농도의 도파민을 발견했다. 또한 그는 도파민을 차단하는 약물이 파킨슨 질환과 유사한 움직임 증상을 일으킨다는 것을 보여주었다. 그의 연구는 파킨슨 질환의 치료를 위해 도파민의 합성 형태인 레보도파(levodopa)를 사용하는 것에 이르게 했다. 이 연구로 그는 노벨상을 받았다.

Marian Diamond(1926~2017)

Diamond는 환경 자극이 뇌 발달에 미치는 영향에 관한 연구에 주로 초점을 둔 미국의 신경해부학자이다. 신경가소성에 대한 그녀의 연구는 풍부한 환경이 신경 구조에 긍정적이고 심지어 치유적인 영향을 미칠 수 있음을 입증하였다. 이것은 신경과학 이론에 지대한 영향을 미쳤고 뇌 발달에 있어 경험과 후성유전학적 과정의 영향에 대한 개념적 토대를 마련했다. 또한 아인슈타인의 뇌에 대한 그녀의 분석은 신경 처리에서 교세포의 역할에 대한 더 큰 이해로 이어졌다.

Eric Kandel(1929~)

신경과학으로 많은 대중에게 알려진 Kandel은 오스트리아의 연구자이자 컬럼비아 대학교의 교수이다. 정신분석가로서 훈련받은 그의 관심은 기억 연구로 이어졌다. 그의 오랜 경력의 일련의 결합 작업을 통해, Kandel과 동료는 헤비안Hebbian 학습 이론을 뒷받침하는, 단기 기억과 장기 기억에 관여하는 뉴런 내에서 여러 생물학적 변화를 발견하였다. 또한 그의 연구는 이러한 학습의 생물학적 기제가 무척추동물과 척추동물 모두에게 진화 과정에서 보존되었다는 그의 이론을 뒷받침해준다. Kandel은 기억의 생물학에 관한 연구로 노벨상을 받았다.

Edward O. Wilson(1929~)

E. O. 윌슨은 미국의 생물학자이며 개미에 대한 세계 최고의 권위자이다. 자연선택과 사회적 행동 사이의 관계를 연구하는 사회생물학 분야를 창시한 것도 대단한 의

미가 있다. 아마도 그는 통합된 자연 이론에 이르도록 서로 다른 과학 분야를 통합한 '통섭(consilience)'의 연구로 가장 잘 기억될 것이다. 그는 과학의 가장 구체적인 세부 사항과 가장 광범위한 이론적 함의 모두에서 전문성을 입증한 드문 사람이다.

Oliver Sacks(1933~2015)

Oliver Sacks는 미국에서 임상 의사이자 작가로서 경력을 쌓은 영국 태생의 신경학자이다. 그는 수십 년 동안 그를 최고의 연설가이자 그의 전문 동료 중 가장 눈에 띄는 구성원으로 만든 많은 저서와 기사로 가장 잘 알려져 있다. 그의 예리한 관찰과 환자에 관한 관심과 연민은 그의 사례 연구를 전문가와 일반인 모두에게 공감대를 형성할 수 있고, 교육적인 것으로 만들었다. 그의 연구에는 편두통, 환각, 색맹, 광범위한 외상성 뇌 손상의 영향과 같은 주제에 관한 심층적인 탐구가 포함되었다.

John O'Keefe(1939~)

O'Keefe는 인지 지도로서의 해마 기능을 탐구하는 데 그의 경력을 쌓은 미국의 신경과학자이다. 그의 발견에는 장소 세포, 경계 세포, 뇌파 활동의 시간적 부호화를 통한 위치 부호화가 있다. 그는 뇌가 공간에서 어떻게 우리를 정향하는지에 대한 이해에 관한 연구로 2014년에 노벨상을 받았다. 그는 1967년부터 런던대학에 재직 중이다.

Antonio Damasio(1944~)

Antonio Damasio는 포르투갈인 신경과학자로 뇌가 어떻게 정보를 처리하고 자기알아차림을 일으키는지를 탐구했다. 그의 가장 잘 알려진 이론은 의사결정에서 몸의 상태, 동기, 감정의 역할을 설명하는 '신체 표지자 가설(somatic marker hypothesis)'이다. 그의 영향력 있는 저서인 『데카르트의 오류(Descartes' Error)(1994)』는 뇌와 몸으로부터 마음을 분리하는 근본적인 오류를 설명하고 있으며, 그는 일련의 신경생물학적, 행동학 연구로 이를 뒷받침하고 있다.

Michael Meaney(1951~)

Michael Meaney는 어머니의 돌봄이 유전자 발현에 미치는 영향에 관한 획기적인 연구로 알려진 신경과학자이다. 그의 가장 중요한 연구는 새끼 쥐의 뇌 발달에 대한 다양한 생물학적 및 신경해부학적 측면의 성장에 어미 쥐의 관심 양이 미치는 영향을 조명한다. 그는 새끼 쥐 뇌의 실제 웨트웨어를 형성하는 작용 기제와 학습, 스트레스에 대처하고 자신의 태아를 보살피는 능력을 입증했다.

부록 4

신경유능성을 위한 핵심 용어 100

뉴런

활동 전위(action potential): 신경전달물질에 의해 자극될 때 발생하는 신경의 전기적 발화

축삭돌기(axon): 세포체로부터 뻗어 나와 수상돌기가 있는 말단까지 전기적 자극을 전달하는 돌기

수상돌기(dendrite): 축삭의 말단에서 분비되는 신경전달물질이라고 불리는 화학적 메신저를 수용하는 돌기

교세포(glia): 신경계 전체에 신경을 서로 엮어주고 지지해주는 다양한 세포

수초(myelin): 전기 전도의 속도와 충실도를 증가시키는 축삭을 둘러싼 절연체

뉴런(neuron): 전기적 · 화학적 자극을 통해 정보를 전달하는 세포

신경전달물질(neurotransmitter): 하나의 뉴런에서 다른 뉴런으로 보내는 화학적 메신저

핵(nucleus): 세포체의 한 부분으로 DNA, 미토콘드리아, 신경적 기능에 중추적 역할을 하는 구조를 포함하고 있는 부분

세포체(soma): 핵을 포함하고 있는 뉴런의 몸체

시냅스(synapse): 화학적 메신저를 주고받는 뉴런 사이의 공간

소포(vesicle): 축삭 말단에서 시냅스로 분비되는 신경전달물질을 포장하는 꾸러미

신경 시스템

자율신경계(autonomic nervous system): 신진대사와 생존의 기본적 기능을 조절하는 신경계로 구성된 네트워크

중추신경계(central nervous system): 뇌와 척수

장신경계(enteric nervous system): 연동 운동과 효소 분비를 통해 장을 조절하는 자율신경계의 한 종류

신경절(ganglion): 기능적 단위로 구성된 신경 다발

신경망(neural network): 하나 이상의 기능을 수행하기 위해 함께 작동하면서, 뇌 전체로 확장되는 뉴런의 앙상블

신경역동(neurodynamics): 신경망의 상호작용, 통합 및 항상성. 원래 자아, 이드, 초자아 사이 역동적 긴장으로 이해되는 심리역동과 유사한 개념이지만, 역동적 긴장 속에 다양한 상호작용 요소를 포함하는 모든 정신 모형에 적용될 수 있다. 뇌가 상호작용 시스템의 복잡한 신경망으로 구성되어 있다는 사실은 통합과 균형의 특성이 정신건강과 정신질환에 직접적으로 관련되어 있음을 의미한다.

부교감신경계(parasympathetic nervous system): 각성을 하향 조절하고 신체 유지를 지원하는 자율신경계의 하나

말초신경계(peripheral nervous system): 뇌와 척수를 제외한 몸 전체에 퍼져있

는 신경계

망상 활성계(reticular activating system): 의식과 각성을 조절하는 뇌간핵의 집합

교감신경계(sympathetic nervous system): 활성화 과정과 투쟁-도피-얼음 반응을 조절하는 자율신경계의 하나

뉴런의 성장과 삶

세포자연사(apoptosis): 정상적인 뇌 발달의 일부로써 프로그램된 뉴런의 사멸

분지(arborization): 다른 뉴런과 소통하는 수상돌기의 성장

결정적 민감기(critical and sensitive period): 각각 신경계마다 유전적으로 정해진 뉴런의 활발한 성장 시기

괴사(necrosis): 트라우마, 신진대사 문제나 알츠하이머와 같은 질환에 기인한 세포 손실

신경생성(neurogenesis): 새로운 뉴런의 탄생

피질 구조

이종피질(allocortex): 대상엽과 뇌섬엽의 원시적인 3층 구조

브로카 영역(Broca's area): 언어 표현을 담당하는 왼쪽 전두엽의 한 영역

대상피질(cingulate cortex): 피질 중앙의 앞쪽에서 뒤쪽까지 이어져 있는 감각과 정서의 통합에 관여하는 피질

뇌량(corpus callosum): 왼쪽과 오른쪽 반구를 연결하는 신경섬유의 주요한 다발

피질(cortex): 중뇌의 위쪽에 있는 뇌의 외피층

피질맹(cortical blindness): 시각 피질계가 작동하지 않는 상황으로, 의식적으로 볼 수는 없지만 피질하의 시상 신경망에서 처리되는 시각적 정보로 인해 물

체를 피할 수 있는 상태

피질 해방 신호(cortical release sign): 피질에 의해 성공적으로 억제된 원시 반사가 피질이 손상되어 피질의 억제가 풀려 반사가 다시 회복되는 것

전두엽(frontal lobe): 감각과 운동을 통합하는 피질 영역

얼굴 방추 영역(fusiform face area): 얼굴 인식을 전문적으로 다루는 시각 피질의 한 영역

편측무시(hemineglect): 우반구 손상 환자가 몸의 왼쪽과 시야를 인식하지 못하는 상태

뇌섬엽(insular cortex): 신체 정보를 처리하고 조직하는 신체의 지형도

편측성(laterality): 좌뇌와 우뇌의 상대적 특성화를 설명하는 용어

국소화(localization): 뇌의 특정한 영역이 특정한 기능을 담당한다는 이론

신피질(neocortex): 6층 구조를 가진 전두엽, 측두엽, 두정엽, 후두엽

후두엽(occipital lobe): 시각을 구성하는 데 중심 역할을 하는 피질 영역

두정엽(parietal lobe): 해마로부터 진화했고 공간 조직, 정향, 실행 기능 등을 하는 귀 위쪽에 있는 피질 영역

전전두엽(prefrontal lobe): 정서 조절, 추상적 사고, 실행 기능 등을 담당하는 가장 앞쪽에 있는 피질 영역

측두엽(temporal lobe): 기억과 정서적 활성화와 관련된 관자놀이 아래에 있는 피질 영역

뇌실(ventricle): 뇌척수액이 생산되고 척수와 연결되어 체액이 순환하는 뇌 안에 체액이 채워진 4개의 방 중 하나로, 혈관 압력의 변화와 충격의 영향으로부터 완충작용을 하는 곳

베르니케 영역(Wernike's area): 수용성 언어의 부호화를 담당하는 좌측 측두에 있는 영역

피질하 구조

편도체(amygdala): 측두엽 안쪽 전전두피질 뒤쪽에 위치하면서, 긍정적이고 부정적인 자극을 평가하는 기관으로 위협과 즐거움에 반응하며 신체적 활성화에 중요한 역할을 하는 영역

기저 신경절(basal ganglia): 뇌의 여러 영역과 연결되어 있고 다양한 기능을 하는 피질 기저부에 있는 복합핵(complex nuclei)으로, 전전두피질과 연계해서 행동 선택에 관여하는 것으로 알려진 영역

뇌간(brain stem): 뇌와 척수를 연결하는 포유류 뇌의 기저부에 위치하면서, 뇌의 중요한 요소인 연수, 뇌교, 중뇌 등으로 구성된 영역

소뇌(cerebellum): '작은 뇌'라고 불리는 소뇌는 뇌의 바로 뒤쪽에 위치하면서, 대뇌피질 대부분과 복잡하게 연결되어 있으며 감정 조절, 언어 생성, 시간과 순차성, 실행 기능과 관련이 있는 영역

해마(hippocampus): 뇌의 양쪽 측두엽 바닥에 위치하고, 원래 물리적 환경의 공간 지도로써 진화해 단기 기억을 장기 기억으로 공고화하는 중요한 역할을 담당하는 영역

시상하부(hypothalamus): 시상 바로 아래에 위치하여 자율신경계, 각성 기제, 항상성 조절을 조절하는 영역

시상(thalamus): 감각 중계소이자 통증 자각의 중추 역할을 담당하는 영역

신경전달물질과 신경호르몬

아세틸콜린(acetylcholine): 각성, 근육 활성화, 기억, 주의 등을 포함한 많은 기능과 관련한 흥분성 신경전달물질 중의 하나

코르티솔(cortisol): 스트레스에 반응하여 분비되는 스테로이드 호르몬과 글루코코르티코이드로, 투쟁-도피 과정을 강화하여 단백질 합성을 억제하고 혈당

을 증가시키고 면역학적 기능을 억제하여 즉각적인 생존에 필요한 호르몬

도파민(dopamine): 보상 동기부여와 운동 조절에 관여하는 신경망에 분비되는 신경전달물질

엔도르핀(endorphin): 통증 신호의 억제에 관여하는 다양한 형태의 내인성 오피오이드로 행복한 상태를 유도하는 호르몬

가바(GABA): 근육 강도와 관련된 포유류 중추신경계의 주요 억제성 신경전달물질

글루타메이트(glutamate): 학습과 장기 기억에 중요한 역할을 담당하는 것으로 알려진 가장 흔한 흥분성 신경전달물질

뉴로트로핀(neurotrophin): 뉴런의 발달, 기능, 생존을 높이는 역할을 하는 성장요인(growth factor)

노르에피네프린(norepinephrine), **아드레날린**(adrenaline): 투쟁-도피 반응을 위해 몸을 가동화하고 활성화하는 데 일차적 기능을 하는 호르몬

옥시토신(oxytocin): 사랑 호르몬이라고도 불리며 결속, 애착, 생식, 출산 등에 핵심적인 역할을 하는 호르몬

세로토닌(serotonin): 인지, 학습, 기억, 안녕감과 관련된 신경전달물질

테스토스테론(testosterone): 남성의 생식 구조, 머리카락, 뼈, 근육 등의 발달을 돕는 호르몬

유전학과 후성유전학

중심 도그마(central dogma): DNA에서부터 뇌와 몸을 구성하는 단백질을 만드는 mRNA까지의 정보의 흐름

후성유전학(epigenetics): 중심 도그마의 과정을 통해, 유기체가 경험에 기반하여 형성되고 변형되는 방식

유전학(genetics): 유전자, 유전자 변이, 살아있는 유기체의 유전에 관한 연구

유전형(genotype), **표현형**(phenotype): 유기체의 유전형은 개체의 유전적 구성을 설명하는 말이고, 표현형은 관찰할 수 있는 특징을 설명한다. 예를 들면, 어떤 사람은 파란 눈과 갈색 눈의 유전자(표현형)를 모두 가질 수 있지만, 갈색 눈으로 발현될 수 있다(표현형).

전사(transcription): DNA의 한 부분이 mRNA에 의해 복제될 수 있도록 하는, 유전자 발현 과정의 첫 단계

진화

생물다양성(biodiversity): 유전체와 유기체들의 넓은 범위

보존(conservation): 원시적 유기체부터 더 복잡한 유기체에 이르기까지 초기 유전자의 서열, 구조, 기능 등이 유지되는 것

적응(fitness): 유기체가 작용하는 방식과 현재 환경 조건 사이에서의 적응적 일치

자연선택(natural selection): 유기체가 환경에 더 잘 적응하고 번식하는 과정

신경 다윈주의(neural Darwinism): 기능적으로 추동된 선택에 기초하여 뉴런이 생존하고 구성된다는 Gerald Edelman의 이론

신경과학과 관련 분야

신경학(neurology): 정신의학적 결과를 초래하는 뇌 관련 질환을 다루고 연구하는 임상 분야

신경정신과(neuropsychiatry): 신경학적 손상과 행동 결과 사이의 접점에 초점을 둔 임상 분야

신경심리학(neuropsychology): 주로 뇌 관련 장애의 평가와 재활에 초점을 둔 임상 분야

신경과학(neuroscience): 뇌와 신경계의 해부학과 기능을 폭넓게 연구하는 영역

정신신경면역학(psychoneuroimmunology): 마음, 뇌, 몸 그리고 그것들이 건강에 미치는 효과 간 상관관계를 과학적으로 연구하는 분야

정신약리학(psychopharmacology): 심리적 질환을 치료하기 위한 약의 개발과 사용에 초점을 둔 분야

학습과 기억

아동기 기억상실증(child amnesia): 태어나서 처음 몇 년 동안 자서전적 기억의 부재. 자서전적 기억이 의존하는 피질-해마 시스템이 아동기 후반까지 온전히 성숙하지 못하기 때문에 발생한다.

뇌신경(cranial nerve): 뇌와 몸을 연결하는 14개의 중추 신경

명시 기억(explicit memory): 자서전적 · 언어적 · 시각적 재인과 같이, 의식적 알아차림을 수반하는 모든 형태의 기억

헤비안 시냅스(hebbian synapse): 학습을 돕는 것으로, 두 개의 뉴런이 함께 발화하는 경향

암묵 기억(implicit memory): 신경계 내 많은 기억 시스템이 의식적 알아차림과 통제 밖에서 작동하면서 환경에 반응하고 적응하기 위해 학습된 모든 것

장기 강화(long-term potentiation): 과거 활동을 기반으로 만들어진 뉴런들 간의 연결성이 강화되는 현상. 반대 과정인 장기 저하(long-term depression)는 시냅스 강도의 감소로 초래된다.

신경가소성(neuroplasticity): 새로운 학습을 지원하기 위해 정보를 유지하도록 뉴런이 변하는 수많은 방식

절차적 기억(procedural memory): 걷기, 바느질, 테니스와 같은 운동 학습을 수반하는 암묵적이고 무의식적인 학습

활성화와 실행 시스템

편도체 실행 시스템(amygdala executive system): 상황을 평가하고, 각성을 높이고, 접근이나 회피 행동을 유도하는 1차 실행 시스템

기본 모드 신경망(default mode network): 자기반성과 공감 능력을 담당하는, 편도체와 두정-전두 실행 시스템이 관여하지 않을 때 활성화되는 실행 시스템

두정-전두 신경망(parietal-frontal network): 공간과 시간의 경험을 조직하고 신체적이고 심상적 환경을 탐색하는 신경망

망상 활성계(reticular activation system): 각성, 행동, 수면 등을 조절하는 위계적이고 넓게 퍼져있는 신경망

현출성 신경망(saliency network): 새롭고 중요한 자극에 주의를 기울일 수 있는 뇌섬엽-대상피질 연결에 중심을 둔 신경망

사회적 반사와 신경망

애착 시스템(attachment system): 안와 및 내측 전전두피질과 편도체 사이의 상호작용으로, 불안과 각성을 조절하고 억제하기 위해 양육자를 활용하는 방법을 배울 수 있도록 돕고, 애착 도식을 형성하고 나중에 자율조절 능력을 학습하는 기반이 된다.

움켜쥐기 반사(grasp reflex): 손바닥이 자극받을 때 손을 쥐는 원시적 뇌간 반사로써, 환경을 탐색할 때 어미를 붙잡게 하는 반응으로, 지금은 애착과 결속 과정의 시작으로 알려져 있다.

거울 신경계(mirror neuron system): 전두엽과 두정엽에 있는 특정 뉴런으로, 타인의 정보를 토대로 자신의 감각, 운동, 감정 처리에 관련된 신경망을 지도화한다. 모방, 학습, 조율, 공감 등의 기초를 제공한다.

정향 반사(orienting reflex): 보호자의 목소리와 눈, 젖꼭지, 얼굴과 같은 복잡한

이미지에 정향할 수 있도록 해주는 반사로써, 결속에 도움이 될 뿐만 아니라 안면 인식의 전문가가 되게 하는 피질 영역을 자극해서 친숙한 사람과 낯선 사람을 구별할 수 있도록 해준다.

반사궁(reflex arc)**:** 척수에서 발생하고 뇌에 포함되지 않는 신경계의 반응으로, 뜨거운 난로에서 손을 빼거나 위급 시 반사적으로 차를 제동하는 것

사회적 유대 시스템(social engagement system)**:** 일명 다미주 이론(polyvagal theory)으로 알려진 것으로, 미주 신경망의 기능들, 예를 들면 생리적 · 정서적 조절, 표정을 통한 감정 소통, 내이(inner ear) 수축, 동공 확장 등과 같이 정서적 조율과 지속적인 결속과 애착을 돕는다.

마음 이론(theory of mind)**:** 타인의 의도, 욕구, 지식 등과 같은 정신 상태를 자동으로 추론하는 능력

참고문헌

Carlson, E. A. (2018). How scientific progress occurs: Incrementalism and the life sciences. Cold Springs Harbor, NY: Cold Springs Harbor Laboratory Press.

Changeux, J.- P. (2002). The physiology of truth: Neuroscience and human knowledge. London: Belknap.

Cozolino, L. J. (2014). The neuroscience of human relationships (2nd ed.). New York: W.W. Norton.

Cozolino, L. J. (2017). The neuroscience of psychotherapy (3rd ed.). New York: W.W. Norton.

Damasio, A. (1996). Descartes' error. New York: Putnam.

Dana, D. (2018). The polyvagal theory in therapy. New York: W.W. Norton.

Dias, B. & Ressler, K. (2014). Parental olfactory experience influences behavior and neural structure in subsequent generations. Nature Neuroscience, 17(1), 89- 98.

Edelman, G. (1987). Neural Darwinism. New York: Basic Books.

Frewen, P. & Lanius, R. (2015). Healing the traumatized self. New York: W.W. Norton.

Graziano, M. S. (2013). Consciousness and the social brain. New York: Oxford University Press.

MacLean, P. (1985). Brain evolution related to family, play, and the separation call. Archives of General Psychiatry, 42, 405- 417.

Minuchin, S., & Nichols, M. (1993). Family healing: Strategies for hope and understanding. New York: Simon and Schuster.

Panksepp, J., & Biven, L. (2012). The archaeology of mind. New York: W. W. Norton.

Porges, S. (2011). The polyvagal theory: Neurophysiological foundations of emotions, attachment, communication, self- regulation. New York: W. W. Norton.

Stolorow, R., Atwood, G., & Brandschaft, B. (1994). The intersubjective perspective. Northdale, NJ: Aronson.

Wilson, E. O. (2012). The social conquest of the earth. New York: Liveright.

찾아보기

(ㄱ)

(ㄴ)

(ㄷ)

(ㄹ)

(ㅁ)

(ㅂ)

(ㅅ)

(ㅇ)

(ㅈ)

(ㅊ)

인명

(A)

(B)

(C)

(R)

(S)

(T)

(V)

(W)

지은이

루이스 코졸리노

루이스 코졸리노는 1986년부터 로스앤젤레스에서 작가, 교수, 심리학자로 활동하고 있다. 철학, 신학, 임상심리학 학위를 비롯하여 신경과학, 신경정신과, 교육 분야에서 끊임없는 연구 및 활동을 해오고 있으며, 페퍼다인(Pepperdine)대학교 교수로서 수백 명의 석 · 박사 과정 학생을 교육하고 있다.

그의 연구 분야는 조현병 환자 및 그 가족, 아동기 스트레스와 학대의 장기적 영향, 진화론, 사회 및 인지 신경과학, 애착 이론을 심리치료에 적용하는 것 등 다양하다. 이 밖에도 임상 및 컨설팅 훈련, 전문가와 일반인에게 애착, 아동 발달, 진화, 신경과학과 심리치료의 융합에 대한 강연을 계속 해오고 있다.

그는 『심리치료사를 위한 신경과학 가이드북(The Pocket Guide to Neuroscience for Clinicians)』 외에도 『치료가 효과가 있는 이유(Why Therapy Works)』, 『심리치료의 신경과학(The Neuroscience of Psychotherapy)』, 『치료사 만들기(The Making of a Therapist)』, 『인간관계의 신경과학(The Neuroscience of Human Psychotherapy)』, 『타임리스(Timeless)』, 『교육의 사회적 신경과학(The Social Neuroscience of Education)』, 『애착 기반 교육(Attachment-Based Teaching)』 등 다수의 저서를 집필하였고, 아동 학대, 조현병, 언어 및 인지에 관한 책이나 논문을 저술 및 공동 집필하는 등 많은 저술 활동에도 힘쓰고 있다. 현재 대인관계 신경생물학에 관한 Norton 시리즈의 편집자로도 활동하고 있다.

옮긴이

이승호

철학박사

한국심리학회 공인 상담심리사 1급

한국심리학회 공인 건강심리전문가

한국상담학회 공인 전문상담사 1급

한국산업인력공단 임상심리사 1급

감각운동 심리치료 전문가(SPT Certified in Sensorimotor Psychotherapy Institute)

현) 트라우마 · 애착치료연구소 소장

전) 국제뇌교육종합대학원대학교 상담심리학과 교수

김희정

관계치료 전문가(Gottman Relationship Therapist)

트라우마 심리치료 전문가 SE, SP, SRR, NAT, AEDP, BSP, IFS

현) 한국 트라우마 심리치료연구소/소울재 심리상담소 소장

전) 강원대학교, 삼육대학교, 한양여자대학교 외래 교수

심리치료사를 위한 신경과학 가이드북

초판 1쇄 발행 2024년 6월 21일
초판 2쇄 발행 2025년 10월 20일

지은이 | 루이스 코졸리노
옮긴이 | 이승호, 김희정
펴낸이 | 소정영

펴낸곳 | 도서출판 하나의학사
출판신고 | 1988년 4월 1일 제2022-000082호

주소 | 서울특별시 송파구 동남로 159, 302호(한흥빌딩)
전화 | 02-730-2555, 2556 **팩스** | 02-730-2557
이메일 | hanampc1@naver.com
홈페이지 | www.hanampc.co.kr

ISBN 979-11-91658-42-2 93180